Massimo Maggini

Campionato d'italiano

livelli A2-B1

Lezioni di italiano per conoscere l'Italia

manuale
con esercizi

+ risorse online

ornimi
EDITIONS

Massimo Maggini già docente di Lingua italiana a stranieri dal 1982 presso l'Università per Stranieri di Siena e direttore scientifico del Centro Audiovisivo presso l'Università per Stranieri di Siena (1998-2005). È autore di varie pubblicazioni e manuali nel settore della didattica dell'italiano a stranieri, saggi sui bisogni comunicativi dei discenti stranieri, sugli audiovisivi e sulle nuove tecnologie. È stato direttore della videorivista «Tendenze Italiane», pubblicata fino al 2008. È inoltre formatore di insegnanti di Italiano L2 in numerosi corsi di aggiornamento/formazione in Italia e all'estero. Presidente dell'associazione ILSA e direttore della rivista LinguaInAzione-ILSA Italiano L2 pubblicata in collaborazione con Ornimi Editions.

Redazione:
Michele Mantouvalos

Impaginazione e progetto grafico:
ORNIMI Editions

Foto:
Shutterstock

Copyright © ORNIMI Editions
Lontou 8 10681 Atene
Tel. +30 210 3300073
info@ornimieditions.com
www.ornimieditions.com

ISBN: 978-618-5554-05-7

"non fotocopiando un libro aiutiamo tutti coloro che lo creano"

L'Editore è a disposizione degli aventi diritto che non è stato possibile rintracciare e per eventuali omissioni o inesattezze.
Tutti i diritti di traduzione, memorizzazione elettronica, riproduzione e di adattamento parziale o totale, tramite qualsiasi mezzo (digitale o supporti di qualsiasi tipo), di quest'opera, sono riservati in Italia e all'estero.

Campionato d'italiano

livelli A2-B1

Lezioni di italiano per conoscere l'Italia e il calcio

Campionato d'italiano è un progetto didattico d'insegnamento dell'italiano L2 indirizzato a stranieri che intendono imparare la nostra lingua seguendo un percorso didattico incentrato sul calcio italiano. Molti giovani stranieri, soprattutto di origine asiatica, sono interessati al calcio italiano e questa costituisce una delle motivazioni che li spinge ad imparare la nostra lingua. _Campionato d'italiano_ si rivolge anche alle centinaia di giocatori stranieri ingaggiati dalle squadre italiane di ogni serie e categoria nazionale che intendono imparare il nostro idioma per poter vivere e interagire in ambiente lavorativo e sociale italiano.
Il manuale copre due livelli di competenza linguistica: A2 e B1. Secondo il Quadro Comune Europeo di Riferimento per le Lingue questi due livelli di competenza linguistica costituiscono una base comunicativa che permette ai parlanti stranieri non solo di sopravvivere linguisticamente nelle principali situazioni comunicative, ma anche di interagire su argomenti semplici legati agli ambiti del lavoro, della scuola e del tempo libero. Il materiale didattico presuppone quindi un pubblico di apprendenti che abbia già una conoscenza basica dell'italiano, anche se abbastanza limitata a formule di routine di uso quotidiano.
Il manuale è suddiviso in 12 unità incentrate su altrettante squadre di calcio di importanti città italiane. Ogni unità presenta un percorso non solo basato sulla storia di una squadra di calcio, sui suoi maggiori campioni, ma anche sulle caratteristiche storico artistiche e architettoniche delle città che ogni squadra rappresenta, sui principali prodotti gastronomici e sulle specialità della cucina locale.
Campionato d'italiano è quindi per ogni apprendente straniero un viaggio attraverso l'Italia dei mille campanili, per conoscere le bellezze artistiche e architettoniche delle città del Nord, del Centro e del Sud d'Italia. È anche un itinerario gastronomico che permette di conoscere le specialità culinarie di ogni città italiana selezionata attraverso le squadre di calcio.
Ogni unità è corredata di attività linguistiche basate sulla comprensione scritta dei singoli testi selezionati, sulla capacità di ascolto e di discriminazione auditiva degli inni calcistici, sull'espressione orale stimolata dai contenuti dei testi o da specifiche domande e sulla scrittura di testi semplici. Ogni testo costituisce la base per delle osservazioni grammaticali, pertanto la conoscenza morfologica e sintattica dell'italiano segue un procedimento di carattere induttivo.
Il lessico, in specie quello sportivo, quello storico-artistico e architettonico e quello gastronomico, assume un valore importante nell'apprendimento dell'italiano che viene proposto.
Le caratteristiche metodologiche del manuale sono un apprendimento dell'italiano basato principalmente su testi, sull'uso globale della lingua sia ricettivo che produttivo e sulla consapevolezza di come funzionano le principali strutture morfosintattiche dell'italiano.
Nella parte multimediale (online) presente nel sito della casa editrice ci sono video di spezzoni di partite di calcio corredate da specifiche attività didattiche e sono riportati i materiali audio sugli inni delle squadre di calcio. Inoltre, lo studente trova online anche i glossari sul lessico specialistico del calcio, sul linguaggio storico-artistico, architettonico e sul lessico gastronomico dei termini di cucina.

Massimo Maggini

Campionato d'italiano
livelli A2-B1

Unità introduttiva – Regole e lessico di base del calcio. Gli Azzurri pag. 9

Unità 1 – Juventus / Torino pag. 13

REGIONE	CONTENUTI CULTURALI	GRAMMATICA
Piemonte	• bellezze artistiche e architettoniche della città di Torino • squadre Juventus e Torino • piatti tipici locali e regionali • storie, aneddoti e curiosità del calcio	• presente indicativo • verbo *essere* e *avere* • numerali ordinali e cardinali • aggettivi e pronomi interrogativi • verbi riflessivi • verbi irregolari • verbi modali • nomi irregolari

Unità 2 – Genoa / Sampdoria pag. 27

REGIONE	CONTENUTI CULTURALI	GRAMMATICA
Liguria	• bellezze artistiche e architettoniche della città di Genova • squadre Sampdoria e Genoa • piatti tipici locali e regionali • storie, aneddoti e curiosità del calcio	• forme dei nomi maschili e femminili • preposizioni semplici e articolate • espressioni di tempo • articoli determinativi e indeterminativi

Unità 3 – Milan / Inter pag. 49

REGIONE	CONTENUTI CULTURALI	GRAMMATICA
Lombardia	• bellezze artistiche e architettoniche della città di Milano • squadre Milan e Inter • piatti tipici locali e regionali • storie, aneddoti e curiosità del calcio	• uso degli articoli determinativi e indeterminativi • uso di *esserci* • aggettivi qualificativi e determinativi • pronomi indiretti atoni e tonici • pronomi diretti atoni e tonici • verbi impersonali

Indice

Unità 4 – Atalanta — pag. 71

REGIONE	CONTENUTI CULTURALI	GRAMMATICA
Lombardia	• bellezze artistiche e architettoniche della città di Bergamo • squadra Atalanta • piatti tipici locali e regionali • storie, aneddoti e curiosità del calcio	• espressioni di tempo • espressioni di direzione e posizione nello spazio • i comparativi e i superlativi • aggettivi e pronomi dimostrativi

Unità 5 – Udinese — pag. 83

REGIONE	CONTENUTI CULTURALI	GRAMMATICA
Friuli Venezia Giulia	• bellezze artistiche e architettoniche della città di Udine • squadra Udinese • piatti tipici locali e regionali • storie, aneddoti e curiosità del calcio	• passato prossimo • participio passato regolare e irregolare • passato prossimo dei verbi modali + infinito

Unità 6 – Hellas Verona / Chievo Verona — pag. 93

REGIONE	CONTENUTI CULTURALI	GRAMMATICA
Veneto	• bellezze artistiche e architettoniche della città di Verona • squadre Hellas Verona e Chievo Verona • piatti tipici locali e regionali • storie, aneddoti e curiosità del calcio	• aggettivi e pronomi possessivi • imperfetto descrittivo • uso aggettivale del participio passato

Campionato d'italiano

livelli A2-B1

Unità 7 – Bologna
pag. 107

REGIONE	CONTENUTI CULTURALI	GRAMMATICA
Emilia Romagna	• bellezze artistiche e architettoniche della città di Bologna • squadra Bologna • piatti tipici locali e regionali • storie, aneddoti e curiosità del calcio	• futuro semplice • stare + gerundio • valori e funzioni della congiunzione "mentre" • usi dell'imperfetto

Unità 8 – Parma
pag. 119

REGIONE	CONTENUTI CULTURALI	GRAMMATICA
Emilia Romagna	• bellezze artistiche e architettoniche della città di Parma • squadra Parma • piatti tipici locali e regionali • storie, aneddoti e curiosità del calcio	• aggettivi e pronomi indefiniti • condizionale presente

Unità 9 – Fiorentina
pag. 131

REGIONE	CONTENUTI CULTURALI	GRAMMATICA
Toscana	• bellezze artistiche e architettoniche della città di Firenze • squadra Fiorentina • piatti tipici locali e regionali • storie, aneddoti e curiosità del calcio	• pronomi relativi • trapassato prossimo • congiuntivo presente, passato, imperfetto, trapassato • forme verbali per esprimere necessità, obbligo

Unità 10 – Roma / Lazio   pag. 147

REGIONE	CONTENUTI CULTURALI	GRAMMATICA
Lazio	• bellezze artistiche e architettoniche della città di Roma • squadre Roma e Lazio • piatti tipici locali e regionali • storie, aneddoti e curiosità del calcio	• forma passiva • accordo fra pronomi diretti e participio passato dei verbi con l'ausiliare *avere* • condizionale passato • imperativo affermativo e negativo • periodo ipotetico

Unità 11 – Napoli   pag. 167

REGIONE	CONTENUTI CULTURALI	GRAMMATICA
Campania	• bellezze artistiche e architettoniche della città di Napoli • squadra Napoli • piatti tipici locali e regionali • storie, aneddoti e curiosità del calcio	• pronomi combinati

Unità 12 – Cagliari   pag. 179

REGIONE	CONTENUTI CULTURALI	GRAMMATICA
Sardegna	• bellezze artistiche e architettoniche della città di Cagliari • squadra Cagliari • piatti tipici locali e regionali • storie, aneddoti e curiosità del calcio	• uso delle congiunzioni finali • uso della congiunzione "come se" • reggenza dei verbi di opinione • uso del *ne* partitivo e come avverbio di luogo

Chiavi   pag. 191

Campionato d'italiano
livelli A2-B1

Unità introduttiva

La **Federazione Italiana Giuoco Calcio (FIGC)** è l'organo che coordina i vari campionati di calcio professionistico (dalla **Serie A**, **Serie B** e **Coppa Italia** fino alla **Serie C**). Ha sede a Roma, mentre il **Centro Tecnico Federale** è a Firenze, nel quartiere di Coverciano.

CAMPIONATO ITALIANO

1898
Nasce a Torino la Federcalcio italiana

1905
La Federazione italiana entra nella Fédération Internationale de Football Association (FIFA)

1954
La Federcalcio fa parte dell'UEFA (Union of European Football Associations)

Titoli vinti dai vari club italiani
- 12 Coppe dei Campioni/Champions League
- 9 Coppe UEFA
- 7 Coppe delle Coppe
- 4 Coppe Intertoto
- 9 Supercoppe UEFA
- 7 Coppe Intercontinentali
- 2 Coppe del mondo per club FIFA

NAZIONALE ITALIANA

1910
Esordio della Nazionale in Italia-Francia (15 maggio 1910)

Titoli vinti
- 4 Campionati mondiali (1934, 1938, 1982 e 2006)
- 2 Campionati europei (1968 e 2021)
- 1 Bronzo Olimpico (1928)
- 1 Oro Olimpico (1936)

Campionato d'italiano
livelli A2-B1

Per cominciare

Attività 1

Abbina le immagini alle parole date.

calciatore - allenatore - Nazionale - tifosi - scudetto - coppa

1. _____

2. _____

3. _____

4. _____

5. _____

6. _____

Attività 2

Conosci altre parole del calcio in italiano?

_____   _____   _____

_____   _____   _____

Il calcio

Il gioco del calcio è uno sport popolare con regole precise.

In Italia è lo sport più popolare. Il **campionato italiano di calcio**, il livello professionistico più alto è chiamato **Serie A**, è uno dei più seguiti nel mondo, insieme alla Liga spagnola e la Premier League inglese.

Dove si gioca?

In uno **stadio**.

Nello stadio c'è il **terreno di gioco**.

Unità introduttiva

Sul terreno di gioco ci sono **un pallone**, **i giocatori** e **un arbitro**.

Una partita dura 90 minuti e ha due tempi di 45 minuti.

Alla fine di ogni tempo ci sono sempre **i minuti di recupero** per il tempo perso.

*Su www.ornimieditions.com/it - Risorse gratuite puoi trovare un glossario in pdf con tutte le parole del calcio.

Attività 3

Completa con le parole giuste le espressioni in neretto.

All'inizio dei due tempi, per cominciare il gioco c'è sempre un giocatore che dà al pallone **il calcio** (1) _____.

Un giocatore **fa** (2) _____ o **un gol**, di piede o di testa, quando il pallone passa interamente, a terra e in aria, la linea di porta.

Un giocatore può battere **un calcio** (3) _____ (*corner*).

Può fare una **rimessa dalla linea** (4) _____ con le mani.

Un giocatore può fare (5) _____ con le mani o con i piedi.

L'arbitro può punire i falli con i **calci di** (6) _____ .

Anche con i **calci di** (7) _____ .

Campionato d'italiano

livelli A2-B1

Attività 4

 Leggi il testo.

Gli "Azzurri"

La **nazionale di calcio maschile** dell'Italia è tra le più titolate al mondo. Oltre alla nazionale maggiore, troviamo anche la **nazionale maschile Under-21** che partecipa alle competizioni continentali (i giocatori hanno un'età massima di 21 anni). Poi c'è la **nazionale olimpica**, che rappresenta l'Italia nei tornei olimpici di calcio.

Inoltre, rappresentano ufficialmente l'Italia anche **la nazionale femminile** e la **nazionale universitaria** (che rappresenta l'Italia nel torneo calcistico delle Universiadi), composta da calciatori dilettanti o professionisti della Lega Pro che frequentano l'università.

I colori

La prima maglia indossata dalla nazionale italiana nell'esordio assoluto con la Francia del 15 maggio 1910 è di colore bianco. Dopo due partite, in occasione di un'amichevole con l'Ungheria a Milano il 6 gennaio 1911 la maglia bianca cambia con quella azzurra. Il colore azzurro è il colore dello stendardo della casa reale dei Savoia. La divisa si completa con i pantaloncini bianchi e azzurri.

Per il colore delle divise i giocatori della nazionale sono noti come **"Azzurri"**.

Ora rispondi oralmente.

1. Qual è lo sport più popolare nel tuo Paese?
2. Quali sono gli altri sport più praticati nel tuo Paese?
3. Per te cosa significa lo sport? È importante nella tua vita?
4. Sei tifoso di una squadra italiana o di un altro paese europeo/extraeuropeo? Quale? Perché?

Campionato d'italiano
livelli A2-B1

1
Piemonte

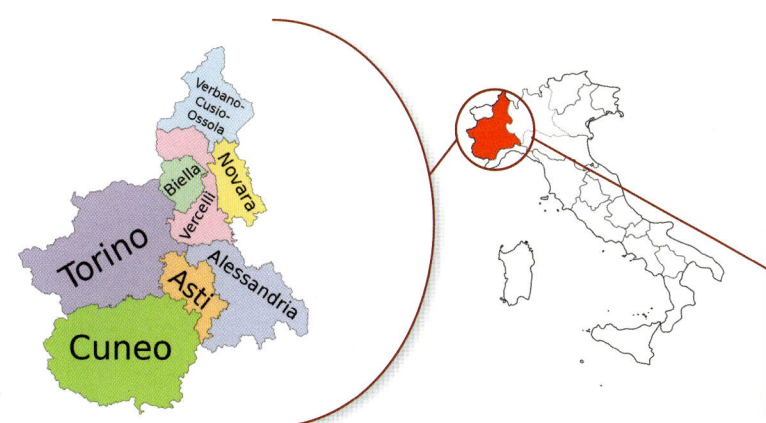

Il **Torino** nella sua storia ha giocato in diversi stadi: Velodromo Umberto I, Stadio Comunale, dal 1990 al 2006 al Delle Alpi e attualmente allo **stadio Olimpico di Torino (28.140 posti)**.

La **Juventus** gioca fino al 1990 i suoi incontri interni allo stadio Comunale, poi fino al 2006 al Delle Alpi. Dal 2011 il club bianconero gioca le sue partite interne allo **Juventus Stadium**, primo stadio moderno realizzato in Italia e di proprietà di una società calcistica.

TORINO

Palmarès
Scudetti: 7
3 Campionati di Serie B
Trofei/Coppe: 5 Coppe Italia
1 Coppa Mitropa

Cronistoria essenziale
1906 Nasce il Torino Football Club
1928 Vince il primo Scudetto
1936 Vince la prima Coppa Italia
1965 Arriva in semifinale di Coppa delle Coppe
1977 Gioca gli ottavi di finale di Coppa dei Campioni
1978 Arriva ai quarti di finale di Coppa UEFA
1991 Conquista la Coppa Mitropa

JUVENTUS

Palmarès
Scudetti: 36
1 Campionato di Serie B
Trofei/Coppe: 14 Coppe Italia
9 Supercoppe italiane
2 Champions League
1 Coppa delle Coppe
3 Coppe UEFA
2 Supercoppe UEFA
1 Coppa Intertoto
2 Coppe Intercontinentali
1 Coppa delle Alpi

Cronistoria essenziale
1897 Nasce la squadra Juventus Football Club
1905 Vince il primo Scudetto
1938 Arriva la prima Coppa Italia
1977 Conquista la prima Coppa UEFA
1984 Vince la Coppa delle Coppe
1985 Conquista la Coppa dei Campioni
1985 Vittoria anche in Supercoppa UEFA
1986 Primo titolo di Coppa Intercontinentale

Campionato d'italiano

livelli A2-B1

Attività 1

Parla con un tuo compagno della tua città, dove si trova geograficamente, quali sono le attività economiche principali e che cosa ti piace in particolare (cibo, monumenti, luoghi ecc.).

Attività 2

Rispondi alle domande.

1. In quale parte dell'Italia si trova il Piemonte?
   ☐ Nord   ☐ Centro   ☐ Sud

2. Che cosa sono le Alpi?
   ☐ Fiumi   ☐ Montagne   ☐ Laghi

A. Città

Leggi con attenzione il testo.

Torino

Torino è il capoluogo della regione Piemonte. A nord–ovest della città vediamo le cime delle Alpi. Edifici **barocchi** e antiche caffetterie, famose per la cioccolata, si trovano lungo i viali e le grandi piazze, come piazza Castello con il **Palazzo** Reale e piazza San Carlo. Vicino a questi luoghi si trova la Mole Antonelliana, del XIX secolo, dove c'è il **Museo** Nazionale del Cinema.
Torino, prima capitale del Regno di Sardegna, dopo l'Unità d'Italia, diventa la prima capitale del Regno d'Italia (dal 1861 al 1865). Nel 2016 è sede dei XX Giochi Olimpici Invernali. La città rappresenta i maggiori simboli del *Made in Italy* nel mondo, come il *Martini*, il cioccolato gianduia e il caffè espresso. A Torino nasce la maggiore industria automobilistica italiana, la *FIAT*. A Torino hanno sede importanti istituti di ricerca scientifica, tecnologica e cinematografica. Ci sono inoltre quattro musei nazionali (Museo del Cinema, Museo dell'Automobile, Museo della Montagna, Museo del Risorgimento) e numerosi altri musei di importanza nazionale ed internazionale come il Museo Egizio, l'Armeria Reale, il Museo d'Arte Orientale, il Museo dell'Astronomia e Planetario e il Museo dello Sport.

* Per le parole in neretto consulta e/o scarica in pdf il glossario storico-architettonico su www.ornimieditions.com/it - Risorse gratuite

Attività 3

Rispondi alle domande.

1. Dove si trova il Museo Nazionale del Cinema a Torino? ......
2. Quando Torino diventa la prima capitale del Regno d'Italia? ......
3. Quali sono i prodotti di Torino famosi in tutto il mondo? ......

A. Città

1 Piemonte

Attività 4

Leggi nuovamente il testo e completa la tabella.

Luoghi geografici	Spazi in città
Piemonte	viali

Attività 5

Cerca e sottolinea nel testo tutte le parole che indicano un numero e tutti i verbi.

Aspetti della lingua

Osserva con attenzione le forme del **presente indicativo** del testo:

è – vediamo – si trovano – si trova – ci sono – diventa – rappresenta – nasce – hanno

PRESENTE INDICATIVO REGOLARE			PRESENTE INDICATIVO IRREGOLARE	
trov-**are**	ved-**ere**	dorm-**ire**	VERBO AVERE	VERBO ESSERE
io trov-**o**	io ved-**o**	io dorm-**o**	io **ho**	io **sono**
tu trov-**i**	tu ved-**i**	tu dorm-**i**	tu **hai**	tu **sei**
lui/lei/Lei trov-**a**	lui/lei/Lei ved-**e**	lui/lei/Lei dorm-**e**	lui/lei/Lei **ha**	lui/lei/Lei **è**
noi trov-**iamo**	noi ved-**iamo**	noi dorm-**iamo**	noi **abbiamo**	noi **siamo**
voi trov-**ate**	voi ved-**ete**	voi dorm-**ite**	voi **avete**	voi **siete**
loro trov-**ano**	loro ved-**ono**	loro dorm-**ono**	loro **hanno**	loro **sono**

Attività 6

Completa le frasi con il presente indicativo dei seguenti verbi.

vedere - avere - essere - rappresentare - trovare - nascere - diventare

1. Milano _____ il capoluogo della regione Lombardia.
2. Palazzi antichi si _____ lungo i viali e nelle piazze.
3. Torino nel 1861 _____ la prima capitale del Regno d'Italia.
4. A Torino _____ sede il Museo Nazionale del Cinema.
5. A Torino _____ la più importante industria automobilistica italiana.
6. Torino _____ i maggiori simboli del Made in Italy nel mondo.
7. A Torino noi _____ le cime delle Alpi.

Campionato d'italiano

livelli A2-B1

Aspetti della lingua

Osserva con attenzione i numeri **cardinali** e **ordinali** del testo:

1861 – 1865 – 2016 – prima – XIX secolo – XX Giochi Olimpici

Numeri arabi	Cardinali	Numeri romani	Ordinali	Numeri arabi	Cardinali	Numeri romani	Ordinali
1	uno, una	I	primo	17	diciassette	XVII	diciassettesimo
2	due	II	secondo	18	diciotto	XVIII	diciottesimo
3	tre	III	terzo	19	diciannove	XIX	diciannovesimo
4	quattro	IV	quarto	20	venti	XX	ventesimo
5	cinque	V	quinto	21	ventuno	XXI	ventunesimo
6	sei	VI	sesto	22	ventidue	XXII	ventiduesimo
7	sette	VII	settimo	30	trenta	XXX	trentesimo
8	otto	VIII	ottavo	40	quaranta	XL	quarantesimo
9	nove	IX	nono	50	cinquanta	L	cinquantesimo
10	dieci	X	decimo	60	sessanta	LX	sessantesimo
11	undici	XI	undicesimo	70	settanta	LXX	settantesimo
12	dodici	XII	dodicesimo	80	ottanta	LXXX	ottantesimo
13	tredici	XIII	tredicesimo	90	novanta	XC	novantesimo
14	quattordici	XIV	quattordicesimo	100	cento	C	centesimo
15	quindici	XV	quindicesimo	101	centouno	CI	centunesimo
16	sedici	XVI	sedicesimo	200	duecento	CC	duecentesimo

USO DEI NUMERALI

I **numerali ordinali** indicano l'ordine occupato in una serie numerica.
In cifre, gli ordinali si rappresentano con i **numeri romani**:
- *IV (quarto), XVI (sedicesimo), V (quinto).*

In cifre, gli ordinali si rappresentano con i numeri romani o i numeri arabi con il segno (°):
- *IV/4° (quarto); XVI/16° (sedicesimo); V/5° (quinto).*

Si usano i numerali ordinali con i **nomi** di **re** e **papi** e si mettono dopo il nome:
- *Re Vittorio Emanuele II, Papa Leone X.*

Si usano i numerali ordinali quando si indica una sequenza numerica per **paragrafi**, **capitoli**, **canti**, **scene**, **atti** di un testo letterario o teatrale:
- *Scena prima dell'atto secondo.*
- *Secondo paragrafo del quarto capitolo.*

Per indicare i **secoli** si usano per le cifre i **numeri romani** e in lettere i **numeri ordinali**:
- *XX (ventesimo) secolo. / XVIII (diciottesimo) secolo.*

Dal secolo undicesimo (XI) in poi è possibile usare anche i numerali ordinali:
- *XV (quindicesimo) secolo – il Quattrocento.*

Per i **giorni del mese** si usa l'ordinale per il giorno iniziale (il *primo marzo*, il *primo luglio*), ma il cardinale per i giorni successivi (*due marzo, tre luglio*).

Attività 7

Presenta oralmente alla classe la tua squadra di calcio preferita. Descrivi i colori delle maglie e presenta i giocatori secondo te più bravi.

B. La squadra

Leggi con attenzione il testo.

Il calcio a Torino

La città ospita due squadre: il Torino e la Juventus. Per questo motivo a Torino, come in altre città italiane, si gioca il derby cittadino.

Il **Torino** nasce nel 1906 con il nome di *Foot-Ball Club Torino*. Un gruppo di dirigenti e calciatori si separa dalla società della Juventus. La stampa, la televisione e i tifosi chiamano la squadra anche «Toro», l'animale presente nello stemma della società. Il primo *scudetto* per la squadra arriva nel campionato 1927/1928. Durante la Seconda guerra mondiale nasce «il Grande Torino», una squadra molto forte con grandi campioni, come Mazzola, Menti, Ferraris, Loik, Bagicalupo, Maroso e Gabetto. Nel campionato 1942/1943 vince il suo secondo scudetto. Dopo la guerra il Torino continua a vincere il campionato. Dal 1945 al 1949 vince quattro scudetti consecutivi. Prima della fine del campionato la squadra gioca a Lisbona una partita amichevole con il Benfica e il 4 maggio 1949 alle 17.01 l'aereo che riporta la squadra a Torino cade sulla collina di Superga. Muoiono tutti i giocatori, giornalisti e membri dell'equipaggio. Ai funerali il 6 maggio 1949 partecipano più di 500.000 persone. Dopo il disastro aereo, ci sono stati molti campionati difficili per il Torino. Nel campionato 1958/1959 la squadra retrocede in serie B per la prima volta nella sua storia. Negli anni Settanta la squadra torna ad essere forte e arriva il settimo scudetto 1975/1976. Campioni di quella squadra sono Pecci (centrocampista), Graziani (attaccante), Claudio Sala (centrocampista), Pulici (attaccante). Nel campionato 1991/1992 il Torino gioca la finale europea di Coppa UEFA, ma perde. Nel campionato 2014/2015 partecipa all'Europa League.

Attività 1

Rispondi alle domande.

1. Che cosa significa "derby"?
2. Perché tutti chiamano la squadra "Toro"?
3. Quanti scudetti vince il Torino e in quali anni?
4. Quale tragico evento accade al "Grande Torino"?
5. Che cosa significa per una squadra "retrocedere"?

Attività 2

Leggi nuovamente e sottolinea nel testo tutte le parole ed espressioni del lessico sportivo.
Esempio: *squadra, calciatori...*

Campionato d'italiano

livelli A2-B1

Attività 3

Con l'aiuto del dizionario trova i contrari alle parole del testo.
Esempio: *partire/arrivare.*

1. vincere / _____
2. nascere / _____
3. difficile / _____
4. retrocessione / _____
5. forte / _____
6. finire / _____

Attività 4

Trova e sottolinea nel testo il verbo che al presente prende la forma in *–isc* e scrivi tutte le persone del presente indicativo.

Scrivi le forme del presente indicativo irregolare dei verbi *morire* e *fare*.

	Morire	Fare
io		
tu		
lui/lei/Lei		
noi		
voi		
loro		

Aspetti della lingua

Osserva con attenzione le domande dell'**attività 1**:
- **che cosa** significa... - **perché** la stampa... - **quanti** scudetti... - **come** scompare...

Che cosa / perché / quanti / come sono aggettivi e pronomi **interrogativi**.
Per fare delle domande aperte usiamo questi **interrogativi**:

AGGETTIVI E PRONOMI INTERROGATIVI				
	SINGOLARE		PLURALE	
	MASCHILE / FEMMINILE		MASCHILE / FEMMINILE	
AGGETTIVO	CHE	CHE	CHE	CHE
PRONOME	CHI	CHI	CHI	CHI
PRONOME	CHE			
	CHE COSA			
	COSA			
AGGETTIVO/PRONOME	QUALE	QUALE	QUALI	QUALI
AGGETTIVO/PRONOME	QUANTO	QUANTA	QUANTI	QUANTE

B. La squadra

1 Piemonte

- I pronomi interrogativi **che cosa** e **chi** sono sempre all'inizio della frase.

Le **frasi interrogative** a risposta aperta possono cominciare anche con degli **avverbi interrogativi**:

Dove?
Quando?
Perché? Come?
Quanto?

Esempio: - **Dove** giochi? - Gioco nella Juventus.

Quando comincia la partita? - Fra due ore.
Perché la Juventus è la squadra più popolare in Italia? - Perché vince sempre.
Come stai? - Bene.
Quanto costa il biglietto per la partita? - 15 euro in Curva Nord.

Attività 5

Completa le domande con i pronomi e gli avverbi interrogativi giusti.

1. _____ rappresentano per Torino il Martini, la cioccolata e il caffè espresso?
2. _____ sono i giocatori nuovi del Torino?
3. _____ non finisce mai la partita? Perché ci sono i minuti di recupero.
4. _____ calciatori giocano in campo?
5. _____ giochi a calcio? Sei bravo?
6. _____ si trova lo stadio?
7. _____ finisce la partita?

Attività 6

Crea un dialogo con un tuo compagno.

Esempio:
• Studente A: Come ti chiami?
• Studente B: Mi chiamo Andrea.

• Studente A: Quanti anni hai?
• Studente B: Ho venti anni.

• Studente A: Di dove sei? Dove abiti? Che cosa fai nella vita? Lavori o studi? Che cosa fai nel tempo libero?
• Studente B:...

Campionato d'italiano

livelli A2-B1

Attività 7

Scrivi i nomi dei colori della bandiera italiana e del tuo paese.

1. Bandiera italiana: _____.
2. Bandiera del tuo Paese: _____.

Leggi con attenzione il testo.

TORINO

Colore della maglia: granata (rosso scuro).

Stemma: uno scudo con sfondo granata con il nome della squadra in alto, nel centro il disegno di un toro **rampante** stilizzato su sfondo bianco, a sinistra l'anno di nascita della società "1906" e a destra le lettere FC.

Nome dei tifosi e dei giocatori: torinista, granata.

Curiosità: all'inizio il Torino ha la **maglia** a **strisce verticali** arancioni e nere, ma con il tempo l'arancione **si scolora** e diventa giallo. Questi colori non piacciono al *Duca di Aosta*, allora presidente della squadra, che **sceglie** il colore granata.
Di colore **granata** è il fazzoletto al collo dei soldati della *Brigata Savoia* quando nel 1706 **sconfiggono** i francesi e liberano Torino.

Attività 8

Con l'aiuto di un dizionario indica il significato giusto delle parole del testo.

1.	maglia	a. bandiera	b. divisa dei giocatori	c. stemma
2.	verticali	a. da sinistra a destra	b. dall'alto in basso	c. parallele
3.	scolora	a. prendere un colore più intenso	b. prendere un altro colore	c. perdere il colore originario
4.	sceglie	a. elimina	b. preferisce	c. rifiuta
5.	sconfiggono	a. vincono	b. perdono	c. combattono
6.	toro rampante	a. che si arrampica	b. che scende	c. che suona

B. La squadra - Torino

1 Piemonte

Aspetti della lingua

Osserva con attenzione il verbo del testo *sceglie*.

Scegliere è un verbo irregolare al **presente indicativo**:

io scel**go** - tu sce**gli** - lui/lei/Lei sce**glie** - noi sce**gliamo** - voi sce**gliete** - loro scel**gono**

Osserva con attenzione l'uso del **verbo pronominale** nel testo:
- *l'arancione si scolora*.

In italiano ci sono **verbi accompagnati dal pronome**.

Alcuni di questi verbi si chiamano **riflessivi** perché il soggetto del verbo coincide con l'oggetto diretto del verbo, quindi l'azione del soggetto ritorna sul soggetto:

- **scolorarsi, chiamarsi, lavarsi, vestirsi**.

Esempio: *Marco si lava spesso*.

Alcuni di questi verbi riflessivi esprimono un'azione che si svolge fra due o più soggetti, reciprocamente:

- **salutarsi, amarsi, baciarsi, abbracciarsi**.

Pronome soggetto + pronome riflessivo + verbo.

io mi scoloro – tu ti scolori – lui/lei/Lei si scolora – noi ci scoloriamo – voi vi scolorate – loro si scolorano

Attività 9

Abbina il pronome riflessivo alle forme del presente indicativo.

1. si   a. lavo
2. ci   b. lavi
3. mi   c. lava
4. vi   d. laviamo
5. si   e. lavate
6. ti   f. lavano

1. _____   3. _____   5. _____
2. _____   4. _____   6. _____

Campionato d'italiano
livelli A2-B1

Attività 10

🎧 **Ascolta*** con un tuo compagno l'inno del Torino più volte senza leggere il testo.

✏️ **Scrivi*** tutte le parole che capisci e confrontale con un tuo compagno.

*Vai al seguente link: https://www.youtube.com/watch?v=ml0gxrPUDHg

❗ Le attività di ascolto e il link sono disponibili su www.ornimieditions.com/it - Risorse gratuite

👤 **Ora leggi il testo dell'inno.**

Inno del Torino

Io questa maglia sognavo da bambino
quando giocavo ancora col trenino,
mio padre andava sempre al comunale,
c'era il Torino, Torino da sognare.
Granata una seconda pelle,
portarla è come un viaggio tra le stelle,
Io so cos'è la storia e la leggenda,
giochiamo noi, la fiamma non si è spenta.
È ancora Toro, è sempre Toro,
la Maratona canta tutta in coro
è ancora Toro, è sempre Toro
il cuore grande, ti fa tremar le gambe.
È ancora Toro è sempre Toro,
cantiamo noi, cantiamo tutti in coro
è ancora Toro, è sempre Toro,
il cuore grande, ti fa tremar le gambe.
Di questa squadra io sono il capitano,
11 cuori tenuti per la mano,
vincere sempre, vincer con ardore,
per il Torino, per il suo grande cuore.
È un'emozione che sempre mi attanaglia,
sono del Toro e un grido m'accompagna.
Forza ragazzi vinciamo con onore,
esser Granata vuol dire bene e amore.
È ancora Toro, è sempre Toro,
la Maratona canta tutta in coro,
è ancora Toro, è sempre Toro
il cuore grande ti fa tremar le gambe.
È ancora Toro, è sempre Toro,
cantiamo noi, cantiamo tutti in coro,
è ancora Toro, è sempre Toro,

B. La squadra - Torino

1 Piemonte

*il cuore grande ti fa tremar le gambe.
È ancora Toro, è sempre Toro,
la Maratona canta tutta in coro,
è ancora Toro, è sempre Toro
il cuore grande ti fa tremar le gambe.
È ancora Toro, è sempre Toro,
la Maratona canta tutta in coro,
è ancora Toro, è sempre Toro,
il cuore grande ti fa tremar le gambe.
È ancora Toro, è sempre Toro,
la Maratona canta tutta in coro,
è ancora Toro, è sempre Toro
il cuore grande ti fa tremar le gambe.*

Attività 11

Leggi le domande e scegli l'alternativa giusta.

1. **Che cos'è il "*Comunale*"?**
   a. lo stadio.
   b. il nome della squadra avversaria.
   c. la stazione di Torino.

2. **Che cosa significa l'espressione "Granata è una seconda pelle"?**
   a. il colore della maglia del Torino è sulla pelle.
   b. i tifosi del Torino si sono colorati di granata.
   c. per i tifosi del Torino la squadra è molto importante.

3. **Che cosa è la "*Maratona*"?**
   a. un'associazione di tifosi del Torino.
   b. il nome di un settore (o curva) dello stadio.
   c. il nome di una canzone.

4. **Che cosa significa l'espressione "ti fa tremar le gambe"?**
   a. provare una forte emozione.
   b. provare una grande paura.
   c. avere male alle gambe.

5. **Il capitano è**
   a. un giocatore.
   b. l'allenatore.
   c. un soldato.

6. **Che cosa significa "mi attanaglia"?**
   a. mi lascia andare.
   b. mi fa male.
   c. mi stringe forte.

Campionato d'italiano

livelli A2-B1

Aspetti della lingua

Osserva con attenzione questi due **verbi irregolari** del testo: *andare* e *sapere*.

Presente indicativo di andare:
io vado – tu vai – lui/lei/Lei va – noi andiamo – voi andate – loro vanno

Presente indicativo di sapere:
io so – tu sai – lui/lei/Lei sa – noi sappiamo – voi sapete – loro sanno

 Leggi con attenzione il testo.

La Juventus

La **Juventus** o Juve è la squadra italiana con più scudetti ed è la più popolare, con il numero maggiore di tifosi. La squadra nasce nel 1897 e vince il suo primo scudetto nel 1905. È quindi una società di calcio molto antica, per questa ragione la stampa chiama questa squadra «Vecchia Signora». Nel 1923 l'imprenditore torinese della *FIAT* Edoardo Agnelli diventa il presidente della società di calcio Juventus. Con la famiglia Agnelli comincia un ciclo di vittorie nazionali e internazionali.

La Juventus è la squadra italiana con più giocatori, nel corso del tempo, presenti nella nazionale italiana di calcio. Dal 1930 al 1935 vince cinque scudetti consecutivi, così come dal 1971 al 1978. Nel 1977 la Juventus vince la sua prima competizione internazionale europea, la Coppa UEFA. Nel 1984 vince la sua seconda coppa europea, la Coppa delle Coppe e nel 1985 la Supercoppa UEFA contro il Liverpool. A Bruxelles il 29 maggio 1985 la Juventus vince la sua prima Coppa dei Campioni sempre contro il Liverpool. Mezz'ora prima dell'incontro avvengono i tragici incidenti allo stadio Heysel con 39 morti. Con la vittoria in Coppa dei Campioni la Juventus diventa il primo club europeo a vincere tutte le tre maggiori manifestazioni organizzate dalla UEFA. Sempre nel 1985 la squadra vince la sua prima Coppa Intercontinentale. Nel 1996 la Juventus vince la Champions League e la Coppa Intercontinentale. Nel 2006 la squadra è al centro di un grande scandalo chiamato "Calciopoli" e per questo motivo retrocede in serie B dove rimane solo per il campionato 2006/2007. Dal 2011 al 2020 la squadra vince ogni anno il campionato di serie A. Nella Juventus nel corso della sua storia hanno giocato grandi campioni italiani e stranieri: Sivori (attaccante), Charles (attaccante), Boniperti (attaccante), Rossi (attaccante), Platini (centrocampista), Zidane (centrocampista), Scirea (difensore), Del Piero (attaccante), Zoff (portiere), Buffon (portiere), e Cristiano Ronaldo (attaccante).

B. La squadra - Juventus

Piemonte

Attività 12

Leggi le domande e scegli l'alternativa giusta.

1. Quale squadra italiana ha il numero maggiore di scudetti?
   a. Inter.
   b. Juventus.
   c. Milan.

2. Perché chiamano la Juventus "Vecchia Signora"?
   a. perché è una società calcistica molto antica.
   b. perché è una società calcistica di origine nobile.
   c. perché è una società calcistica femminile quando nasce.

3. A quale industria italiana la Juventus è legata?
   a. industria della cioccolata gianduia.
   b. industria del Martini.
   c. industria FIAT.

4. In quale anno la Juventus vince la sua prima competizione internazionale?
   a. nel 1935.
   b. nel 1957.
   c. nel 1977.

5. In quale anno avvengono gli incidenti allo stadio Heysel a Bruxelles con 39 morti?
   a. nel 1977.
   b. nel 1985.
   c. nel 1984.

6. Quante volte la Juventus retrocede nel campionato di serie B?
   a. due volte.
   b. mai.
   c. una volta.

7. Da quando la Juventus vince ogni anno il campionato di serie A?
   a. dal 2006.
   b. dal 2014.
   c. dal 2011.

Campionato d'italiano

livelli A2-B1

Aspetti della lingua

Osserva con attenzione due **verbi irregolari** del testo: **avvenire** e **rimanere**.

Avvenire ha una coniugazione irregolare al presente indicativo come il verbo **venire**.

Presente indicativo di venire:
io vengo - tu vieni - lui/lei/Lei viene - noi veniamo - voi venite - loro vengono

avviene - avvengono

Il verbo avvenire si usa alla terza persona singolare e plurale.

Presente indicativo del verbo rimanere:
io rimango - tu rimani - lui/lei/Lei rimane - noi rimaniamo - voi rimanete - loro rimangono

Leggi con attenzione il testo.

JUVENTUS

Colore della maglia: bianco e nero.

Stemma: "J" nera stilizzata, strisce verticali bianconere, uno scudetto stilizzato, in alto il nome "Juventus".

Nome dei tifosi e dei giocatori: bianconeri.

Curiosità: Il primo colore delle maglie della Juventus è il rosa con un papillon o un cravattino nero. Per tre anni questo è il colore ufficiale della Juventus. Il colore rosa però dopo molti lavaggi diventa bianco. Quindi la società decide di cambiare e di dare un nuovo look ai giocatori, e compra delle maglie rosse con bordi bianchi, come le maglie della squadra inglese del *Nottingham Forest*. La fabbrica tessile di Nottingham però manda a Torino maglie bianche e nere, come le maglie del *Notts County*. La società torinese deve però iniziare il campionato di calcio e non può più aspettare, quindi utilizza le nuove divise con i colori bianco e nero.

B. La squadra - Juventus

1 Piemonte

Attività 13

Scrivi perché i colori della maglia della Juventus diventano bianco e nero.

_____
_____
_____

Aspetti della lingua

Osserva con attenzione i **verbi modali** del testo: **dovere** e **potere**.

- *La società torinese **deve** iniziare e non **può** più aspettare.*

I verbi modali si usano anche da soli, ma generalmente accompagnano un altro verbo coniugato all'infinito: **dovere / potere + infinito**.

Un altro verbo modale è **volere**.

Presente indicativo dei verbi modali dovere, potere e volere:

io devo - tu devi - lui/lei/Lei deve - noi dobbiamo - voi dovete - loro devono
io posso - tu puoi - lui/lei/Lei può - noi possiamo - voi potete - loro possono
io voglio - tu vuoi - lui/lei/Lei vuole - noi vogliamo - voi volete - loro vogliono

Attività 14

Completa le frasi con il verbo modale giusto.

1. A: _____ uscire? B: Aspetta 10 minuti.
2. A: Che cosa tu _____ fare oggi? B: Molte cose, ma non ho un minuto libero.
3. A: Voi _____ venire alla partita con me? B: Sì, molto volentieri.
4. A: Tu _____ giocare a calcio? B: Non ancora, ho male a un piede.
5. A: Voi _____ vedere la partita allo stadio o alla televisione? B: Allo stadio.
6. A: Io non _____ venire allo stadio. B: _____ studiare.

Leggi con attenzione l'intervista.

🎙 L'intervista a Cristiano Ronaldo

Buongiorno Ronaldo, come sta?
«Bene, grazie».
Dieci luglio - dieci dicembre, sono 5 mesi dall'annuncio del trasferimento alla Juve. Dopo oltre 150 giorni, come sembrano la Juve, Torino e l'Italia?

Campionato d'italiano

livelli A2-B1

«Sono molto felice di essere qui, la città è molto carina, i tifosi molto gentili e la Juventus è un club fantastico, con una organizzazione meravigliosa. Qui i giocatori sono umili, lavorano molto. Sì, la mia impressione finora è fantastica».

Quali sono le differenze principali tra Juve, Manchester e Real?
«La mentalità in generale in Italia è diversa, qui le squadre si preoccupano più di difendere che di attaccare. Anche l'organizzazione è diversa, come la mentalità. In Spagna c'è più relax, qui siete più concentrati, seri, lavorate più duro».

Com'è il tuo nuovo allenatore Allegri? È diverso dagli altri tuoi allenatori?
«Difficile dirlo, lavoro con lui da poco. Quello che posso dire, però, è che è molto professionale, serio, un ottimo allenatore, un tipo molto divertente. È una persona diretta, onesta. (...) Puoi pensare "oh questo non può dirlo", però lui lo dice. E poi sorride, ti abbraccia, è molto intelligente, professionale e divertente allo stesso tempo».

In questa nuova vita, è possibile vincere una Champions... o magari più di una?
«Questo non è uno sport individuale, io sono sicuro del mio potenziale ma lo sport resta collettivo. Io dico sempre che la Champions non può essere una ossessione, bisogna pensarci con tranquillità».

Parliamo di Cristiano come calciatore e persona. In che cosa bisogna ancora migliorare?
«In campo io cerco di migliorare in tutto (...). Qui alla Juve imparo molte cose sportive ed emozionali, una nuova mentalità (...)».

A proposito di famiglia, che rapporto ha con i bambini, i piccoli tifosi?
«Io cerco di essere gentile con tutti ma a volte è difficile, in Italia soprattutto. Le persone a volte mi vedono al semaforo e, se mi riconoscono, fermano la macchina e vengono a fare una foto. Io non sono la persona migliore al mondo, ma cerco di essere rispettoso, soprattutto con i bambini. I bambini sono speciali, innocenti».

I bambini italiani a volte si chiedono che cosa mangia Ronaldo, come fa a essere forte. Che cosa si può rispondere?
«Cerco di mangiare sano, evitare i dolci. Non bevo alcol e sono tre le cose più importanti: dormire, mangiare e allenarsi bene».

(Riduzione e adattamento da https://www.gazzetta.it/Calcio/Serie-A/Juventus/10-12-2018/ronaldo-la-juventus-come-gruppo-meglio-real-madrid-3101123990664.shtml)

B. La squadra - Juventus

1 Piemonte

Attività 15

 Rispondi alle domande.

1. Come si trova Ronaldo a Torino alla Juventus?
2. Le principali differenze fra Juve, Manchester e Real Madrid?
3. Com'è l'allenatore Allegri per Ronaldo?
4. In che cosa deve migliorare Ronaldo?
5. Com'è Ronaldo con le persone?
6. Che cosa mangia?

Attività 16

 Rispondi oralmente alle domande.

- Come ti trovi in Italia?
- Come sei con le persone, che rapporto hai?
- Che cosa ti piace mangiare?

Attività 17

 Descrivi oralmente a un tuo compagno la tua famiglia.

Esempio: Quante persone sono, quanti anni hanno, che lavoro fanno o che cosa studiano.

Aspetti della lingua

Osserva il **saluto formale** all'inizio dell'intervista: **- Buongiorno**, Ronaldo. Come sta?
Quando incontriamo qualcuno per salutarlo diciamo:

Informale:
- **Ciao** (saluto amichevole, con gli amici e coetanei).
- **Salve** (colloquiale e meno usato di ciao nella lingua comune).
Ciao si usa come formula di saluto individuale e di gruppo, ed è una delle parole italiane più conosciute nel mondo.

Formale:
- **Buongiorno** (si usa generalmente al mattino e nel primo pomeriggio).
- **Buonasera** (si usa generalmente al pomeriggio e alla sera).
Il passaggio dal momento del "buongiorno" a quello del "buonasera" è legato ad abitudini individuali o anche regionali. Queste formule di saluto si usano per rivolgersi alla singola persona o anche al gruppo. Quando invece andiamo via per salutare diciamo:
- Informale: **Ciao (a presto)**, **Ci vediamo**.
- Formale: **Buongiorno**, **Buonasera**, **Arrivederci**, **Arrivederla** (più formale e cortese).

Questi saluti si usano per congedarsi da una singola persona o da un gruppo di persone. **Buonanotte** è un saluto generale usato prima di andare a dormire.

Campionato d'italiano

livelli A2-B1

Attività 18

🎧 Ascolta* più volte l'inno della Juventus senza leggere il testo.

✏️ Scrivi* più parole possibili dell'inno durante l'ascolto. Poi ascolta una seconda volta e scrivi tutti i verbi. Confrontati con un compagno.

*Vai al seguente link: (https://www.youtube.com/watch?v=Vy9ULF7hwEY)

⚠️ Le attività di ascolto e il link sono disponibili su www.ornimieditions.com/it - Risorse gratuite

Parole	Verbi

👤 Leggi ora più volte il testo.

Inno della Juventus

Simili a degli eroi, abbiamo il cuore a strisce
Portaci dove vuoi, verso le tue conquiste
Dove tu arriverai, sarà la storia di tutti noi
Solo chi corre può fare di te la squadra che sei
Juve, storia di un grande amore
Bianco che abbraccia il nero
Coro che si alza davvero, per te
Portaci dove vuoi, siamo una curva in festa
Come un abbraccio noi, e ancora non ci basta
Ogni pagina nuova sai, sarà ancora la storia di tutti noi
Solo chi corre può fare di te quello che sei
Juve, storia di un grande amore
Bianco che abbraccia il nero
Coro che si alza davvero, solo per te
È la Juve, storia di quel che sarò
Quando fischia l'inizio
Ed inizia quel sogno che sei
Juve, storia di un grande amore
Bianco che abbraccia il nero
Coro che si alza davvero
Juve per sempre sarà
Juve, storia di un grande amore
Bianco che abbraccia il nero
Coro che si alza davvero
Juve per sempre sarà
Juve, Juve per sempre sarà
Juve, Juve per sempre sarà

C. La cucina

> Attività 19

Sottolinea nel testo tutti i verbi al presente indicativo.

> Attività 20

Leggi nuovamente il testo e parla con tuo compagno dei possibili significati della canzone.

C. La cucina

> Attività 1

Descrivi oralmente a un compagno un piatto di cucina che ti piace molto.

Leggi con attenzione il testo.

Le specialità della cucina torinese

I piatti tipici torinesi sono elaborati e ricchi di sapori e ingredienti. Gli ingredienti più utilizzati sono il cioccolato, le **nocciole**, il **marsala** per lo **zabaione**, il tartufo e soprattutto la carne. È particolarmente famosa la carne di **fassone**.
Le specialità che possiamo gustare nei ristoranti di Torino sono: *il vitello tonnato, i tomini, gli agnolotti, i tajarin, la bagna cauda, il bônèt, il bicerin e il gianduiotto*.
Il vitello tonnato è un piatto della tradizione torinese e deve essere mangiato freddo.
È un piatto di carne di fassone **marinato** nel vino bianco e **aromi**. La **carne** è bollita e tagliata a fettine sottili. Nel piatto queste fettine hanno una salsa di tonno (con maionese, capperi, tonno e altre **spezie**). Può essere un **antipasto** o un secondo piatto.
I tomini torinesi sono un antipasto oppure fanno parte degli **ingredienti** degli aperitivi sempre più di moda fra i giovani al posto della cena. Sono dei piccoli formaggi freschi di latte vaccino con **salse** di vario gusto. *Gli agnolotti piemontesi* sono un tipo di pasta ripiena di carne arrosto. La forma della pasta è quadrata. Sono un primo piatto molto saporito.
Un altro primo piatto tipico sono *i tajarin* (i tagliolini o i taglierini), un tipo di pasta all'uovo simile alle tagliatelle, ma con una larghezza di 2-3 mm. Lunghi come gli spaghetti, in genere nei ristoranti si trova come pasta fresca.
La Bagna Cauda è un altro piatto tipico di Torino. È una salsa a base di olio, **aglio** e acciughe. Insieme alla *Bagna Cauda* i torinesi mangiano le verdure di stagione e bevono dei vini rossi come il Barbera o il Nebbiolo.
Il bônèt è un dolce, un budino freddo preparato con amaretti, cacao, latte, uova, rum, con sopra il caramello.
Il bicerin è una bevanda storica con caffè, cioccolato e crema di latte. Il nome deriva da una storica caffetteria torinese: *Caffè Al Bicerin*, dove ancora c'è la tradizionale ricetta. Si beve con o senza ghiaccio, oppure si versa sul gelato o sui dolci. *Il gianduiotto* è il dolce più famoso di Torino. È un cioccolatino a base di gianduia a forma di barca rovesciata in un'elegante carta dorata. La composizione del gianduiotto è a base di cacao, zucchero e nocciola tonda del Piemonte, varietà IGP. Possiamo mangiare la gianduia anche in tavolette e in tazza.

* Per le parole in neretto consulta e/o scarica in pdf il glossario gastronomico su www.ornimieditions.com/it - Risorse gratuite

Campionato d'italiano

livelli A2-B1

Attività 2

Rispondi alle domande sul testo.

1. Quali sono gli ingredienti più usati nella cucina torinese? _____
2. Quali sono i piatti tipici di Torino? _____
3. Quali sono i tipi di pasta nominati nel testo? _____
4. Quali sono gli ingredienti della *Bagna Cauda*? _____
5. Qual è la composizione del dolce *bônèt*? _____

Aspetti della lingua

Osserva con attenzione il nome irregolare **uova** presente nel testo.

- Al singolare è maschile: **l'uovo** e al plurale è femminile: **le uova**.

Attività 3

Con l'aiuto del dizionario trasforma al plurale i seguenti nomi irregolari.

1. Dio
2. Uomo
3. Tempio
4. Mano
5. Arma
6. Braccio (corpo)
7. Ciglio (occhio)
8. Dito (mano)
9. Labbro (bocca)

D. Storie, aneddoti e curiosità del calcio

Gigi Buffon, portiere della Nazionale italiana e della Juventus (ora al Parma) nasce in Toscana, a Carrara. Subito diventa tifoso della Carrarese e dal 2002 porta sui guanti l'acronimo C.U.I.T. (Commando Ultras Indian Trips), nome di uno storico gruppo di tifosi della Carrarese.
Diventa anche azionista di maggioranza, cioè proprietario della società calcio Carrarese per diversi anni.

Attività 1

Ti piace giocare a calcio?

Parla con un tuo compagno se ti piace giocare a calcio, in quale ruolo (portiere, difensore, centrocampista, attaccante) e dove abitualmente giochi.

Campionato d'italiano

livelli A2-B1

2
Liguria

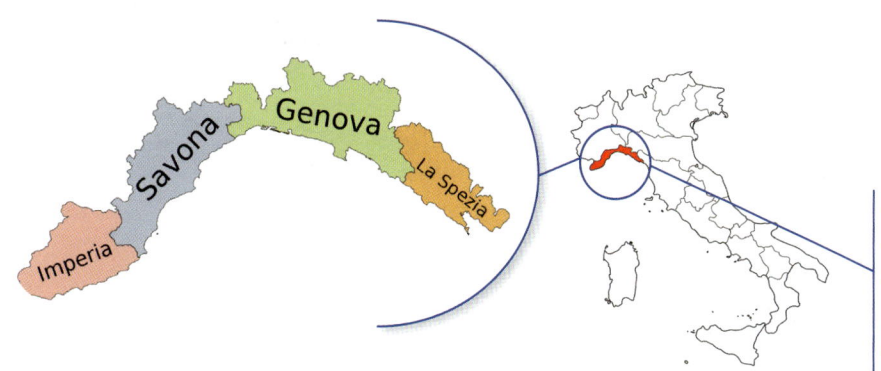

Stadio comunale Luigi Ferraris si trova a Genova, chiamato anche **Marassi**, nome del quartiere genovese dove si trova. È lo stadio più antico d'Italia (inaugurato nel 1911) tra quelli in uso. Ha una capienza di circa **37.000 posti**. Il Ferraris è sede delle partite interne del Genoa e della Sampdoria.

GENOA

Palmarès
Scudetti:	9
Trofei/Coppe:	1 Coppa Italia
	1 Coppa Anglo-Italiana
	2 Coppe delle Alpi
	1 Coppa dell'Amicizia

Cronistoria essenziale
- **1893** Nasce la squadra del Genoa
- **1898** Vince il primo scudetto
- **1937** Vince l'unica Coppa Italia
- **1992** Semifinalista di Coppa UEFA

SAMPDORIA

Palmarès
Scudetti:	1
Titoli nazionali:	1 Campionato Serie B
Trofei/Coppe:	4 Coppe Italia
	1 Supercoppa italiana
	1 Coppa delle Coppe

Cronistoria essenziale
- **1946** Nasce la squadra della Sampdoria
- **1967** Vince il campionato di serie B
- **1985** Vince la prima Coppa Italia
- **1986** Arriva agli Ottavi di finale di Coppa delle Coppe
- **1991** Vince il primo scudetto
- **1991** Vince la Supercoppa italiana

Campionato d'italiano

livelli A2-B1

A. Città

Leggi con attenzione il testo.

Genova

Genova è il capoluogo della regione Liguria. Si trova davanti al mar Ligure nel Golfo di Genova tra la costa e le montagne dell'Appennino ligure-genovese. Il suo caratteristico centro storico presenta strade molto strette, chiamate *caruggi*, con **palazzi** molto alti. Molte delle sue bellezze artistiche si conservano nei palazzi nobiliari, si chiamano rolli, e nei numerosi **musei** cittadini. La città ha un importante porto commerciale, numerose attività industriali e una produzione scientifica molto buona con il Polo tecnologico e scientifico della Collina Erzelli. Grande parte del centro storico di Genova - via Garibaldi, via Cairoli e via Balbi – dove ci sono i palazzi dei rolli, è patrimonio Unesco. Sono numerosi i palazzi famosi di Genova: Palazzo San Giorgio, pieno di **affreschi**, Palazzo della Nuova Borsa nella principale Piazza De Ferrari, il Palazzo Ducale, uno dei più antichi, oggi sede di importanti **mostre** artistico-culturali. Caratteristica è la zona vicina al Porto Antico con **architetture** miste, chiese romaniche, palazzi di gusto classico e neoclassico, edifici con architetture di stile orientale. La **Cattedrale** di San Lorenzo è un edificio alto e presenta elementi architettonici **gotici** e **romanici**. Nella zona del Porto Antico possiamo visitare l'Acquario, progetto del famoso architetto italiano Renzo Piano. È uno degli acquari più grandi e ricchi d'Europa. La sua forma è simile a una grande nave. Negli ultimi anni l'area del Porto Antico è sede di numerosi eventi turistici, musicali, culturali e sportivi. Genova ha una costa lunga circa 35 chilometri, è bello fare una passeggiata sul lungomare dove possiamo fermarci per mangiare i tipici antipasti di pesce e il cibo di strada presso le antiche bancarelle.

* Per le parole in neretto consulta e/o scarica in pdf il glossario storico-architettonico su www.ornimieditions.com/it - Risorse gratuite

Attività 1

Rispondi alle domande.

1. Dove si trova Genova?
2. Che cosa sono i *caruggi*?
3. Che cosa sono i *rolli*?
4. Quali sono i palazzi più famosi di Genova?
5. Le caratteristiche architettoniche della Cattedrale di San Lorenzo?
6. Qual è la forma dell'Acquario di Genova?
7. Dove possiamo gustare gli antipasti di pesce e il cibo di strada?

Aspetti della lingua

Osserva con attenzione la forma dei **nomi** nel testo: *regione – costa – centro – montagne – parte – sede – cattedrale – palazzi*.

a. Il nome in italiano ha forme diverse per il genere, maschile e femminile e per il numero, singolare e plurale.
b. I nomi di **città** e **attività** non cambiano al singolare e al plurale.
c. I nomi femminili in –**a** prendono al plurale la desinenza –**e**: chies**a**/chies**e** – strad**a**/strad**e**.

A. Città

2
Liguria

d. La maggioranza dei nomi in –**a** sono femminili, ci sono però anche nomi maschili in –**a**: poeta, Papa. Questi nomi maschili in –**a** al plurale hanno la desinenza in –**i**: poet**a**/poet**i**, Pap**a**/Pap**i**.

e. Nomi in –**o** al maschile singolare finiscono in –**i** al plurale. Esempio: centr-**o** /centr-**i**.

f. I nomi che al maschile terminano in –**o** formano il femminile con la desinenza –**a**: ami**co**/ami**ca** fi**glio**/fi**glia**.

g. La maggioranza dei nomi in –**o** è maschile, ma ci sono anche nomi in –**o** femminili: la man**o**, l'aut**o**, la radi**o**, la mot**o**.

h. I nomi maschili e femminili che al singolare terminano in –**e** formano il plurale con la desinenza –**i**: region**e**/region**i** – part**e**/part**i** - sed**e**/sed**i** – cattedral**e**/cattedral**i** – padr**e**/padr**i**.

i. Alcuni nomi maschili in –**e** formano il femminile con il suffisso –**essa**: student**e**/student**essa**, profess**ore**/professor**essa**, dottor**e**/dottor**essa**.

Altri nomi

- **Nomi in -tore**

I nomi che al maschile terminano in –**tore** formano di regola il femminile in –**trice**: scul**tore**/scul**trice** – pit**tore**/pit**trice** – at**tore**/at**trice**.

- **Nomi in –ca e -ga**

I nomi maschili e femminili in –**ca** e –**ga** terminano in –**chi** e –**ghi** nel maschile, in –**che** e –**ghe** nel femminile: strate**ga**/strate**ghi** – colle**ga**/colle**ghi** – colle**ga**/colle**ghe** – musi**ca**/musi**che**.

- **Nomi in -cia e -gia**

I nomi femminili in –**cia** e –**gia** hanno la –**i** al plurale quando la **c** e la **g** sono precedute da vocale (–**cie**, –**gie**), non hanno la –**i** al plurale quando invece la **c** e la **g** sono precedute da consonante (-**ce** -**ge**): cilie**gia**/cilie**gie** – provin**cia**/provin**ce**.

- **Nomi in –cie, -gie e -glie**

I nomi al singolare in –**cie**, –**gie**, –**glie** formano regolarmente il plurale in –**i**: superfi**cie**/superfi**ci** – mo**glie**/mo**gli**.

- **Nomi in –co e –go**

I nomi maschili in –**co** e in –**go** al plurale possono finire in –**ci** e –**chi** e in –**gi** e –**ghi**: capoluo**go**/capoluo**ghi** – ami**co**/ami**ci**, par**co**/par**chi**, psicolo**go**/psicolo**gi**.
La tendenza è che i nomi in –**co** e in –**go** con l'accento tonico sulla penultima sillaba finiscono al plurale in –**chi** e –**ghi**. I nomi in –**co** e –**go** con l'accento tonico sulla terz'ultima sillaba finiscono invece al plurale in –**ci** e –**gi**. I nomi in –**ìo** con la i tonica formano il plurale in –**ii**: z**io**/z**ii**.

Attività 2

Leggi un'altra volta il testo e scrivi tutti i nomi che finiscono in –a e in –e al femminile singolare e plurale; in –o e in –i al maschile singolare e plurale e in –e al femminile e maschile singolare.

Nomi in –a	Nomi in –o	Nomi in –e
costa/coste	progetto/progetti	sede/sedi

Campionato d'italiano

livelli A2-B1

B. La squadra

Leggi con attenzione il testo.

Il calcio a Genova

La città ospita due squadre, il Genoa e la Sampdoria. Anche in questa città si gioca il derby cittadino, chiamato il *derby della Lanterna*, nello stadio *Luigi Ferraris* o *Marassi*. La Lanterna è il faro che dal 1543 domina su tutta Genova ed è il simbolo della città.

La squadra del **Genoa**, la squadra italiana più antica, nasce nel 1893 nella sede del Consolato inglese a Genova per iniziativa di un gruppo di inglesi. La comunità inglese di Genova è molto numerosa alla fine del XIX secolo. La nuova società si chiama *Genoa Cricket and Athletic Club* e accetta solo giocatori inglesi e svizzeri. Nel 1898 nasce la *Federazione Italiana Giuoco Calcio* e l'8 maggio 1898, il Genoa conquista il primo scudetto italiano. Anche il secondo e il terzo titolo finiscono a Genova. Fra il 1898 e il 1924 il Genoa conquista 9 scudetti, nel 1937 vince la sua unica Coppa Italia. Dal 1911 la squadra gioca allo stadio *Luigi Ferraris*, nel quartiere di *Marassi*. Il grifone è l'animale mitologico simbolo della squadra, un misto fra cavallo, leone e aquila. I giocatori, come la squadra, si chiamano anche grifoni. Due famosi giocatori del passato del Genoa sono gli attaccanti Gigi Meroni, successivamente giocatore del Torino, e Roberto Pruzzo. Dopo la seconda guerra mondiale il Genoa alterna campionati in serie A e campionati in serie B. Gli anni migliori sono dal 1988 al 1992. Nel campionato 1991/1992 arriva quarta e così l'anno successivo partecipa alla Coppa UEFA. Nel campionato 1991/1992 il Genoa raggiunge la semifinale europea della Coppa UEFA. Successivamente fra il 1995/1996 e il 2006/2007 partecipa di nuovo al campionato di serie B, e per un anno finisce nel campionato di serie C 2005/2006. Nel campionato 2008/2009 la squadra arriva quinta.

Attività 1

Rispondi alle domande.

1. Perché il derby tra Genoa e Sampdoria si chiama *il derby della Lanterna*?

2. Quando nasce la squadra *"Genoa"*?

3. Perché il nome della squadra *Genoa Cricket and Athletic Club* è inglese?

B. La squadra

2 Liguria

4. In quale periodo il Genoa vince i suoi 9 scudetti?
   ....

5. Che cosa è il *grifone*?
   ....

Attività 2

Trova nel testo tutte le parole che finiscono in –*e* al singolare e in –*i* al plurale.

nomi in –*e* al singolare	in –*i* al plurale
sede	*sedi*

Attività 3

Trova e scrivi tutti i numeri cardinali e ordinali del testo.

numeri cardinali	numeri ordinali
1543	*primo*

Aspetti della lingua

a. **Osserva** con attenzione la data: 8 maggio 1898. In italiano si mette sempre **giorno + mese + anno**.
b. **Osserva** con attenzione l'uso delle preposizioni di tempo: **dal** 1543 – **nel** 1893 – **alla fine del** XIX secolo – **fra il** 1898 e il 1924 - **del** 1937 – **dal** 1911 – **dal** 1988 **al** 1992.
  - Per indicare l'anno preciso: **nel + anno**.
  - Per indicare un periodo di tempo: **dal + anno al + anno**, in questo modo si indica l'inizio e la fine del periodo di tempo.
  - **Dal + anno:** per indicare l'inizio di un periodo di tempo.
  - **Fra/tra il + anno** e **il + anno:** per indicare un periodo di tempo.
  - **Alla fine del** è un'espressione di tempo che indica la fine di un periodo di tempo.

livelli A2-B1

PREPOSIZIONI ARTICOLATE

Preposizione semplice + articolo determinativo	IL	LO/L'	LA/L'	I	GLI	LE
DI	del	dello/dell'	della/dell'	dei	degli	delle
A	al	allo/all'	alla/all'	ai	agli	alle
DA	dal	dallo/dall'	dalla/dall'	dai	dagli	dalle
IN	nel	nello/nell'	nella/nell'	nei	negli	nelle
CON	con il	con lo/l'	con la/l'	con i	con gli	con le
SU	sul	sullo/sull'	sulla/sull'	sui	sugli	sulle
PER	per il	per lo/l'	per la/l'	per i	per gli	per le
TRA/FRA	tra/fra il	tra/fra lo/l'	tra/fra la/l'	tra/fra i	tra/fra gli	tra/fra le

Attività 4

Metti negli spazi vuoti una delle seguenti preposizioni.

sulla - della - del - a - dal - nella - nel - alla - della

La squadra (1) _____ Genoa nasce (2) _____ 1893 (3) _____ sede del Consolato inglese. (4) _____ fine del XIX secolo (5) _____ Genova la comunità inglese è molto numerosa. (6) _____ maglia del Genoa c'è un grifone giallo. (7) _____ 1901 i colori (8) _____ maglia del Genoa prendono i colori (9) _____ bandiera britannica.

B. La squadra - GENOA

2 Liguria

Leggi con attenzione il testo.

GENOA

Colore della maglia: rossoblù.

Stemma: uno scudo diviso in due parti uguali colorate, il blu a destra e il rosso a sinistra. Al centro è disegnato un grifone giallo, in alto c'è una croce rossa su sfondo bianco come la bandiera della città di Genova.

Nome dei tifosi e dei giocatori: rossoblù, grifoni.

Curiosità: La prima maglia del Genoa è bianca, quando ancora tutti i giocatori sono stranieri, inglesi e svizzeri. Quando nel 1895 la società diventa *Genoa Cricket and Football Club*, ci sono anche giocatori italiani. Gioca i primi tre campionati con la maglia bianca originaria, nel 1900 usa la maglia a strisce biancoblù come quella dello *Sheffield Wednesday*, squadra che in quel momento gioca e vince nel campionato inglese. Nel 1901 in occasione della morte della regina inglese Vittoria le maglie del Genoa prendono i colori *dell'Union Jack*, la bandiera britannica.

Attività 5

Trova e scrivi i nomi dei colori presenti nel testo.

Scrivi i nomi dei colori delle maglie di queste squadre.

1. Barcellona:
2. Real Madrid:
3. Manchester United:

Attività 6

Trova e sottolinea tutte le preposizioni e le espressioni di tempo del testo.

Aspetti della lingua

a. I **nomi** dei **colori fondamentali** sono: **nero – bianco – rosso – blu – giallo**.
b. I **colori secondari** sono la mescolanza di due colori fondamentali: giallo + rosso = **arancione**; giallo + blu = **verde**; rosso + blu = **viola**. Ci sono poi diverse sfumature di colori, ad esempio il colore **granata** è una sfumatura scura di rosso – arancio.
c. I colori possono essere **nomi** e **aggettivi**.
   Esempio: *Il Torino ha la maglia granata/Il mio colore preferito è il blu.*

39

Campionato d'italiano

livelli A2-B1

Attività 7

a. **Ascolta* più volte l'inno senza leggere il testo.**

  *Vai al seguente link: https://www.youtube.com/watch?v=bOeBz4jra_8

  ⚠ Le attività di ascolto e il link sono disponibili su www.ornimieditions.com/it - Risorse gratuite

b. **Scrivi* tutti i numeri presenti nell'inno.**

  _____

c. **Rispondi* poi alle domande.**

  1. Quante volte si ripete il nome della squadra?

  2. Come si chiama nell'inno la squadra del Genoa?

  3. Di che colore sono i pantaloni e la maglietta del Genoa?

  4. Che cosa significa l'espressione "fare un carosello"?

  5. Che cosa significa la parola "trasferte"?

Attività 8

Ascolta* nuovamente l'inno del Genoa e leggi il testo. Usa il dizionario per la comprensione e discuti con un compagno sui contenuti della canzone.

Inno del Genoa
Genoa Genoa Genoa Genoa Genoa!
Coi pantaloni rossi
e la maglietta blu
è il simbolo del Genoa
la nostra gioventù,
in 10 o 100.000
non puoi tenerli più,
son sempre più festosi
i tifosi rossoblu.
Aprite le porte oh ohhh il Grifone va,
nessun avversario oh ohhh mai lo fermerà.
O donna prepara oh ohhh per la mia bandiera
il nuovo scudetto che il Genoa vincere dovrà.

B. La squadra - SAMPDORIA

Liguria

Genoa Genoa Genoa Genoa Genoa!
in 100 e più trasferte
in auto, moto, treno
ti seguono fedeli
non puoi tenerli a freno.
Tornati a De Ferrari
ti fanno un carosello
che anche Garibaldi
si unisce al ritornello.

Aprite le porte oh ohh il Grifone va,
nessun avversario oh ohhh mai lo fermerà.
O donna prepara oh ohhh per la mia bandiera
il nuovo scudetto che il Genoa vincere dovrà.
Genoa Genoa Genoa Genoa Genoa!
Aprite le porte oh ohh il Grifone va,
nessun avversario oh ohhh mai lo fermerà.

Leggi con attenzione il testo.

Sampdoria

La **Sampdoria** nasce nel 1946 in seguito alla fusione di due società calcistiche genovesi, l'Andrea Doria e la Sampierdarenese. La squadra blucerchiata – nome del colore delle maglie – partecipa stabilmente al campionato di serie A fino al campionato 1965/1966 quando per la prima volta retrocede in serie B. L'anno successivo la squadra vince il campionato di serie B e ritorna in serie A dove rimane fino al campionato 1976/1977, quando retrocede di nuovo in serie B dove rimane per cinque anni. Con il nuovo presidente Paolo Mantovani inizia un nuovo ciclo positivo della Sampdoria in serie A dal campionato 1982/1983. Nel 1984 la squadra vince  la prima Coppa Italia. Nel campionato 1985/1986 partecipa alla sua prima competizione europea: la Coppa delle Coppe. La Sampdoria vince la sua seconda Coppa Italia nel 1988 e nell'anno successivo vince di nuovo in questa competizione nazionale. Nel 1989 arriva fino alla finale con il Barcellona per la Coppa delle Coppe, competizione europea. Nel 1990 arriva la sua prima vittoria in una competizione internazionale: la Coppa delle Coppe. La Sampdoria vince il suo primo scudetto nel campionato 1990/1991. Campioni famosi di quella squadra sono Vialli e Mancini, attaccanti chiamati "gemelli del gol" perché i due giocatori hanno fatto molti gol per la stessa squadra. Nel 1991 i blucerchiati vincono la loro prima Supercoppa italiana. Nel campionato 1991/1992 la squadra partecipa alla sua prima Coppa dei Campioni e arriva fino alla finale. Nel 1994 la Sampdoria vince la sua ultima Coppa Italia e successivamente la squadra conosce un lento declino fino alla retrocessione in serie B. Nel 2003 torna in serie A, partecipa nuovamente ad una competizione internazionale, la Coppa UEFA, nel 2008/2009 e alla fine del campionato 2010/2011 torna in Champions League. Dopo il campionato 2010/2011 la Sampdoria torna nuovamente in serie B. Nel 2012 i blucerchiati tornano in serie A.

Campionato d'italiano

livelli A2-B1

Attività 9

✎ **Rispondi alle domande.**

1. Che cosa significa "fusione"?

2. Quando vince il suo primo scudetto la Sampdoria?

3. A quali competizioni europee partecipa la Sampdoria?

4. Quante volte la Sampdoria vince la Coppa Italia?

5. Chi sono i gemelli del gol?

Attività 10

✎ **Sottolinea tutte le preposizioni e le espressioni di tempo presenti nel testo.**

> **Aspetti della lingua**
>
> **Osserva** con attenzione l'uso della preposizione **"per"** che indica durata nel tempo: **per cinque anni**. **Fino al... – dopo il...** sono espressioni di tempo che indicano il momento finale di un periodo e il momento iniziale di un periodo.

Attività 11

✎ **Metti negli spazi vuoti del testo le preposizioni giuste (semplici e articolate).**

I gemelli del gol

(1)_____ otto anni Vialli e Mancini giocano insieme (2)_____ Sampdoria. Insieme vincono uno scudetto, partecipano (3)_____ Coppe internazionali e giocano (4)_____ Nazionale italiana di calcio. Giocano nello stesso settore del campo, (5)_____ attacco e segnano molti gol. Sono compagni (6)_____ squadra, ma anche amici (7)_____ vita. Mancini (8)_____ 2018 è l'allenatore (9)_____ Nazionale italiana di calcio e Vialli (10)_____ 2019 collabora (11)_____ Mancini nella Nazionale di calcio.

42

B. La squadra - SAMPDORIA

2 Liguria

 Leggi con attenzione l'intervista a Vialli.

Intervista a Vialli

Vialli nuovo presidente della Sampdoria. È vero?
«Leggiamo tante cose e qualche volta mi sembra di leggere la trama di un film e scopro tante cose che non so nemmeno io (ride ndr). (...). Fa parte del lavoro dei giornalisti e in questo senso non mi disturba. La Samp e il presidente Ferrero fanno un gran lavoro e se un giorno decidono di vendere lo decidono loro in tutta serenità perché io devo pensare alle mie cose. Nulla di vero? Non rispondo perché qualsiasi cosa dico può essere utilizzata contro di me (sorride ancora ndr) ma dico solo che leggo tante cose e mi diverto».

È possibile un suo ritorno in Nazionale come dirigente?
«È una proposta della *Federazione Italiana Giuoco Calcio* e sono molto grato al presidente Gravina. Per questa proposta, è un onore aver pensato a me per un ruolo comunque importante che mi permette di ricominciare quella storia con la Nazionale (...). È un ruolo importante e ci devo riflettere perché devo essere consapevole di poterlo fare bene e mi può permettere ancora una volta di prendermi cura di Roberto (Mancini) (commissario tecnico della Nazionale italiana) dopo tutto quello che ho già fatto per lui quando giocavamo insieme».

(Riduzione e adattamento da https://sport.sky.it/calcio/champions-league/2019/02/25/gianluca-vialli-juventus-atletico-premio-facchetti.html)

Attività 12

✏️ **Completa le frasi.**

1. Vialli presidente della Samp: per lui questa notizia è come ....

2. La Samp e il presidente della Sampdoria Ferrero se un giorno vendono la società lo ....

3. Vialli è molto grato al presidente Gravina della *Federazione Italiana Giuoco Calcio* della ....

4. Il ruolo di dirigente della Nazionale italiana è per Vialli ....

Attività 13

 Cerca su Internet lo stemma della Sampdoria e senza leggere il testo descrivilo.

Campionato d'italiano

livelli A2-B1

Ora leggi il testo.

SAMPDORIA

Colore della maglia: blu, bianca, rossa e nera.

Stemma: un fascio di strisce blucerchiate in diagonale, al centro delle quali c'è il volto nero di un tipico pescatore genovese stilizzato con barba, berretto caratteristico, pipa e capelli al vento. Questa figura si chiama in dialetto genovese *baciccia*.

Nome dei tifosi e dei giocatori: blucerchiati.

Curiosità: La maglia della Sampdoria deriva dalla fusione fra i colori della squadra Andrea Doria, bianco-blu, e di quelli della squadra Sampierdarenese, bianco-rosso-nero. Questa fusione di colori delle maglie delle due squadre genovesi ha come risultato una divisa assolutamente unica. Sicuramente la più originale del calcio italiano, una maglia blu con due strisce bianche, una striscia rossa e una nera nel mezzo delle strisce bianche, con lo stemma di Genova (la croce di San Giorgio) al centro.

Attività 14
Trova e sottolinea la parola che si usa nel testo per indicare le maglie della squadra.

Attività 15
Descrivi oralmente lo stemma di una squadra non italiana che ti piace.

Attività 16
Ascolta* con un tuo compagno più volte l'inno senza leggere il testo e confrontate le parole che capite.

*Vai al seguente link: (https://www.youtube.com/watch?v=_hvrGDQvKAU&t=29s)

⚠ Le attività di ascolto e il link sono disponibili su www.ornimieditions.com/it - Risorse gratuite

B. La squadra - SAMPDORIA

2
Liguria

(!) Prima di ascoltare...

- **La Sud** e **gradinata** sono nomi di settori dello stadio.
- **Doria** è un'abbreviazione di Sampdoria ed è anche il nome di un'antica famiglia genovese.

Attività 17

🎧 Ascolta* di nuovo l'inno e leggi il testo.
Chi sono i due protagonisti della canzone io e te? Che cosa fanno?

Inno della Sampdoria

*Giocavamo insieme, sempre io e te
Era tempo della scuola, era tempo dei primi perché
Per quale squadra tieni, come il mio papà
E tiravi già la palla in un mondo che confini non ha
E tu... che ogni giorno piano piano ti buttavi via
Ed io che cercavo col pallone di portarti via
E tu... che a cantare in gradinata non sei stato mai
Lo sai che i colori della Sud sono quelli degli eroi
E si può cambiare il mondo. Basta mettersi a cantare con noi
Forza Doria... Forza Sampdoria!!
Ogni partita una festa sarà
Forza Doria... Forza Sampdoria!!
In ogni angolo della città
Può passare il tempo
Ma siamo sempre noi
Cambieranno tante cose. Anche i nomi dei nostri eroi
Ma guarda su quel campo di periferia
Quante maglie blucerchiate che continuano la grande magia
E tu... che ogni giorno piano piano ti buttavi via
Ed io... son riuscito col pallone a trascinarti via
E tu ora canti in gradinata sempre insieme a noi
Lo sai che i colori della Sud sono quelli degli eroi
E si può cambiare il mondo. Basta mettersi a cantare con noi
Forza Doria... Forza Sampdoria!!
Ogni partita una festa sarà
Forza Doria... Forza Sampdoria!!
In ogni angolo della città
Ogni partita una festa sarà
Forza Doria... Forza Sampdoria!!
In ogni angolo della città
Forza Doria... Forza Sampdoria!!
Ogni partita una festa sarà
Forza Doria... Forza Sampdoria!!
In ogni angolo della città*

Campionato d'italiano

livelli A2-B1

C. La cucina

Leggi con attenzione il testo.

Le specialità della cucina genovese

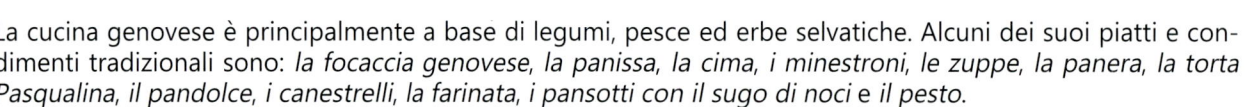

La cucina genovese è principalmente a base di legumi, pesce ed erbe selvatiche. Alcuni dei suoi piatti e condimenti tradizionali sono: *la focaccia genovese, la panissa, la cima, i minestroni, le zuppe, la panera, la torta Pasqualina, il pandolce, i canestrelli, la farinata, i pansotti con il sugo di noci* e *il pesto*.

La focaccia è il piatto più caratteristico di Genova. I genovesi mangiano la focaccia in tutte le ore del giorno, a colazione, con il cappuccino, a pranzo e a cena. Ci sono due principali tipi di focaccia: *la focaccia classica all'olio*, e *la focaccia al formaggio*. La focaccia genovese è molto difficile da preparare in casa, i genovesi generalmente la comprano nei panifici. Inoltre, mangiano *la panissa* nelle strade strette del centro storico presso le numerose friggitorie. È una specie di polenta fritta, con la farina di ceci che spesso mangiano con altre verdure fritte.

La cima è un secondo piatto genovese e anche un antipasto. È un pezzo di carne di vitello, con diversi ingredienti come i piselli, l'uovo, i funghi, i pinoli, il formaggio e alcune erbette aromatiche.

La cucina genovese, come la cucina ligure, si basa principalmente sui legumi. Per questo a Genova ci sono numerose trattorie che offrono una grande varietà di minestre e zuppe calde e fredde a base di legumi, verdure e anche di pesce. *Il minestrone classico genovese* ha ingredienti come fagioli, pesto, patate e fagiolini. La minestra fa parte della cultura genovese. *La panera* è un semifreddo al caffè. Il nome *panera* significa "panna – nera", in quanto con la panna c'è la polvere di caffè.

La torta Pasqualina è un piatto del periodo di Pasqua, ma in realtà si mangia tutto l'anno. È una torta salata con la pasta sfoglia e un ripieno di verdure. *Il pandolce* e *i canestrelli* sono due dolci tipici della tradizione ligure. *Il pandolce* è un panettone con uvetta, pinoli, mandorle e canditi, *i canestrelli* sono dei biscotti di pasta frolla, a forma di margherita. Hanno un particolare aroma: spesso all'anice, alla vaniglia, al limone o al cacao. *La farinata* è un altro piatto a base di legumi ed è generalmente un piatto unico o secondo piatto. È un impasto di farina di ceci, acqua, olio e sale. *I pansotti* con il sugo di noci sono dei ravioli grandi, ripieni di erbe selvatiche.

Il pesto è un condimento a base di basilico, pinoli, aglio, olio e parmigiano. Si usa non solo per condire la pasta, ma anche per dare sapore ai minestroni, zuppe, focacce, torte salate e anche come base sulla pizza, al posto della salsa di pomodoro. Insomma, i genovesi usano il pesto davvero su tutto. Tradizionalmente mangiano il pesto con le *trofie* (un tipo di pasta tipico a Genova), le patate e i fagiolini.

Attività 1

Rispondi alle domande.

1. Su che cosa si basa la cucina genovese?
2. I genovesi quando mangiano la focaccia?
3. I genovesi dove comprano la focaccia?
4. Che cosa è la *panissa*?
5. Quali sono gli ingredienti della *cima*?
6. Quali sono i dolci tipici di Genova?
7. Che cosa è la *farinata* e quali sono i suoi ingredienti?
8. Qual è la composizione del pesto?

Aspetti della lingua

Osserva con attenzione l'uso **degli articoli** nel testo:

la cucina genovese – **le** zuppe – **il** pandolce – **i** canestrelli – **l'**olio – **l'**uovo
una specie di polenta fritta – **un** pezzo di carne – **un** semifreddo – **un** piatto - **una** torta salata – **un** altro piatto

C. La cucina

Liguria — 2

L'articolo **precede** il **nome** e ha lo stesso genere (maschile/femminile) e numero (singolare/plurale) del nome.

Ci sono due tipi di articolo: **articolo determinativo** e **indeterminativo**.
L'**articolo determinativo** può **combinarsi** con una preposizione semplice per creare una preposizione articolata.

Gli articoli determinativi

	Singolare		Plurale	
Maschile	il	lo / l'	i	gli
Femminile	la / l'		le	

Gli **articoli determinativi** maschili singolari e plurali **il** e **i** si usano davanti a parole che cominciano per consonante semplice o per consonante diversa da "**s**" seguita da "**l**" o "**r**":

il/i +	b	il biscotto / i biscotti	il/i +	p	il pandolce / i pandolci
	c	il cibo / i cibi		q	il quadro / i quadri
	d	il dente / i denti		r	il ristorante / i ristoranti
	f	il formaggio / i formaggi		s	il sugo / i sughi
	g	il gianduiotto / i gianduiotti		t	il tavolo / i tavoli
	l	il legume / i legumi		v	il vino / i vini
	m	il mercato / i mercati		tr	il trasporto / i trasporti
	n	il nome / i nomi		cl	il cliente / i clienti

La forma maschile singolare **l'** si usa davanti a parola maschile che comincia per vocale: **l'uovo**.

Gli articoli determinativi maschili singolari e plurali **lo** e **gli** si usano davanti a parole che cominciano per "**s**" + **consonante**, davanti a parole che cominciano per: "**z**", "**gn**", "**ps**" e "**pn**".
Esempi:

lo stile / gli stili	lo zio / gli zii	lo gnomo / gli gnomi
lo psichiatra / gli psichiatri		lo pneumatico / gli pneumatici

L'**articolo determinativo femminile** singolare ha due forme: **- la -l'**
il plurale ha invece una sola forma: **le**

La forma femminile **l'** si usa davanti a parola femminile che comincia per vocale:
l'arancia / le arance

Gli articoli indeterminativi

	Singolare	
Maschile	un	uno
Femminile	una	un'

L'**articolo indeterminativo maschile** ha due forme per il singolare: **un-uno**.

La forma **un** si usa davanti a parola che comincia per consonante semplice o per consonante diversa da "**s**" seguita da "**l**" o "**r**" (come per l'articolo determinativo **il**):

un ristorante	un cliente	un trasporto

47

Campionato d'italiano

livelli A2-B1

La forma **uno** si usa davanti a parole che cominciano per **"s" + consonante**, davanti a parole che cominciano per **"z"**, davanti alle consonanti **"gn"**, davanti alle consonanti **"ps"** e **"pn"** (come per l'articolo determinativo **lo**):

| uno stile | uno zio | uno psichiatra | uno gnomo | uno pneumatico |

L'articolo indeterminativo femminile ha due forme per il singolare: **una-un'**.
Si usa **un'** davanti a parola femminile che comincia per vocale: **un'arancia**.
L'articolo indeterminativo non ha forme plurali.
Come plurale si può usare, nella maggioranza dei casi, **il partitivo**.

Preposizione di + articolo determinativo plurale (dei –degli –delle):

- *Mangio dei ravioli/delle pizze/degli spiedini di carne.*

Attività 2

Inserisci negli spazi vuoti del testo gli articoli giusti.

Ricetta del pesto genovese

Prendere un aglio e togliere (1) _____ buccia. Cominciare a schiacciare (2) _____ aglio fino a quando non diventa (3) _____ crema. Aggiungere (4) _____ foglie di basilico e un po' di sale grosso. Schiacciare bene (5) _____ basilico e aggiungere (6) _____ pinoli e schiacciare nuovamente tutto. Mescolare bene tutto, aggiungere (7) _____ formaggio parmigiano e (8) _____ cucchiao di olio d'oliva. Mescolare tutto e (9) _____ pesto è pronto!

D. Storie, aneddoti e curiosità del calcio

Leggi il testo.

In Italia si parla di calcio dovunque: nei bar, all'interno delle famiglie, nei giornali, alla televisione e alla radio. In Italia ci sono quotidiani solo di sport, in particolare di calcio. Quindi tutti i giorni troviamo in edicola i seguenti giornali: *La Gazzetta dello Sport*, il quotidiano sportivo più popolare, di colore rosa, *Tuttosport* di Torino con notizie soprattutto sulla Juventus e il Torino, il *Corriere dello Sport/Stadio* con notizie soprattutto sulle squadre del Centro Sud (Roma e Lazio) e del Sud (Napoli). Il *Corriere dello Sport* ha anche un'edizione con il nome di *"Stadio"* soprattutto per le squadre del Centro Italia (Bologna e Fiorentina).
Alla RAI – la televisione pubblica – ci sono trasmissioni storiche ogni settimana sul calcio: *"La Domenica Sportiva"* e *"Novantesimo minuto"*. Anche la radio pubblica ha trasmissioni con la cronaca delle partite e i risultati. Infine, ci sono le radio private locali, quasi ogni città italiana ha la sua o le sue stazioni radiofoniche private: parlano di calcio tutti i giorni. Esiste anche una radio nazionale privata, *Radio Sportiva*: parla 24 ore su 24 di sport, in particolare di calcio.

Attività 1

Presenta alla classe i giornali, le riviste, le trasmissioni televisive e radiofoniche sul calcio del tuo paese.

Campionato d'italiano

livelli A2-B1

3
Lombardia

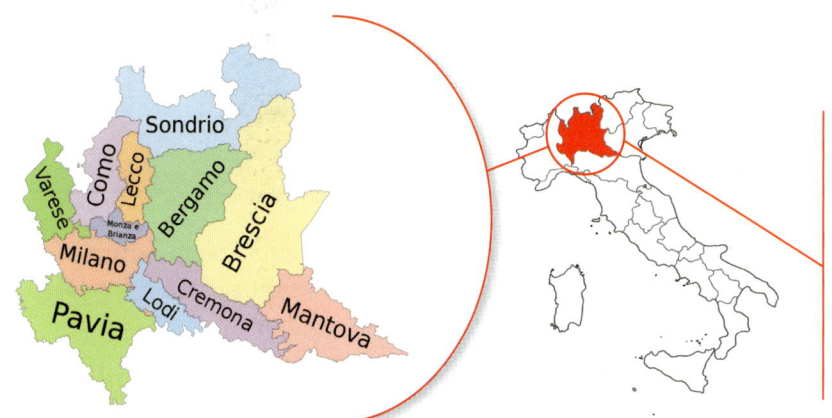

Lo **stadio Giuseppe Meazza** ospita le gare interne del Milan e dell'Inter. È conosciuto anche con il nome di **stadio San Siro**, nome del quartiere milanese dove si trova. Dal marzo 1980, lo stadio è intitolato alla memoria di Giuseppe Meazza, gloria del calcio milanese e italiano. Soprannominato la *Scala del calcio* o il *Tempio del calcio*, è uno degli stadi più conosciuti a livello internazionale. È lo stadio più grande d'Italia **(75.923 posti)**.

INTER

Palmarès
Scudetti: 19
Trofei/Coppe:
- 7 Coppe Italia
- 6 Supercoppe italiane
- 3 Champions League
- 3 Coppe UEFA/Europa League
- 2 Coppe Intercontinentali
- 1 Coppa del mondo per club

Cronistoria essenziale
- **1908** Nasce l'Internazionale Milano
- **1910** Arriva il primo scudetto
- **1939** Vince la Coppa Italia
- **1964** Vince la prima Coppa dei Campioni
- **1965** Conquista la Coppa Intercontinentale
- **1989** Arriva la Supercoppa Italiana
- **1991** Vince la Coppa UEFA
- **2010** Prima squadra italiana a vincere il Triplete (Scudetto, Coppa nazionale e Champions League)
- **2010** Vince la Coppa del Mondo per Club

MILAN

Palmarès
Scudetti: 18
Titoli nazionali: 2 Campionati di Serie B
Trofei/Coppe:
- 5 Coppe Italia
- 7 Supercoppe italiane
- 7 Champions League
- 2 Coppe delle Coppe
- 5 Supercoppe UEFA
- 3 Coppe Intercontinentali
- 1 Coppa del mondo per club
- 1 Coppa Mitropa
- 2 Coppe Latine

Cronistoria essenziale
- **1899** Nasce l'Associazione Calcio Milan
- **1901** Vince il primo scudetto
- **1963** Arriva la prima Coppa dei Campioni
- **1967** Vince la Coppa Italia
- **1968** Vince la Coppa delle Coppe
- **1970** Conquista la Coppa Intercontinentale
- **1988** Vince la Supercoppa Italiana
- **1990** Arriva la Supercoppa Europea
- **2007** Vince la Coppa del Mondo per Club

Campionato d'italiano

livelli A2-B1

A. Città

Leggi con attenzione il testo.

Milano

Milano è il capoluogo della regione Lombardia. Il **Duomo**, con la **facciata** in **marmo** e l'architettura tardo-**gotica**, è il monumento simbolo di questa città. Dalla sua parte più alta, sotto la famosa Madonnina – statua in rame dorato della Madonna Assunta - si può ammirare un panorama di tutta la città.

Alla sinistra del Duomo c'è il **Palazzo** Reale, nelle sue **sale** ci sono numerose e importanti **esposizioni** d'arte. Accanto al Palazzo Reale c'è il modernissimo **Museo** del Novecento, dove ci sono opere del ventesimo secolo. Vicino al Duomo c'è un altro simbolo della città: la **Galleria** Vittorio Emanuele II, un attraversamento pedonale e coperto, a forma di croce. La Galleria ha al suo interno storici ristoranti, bar e negozi alla moda. La Galleria è famosa per i suoi pavimenti a **mosaici** e per il tetto a vetrate.

Nel centro di Milano troviamo piazza della Scala, con il Teatro alla Scala, uno dei più importanti teatri del mondo. Ci sono anche altri teatri importanti, il Piccolo Teatro, il Teatro Manzoni, il Teatro degli Arcimboldi (la casa milanese del Cabaret).

Un altro monumento milanese famoso è il **Castello** Sforzesco, della metà del Trecento; è oggi una **pinacoteca** con opere d'arte di grande valore come la Pietà Rondanini di Michelangelo. Dai cortili del Castello si può passeggiare fino a Parco Sempione dove nel suo giardino all'inglese ci sono monumenti ed edifici storici, come l'**Arco** della Pace (1807) e il Palazzo dell'Arte, la sede della Triennale, con mostre di arte moderna e collezioni di design. Milano è infatti universalmente famosa come la capitale italiana del design e della moda.

Sul lato opposto del parco, c'è il quartiere di Brera, dove ci sono numerosi ristoranti, bar, antiquari e negozi caratteristici. In questo quartiere c'è il Palazzo Brera dove al suo interno ci sono l'Accademia di Belle Arti e la Pinacoteca di Brera. Nella Pinacoteca si trova una delle più importanti **collezioni** d'arte del nostro Paese. Ci sono opere di Raffaello, Andrea Mantegna, Piero della Francesca e Caravaggio.

Un altro storico quartiere della città e centro di ritrovo per giovani e artisti è il quartiere dei Navigli, zona portuale fino al XIX secolo con botteghe di artigiani e artisti. Milano ha molte chiese storiche di particolare valore artistico come la **Basilica** di Sant'Ambrogio di **architettura romanica** lombarda. Di grande importanza artistica è la chiesa di Santa Maria delle Grazie, dove, tra il 1495 e il 1497, Leonardo da Vinci dipinge il famoso *Cenacolo*. Infine, la Basilica di San Lorenzo, vicino a Porta Ticinese, attualmente punto di ritrovo dei giovani milanesi.

* Per le parole in neretto consulta e/o scarica in pdf il glossario storico-architettonico su www.ornimieditions.com/it - Risorse gratuite

Attività 1

Rispondi alle domande.

1. Che cosa c'è vicino al Duomo?
2. Quali sono i teatri più importanti di Milano?
3. Che cosa c'è nel quartiere di Brera?
4. Quali sono le Chiese storiche di Milano?
5. Dove si trova il famoso dipinto di Leonardo da Vinci "Il Cenacolo"?

A. Città

3 Lombardia

Attività 2

✎ Sottolinea gli articoli determinativi e indeterminativi e poi con l'aiuto dell'insegnante prova a capire quando si usano e quali sono le differenze.

Attività 3

✎ Che cosa c'è nella tua città: monumenti, chiese, musei, parchi...? Scrivi un breve testo (80-100 parole).

Nella mia città ci sono...

Aspetti della lingua

Osserva con attenzione l'uso degli **articoli determinativi** e **indeterminativi** nel testo.

La **differenza** fra articolo determinativo e indeterminativo dipende da questi **due aspetti**:

- L'**articolo determinativo** indica la classe o la specie di un insieme di persone, animali o cose, l'**articolo indeterminativo** invece indica la singola persona, il singolo animale, la singola cosa che fa parte di una determinata classe o specie.

Esempi:
- **La** Chiesa è il luogo di culto religioso cristiano.
- Oggi visito **una** Chiesa gotica.

Nel **primo esempio** l'articolo determinativo **la** + **Chiesa** indica la Chiesa in generale, la classe delle Chiese, possiamo anche dire "tutte le Chiese" oppure usare il plurale "le Chiese".

Nel **secondo esempio** invece l'articolo indeterminativo **una** + **Chiesa** indica una singola Chiesa.

- L'**articolo determinativo** indica qualcosa di **conosciuto**, l'**articolo indeterminativo** invece indica qualcosa di **non conosciuto**, di nuovo.

Esempi:
- Marco incontra **un** amico.
- Marco saluta **l'**amico.

Nel **primo caso** l'articolo indeterminativo **un** + **amico** indica una persona non conosciuta da chi ascolta o legge il messaggio.

Nel **secondo caso** l'articolo determinativo **l'** + **amico** indica una persona già conosciuta o di cui si è già parlato prima a chi ascolta o legge il messaggio.

Campionato d'italiano

livelli A2-B1

Se segue una **specificazione** che rende conosciuto quello di cui si parla allora si usa **l'articolo determinativo**, esempio:
- *La* pinacoteca di Brera.

Osserva con attenzione nel testo l'uso del *ci + essere*:
- *C'è* il quartiere di Brera
- *Ci sono* opere di Raffaello
- *Ci sono* l'Accademia di Belle Arti e la Pinacoteca di Brera

Quindi **ci + è** accompagna un nome al **singolare**, **ci + sono** accompagna nomi al **plurale** oppure due o più nomi al singolare.

Ci + essere può avere due significati:
- **Esistere:** Oggi **c'è** il sole.
- **Trovarsi in un luogo:** Nel museo **ci sono** opere di Raffaello.

Attività 4

Scegli l'articolo giusto per completare la frase.

1. Milano è *una/la* città del Nord.
2. Sulla parte più alta del Duomo di Milano *c'è la statua di rame/una statua di rame*.
3. La Scala è *il teatro italiano più importante/un teatro italiano* più importante.
4. I Navigli sono *il quartiere storico della città/un quartiere storico* della città.
5. Milano è *una capitale italiana della moda e del design/la capitale italiana della moda e del design*.
6. Voglio regalare a mia madre *un panettone di cioccolato/il panettone di cioccolato*.
7. Il dolce caratteristico di Milano è *un panettone/il panettone*.
8. Il Cenacolo è *un dipinto famoso di Leonardo da Vinci/il dipinto famoso di Leonardo da Vinci*.

Aspetti della lingua

Osserva con attenzione l'uso degli **aggettivi** nel testo:
- la **famosa** Madonnina
- **questa** città
- **tutta** la città
- nelle **sue** sale
- **importanti** esposizioni d'arte
- **molte** Chiese
- **ventesimo** secolo

Gli **aggettivi** come i nomi hanno un **genere** (maschile/femminile) e un **numero** (singolare/plurale).

Nella lingua italiana gli articoli, gli aggettivi e i nomi devono avere lo stesso genere e numero: **accordo di genere e numero** fra articoli, aggettivi e nomi.

A. Città

3
Lombardia

Gli aggettivi si dividono in **due gruppi** principali:
- aggettivi **qualificativi**
- aggettivi **determinativi**

Gli aggettivi **qualificativi** esprimono una **qualità** particolare del **nome** che accompagnano; la qualità può indicare l'aspetto, il colore, la forma, la grandezza, può essere anche una qualità morale, intellettuale:
- la **famosa** Madonnina
- **importanti** esposizioni d'arte
- Chiesa **quadrangolare**
- **grande** costruzione neoclassica
- una persona **onesta**
- un professore **intelligente**

Gli aggettivi **determinativi** esprimono aspetti non qualitativi del nome, aspetti relativi al possesso, alla quantità numerica, alla quantità indefinita, alla posizione nello spazio rispetto agli interlocutori.

Tipi di aggettivi determinativi:
- **Possessivi**: nelle **sue** sale.
- **Numerali**: **ventesimo** secolo.
- **Indefiniti**: **tutta** la città – **molte** Chiese.
- **Dimostrativi**: **questa** città.
- **Interrogativi**: **Quanti** anni hai?

Attività 5

Abbina le frasi.

1. Il teatro La Scala di Milano è
2. Alla Pinacoteca di Milano c'è una mostra
3. Dalla parte più alta del Duomo di Milano possiamo ammirare un panorama
4. La Chiesa di San Sebastiano a Milano ha una base
5. Il mio professore è molto
6. Il panettone di Milano è molto
7. La metropolitana di Milano è

a. tranquillo.
b. molto bello.
c. molto interessante.
d. veloce.
e. gustoso.
f. molto importante in Italia.
g. circolare.

1. _____ / 2. _____ / 3. _____ / 4. _____ / 5. _____ / 6. _____ / 7. _____

Campionato d'italiano

livelli A2-B1

B. La squadra

 Leggi con attenzione il testo.

Il calcio a Milano

Anche in questa città ci sono due squadre: il Milan e l'Inter, i rossoneri e i nerazzurri. Quindi si gioca il derby cittadino.

Milan

Nel 1899 nasce il *Milan Foot-Ball and Cricket Club*. Il popolare quotidiano sportivo italiano, *la Gazzetta dello Sport*, scrive il 18 dicembre 1899 che i soci fondatori fanno parte di un gruppo di inglesi e italiani che amano il gioco del calcio e del cricket.

Nel 1900/1901 arriva il primo scudetto, nella stagione 1905/1906 il secondo e nella stagione successiva il terzo. Nel 1908 un gruppo di soci si separa dalla società e fonda la società *"Football Club Internazionale Milano"*, oggi Inter. Nel 1919 la società prende il nome di *"Milan Football Club"*. Nel 1926 nasce lo stadio *San Siro* dove ancora oggi si giocano le partite. Il nome della società cambia ancora: nel 1945 nasce l'*Associazione Calcio Milan*. La squadra vince nuovamente lo scudetto nel 1956/1957. Nel decennio successivo (1960/1970) il Milan ha molti calciatori italiani importanti a livello internazionale, come Gianni Rivera. Nel 1962/1963 vince la sua prima Coppa dei Campioni. Nel 1967/1968 il Milan vince lo scudetto, la Coppa dei Campioni ed anche la sua prima Coppa Intercontinentale. Gianni Rivera vince il Pallone d'Oro.

Gli anni Settanta e Ottanta non rappresentano un buon periodo per il Milan, ma nel 1986 Silvio Berlusconi diventa il nuovo presidente e nel 1987 vince il suo undicesimo scudetto. Nel 1988/1989 il Milan conquista la Coppa dei Campioni a Barcellona. Con l'allenatore Arrigo Sacchi vince due volte la Coppa Intercontinentale. Le idee calcistiche di Sacchi sono una rivoluzione nel mondo del calcio italiano. La squadra gioca bene, attacca sempre, fa il pressing in tutte le zone del campo di gioco. Nel 1992/1993 arriva un nuovo allenatore, Fabio Capello, con lui il Milan vince quattro scudetti, una Supercoppa Europea, tre Supercoppe di Lega e una Champions League. I campioni del Milan di Sacchi e di Capello sono i giocatori italiani Maldini, Baresi, Ancelotti, i giocatori olandesi Gullit, Van Basten e Rijkaard. Nel 1999 il Milan vince il suo sedicesimo scudetto. Dal 2001 al 2009 Carlo Ancelotti è l'allenatore del Milan e nel 2003 vince la Champions League contro la Juventus, nella prima finale di questa Coppa con due squadre italiane. Nella stagione 2003/2004 il Milan vince la Supercoppa europea e il suo diciassettesimo scudetto. Nel 2007 la squadra milanese conquista la sua quinta Coppa dei Campioni e la Supercoppa europea. Sempre nel 2007 il Milan partecipa alla Coppa del Mondo per club e vince. La squadra colleziona così 18 trofei. I campioni del Milan di Ancelotti sono l'attaccante ucraino Andriy Shevchenko, *Pallone d'oro* 2004 e il centrocampista brasiliano Kaká, *Pallone d'oro* 2007. Nel campionato 2010/2011 il Milan vince il suo diciottesimo scudetto. Nel 2017 Berlusconi vende il club ad una società lussemburghese dell'imprenditore cinese Li Yonghong. Nel 2018 un fondo d'investimento americano, la Elliott Management Corporation, compra il club.

B. La squadra

3 Lombardia

Attività 1

Rispondi alle domande.

1. Chi sono i soci fondatori del Milan? ....
2. Quanti sono gli scudetti del Milan? ....
3. Quando nasce lo stadio San Siro? ....
4. Scrivi i nomi dei giocatori italiani e stranieri presenti nel testo. ....
5. Quanti sono i trofei internazionali del Milan? ....
6. Come gioca il Milan dell'allenatore Arrigo Sacchi? ....
7. Qual è la nazionalità della nuova proprietà? ....

Attività 2

Trova nel testo e scrivi gli aggettivi qualificativi, numerali e quelli che esprimono una provenienza geografica e una nazionalità.

Aggettivi qualificativi	Aggettivi numerali	Aggettivi geografici / nazionalità

Campionato d'italiano

livelli A2-B1

Attività 3

Abbina a ogni Paese la nazionalità corretta da scegliere tra le seguenti.

1. Australia — f. australiano
2. Egitto
3. Messico
4. Colombia
5. Brasile
6. Inghilterra
7. Irlanda
8. Olanda
9. Norvegia
10. Francia
11. Portogallo
12. Canada
13. Stati Uniti
14. Argentina
15. Algeria
16. Tunisia
17. Russia
18. Grecia

a. russo
b. canadese
c. inglese
d. egiziano
e. statunitense
f. australiano
g. portoghese
h. greco
i. messicano
j. colombiano
k. brasiliano
l. argentino
m. irlandese
n. olandese
o. norvegese
p. francese
q. tunisino
r. algerino

Attività 4

Abbina a ogni città l'aggettivo maschile corretto.

1. Milano — g. milanese
2. Firenze
3. Napoli
4. Genova
5. Torino
6. Palermo
7. Trieste
8. Roma
9. Cagliari
10. Perugia
11. Bologna
12. Venezia

a. cagliaritano
b. romano
c. bolognese
d. napoletano
e. torinese
f. palermitano
g. milanese
h. triestino
i. genovese
j. fiorentino
k. perugino
l. veneziano

B. La squadra

3
Lombardia

Aspetti della lingua

Osserva con attenzione l'uso degli **aggettivi qualificativi** nel testo:
- **popolare** quotidiano – **bravi** calciatori – stagione **successiva**.

La forma dell'**aggettivo qualificativo cambia** come quella del nome.

Possiamo dividere gli aggettivi qualificativi in **tre gruppi** sulla base del numero delle desinenze possibili al maschile e femminile, al singolare e plurale:

1. **Aggettivi con quattro desinenze:** maschile singolare **–o** e femminile singolare **–a**, maschile plurale **–i**, femminile plurale **–e**. Esempio: *bravo/a/i/e*.
2. **Aggettivi con due sole desinenze:** maschile e femminile singolare **–e**, maschile e femminile plurale **–i**. Esempio: *popolare/i*.
3. **Aggettivi con tre desinenze**: maschile e femminile singolare **–a**, maschile plurale **–i**, femminile plurale **–e**. Esempio: *europeista/i/e*; *sovranista/i/e*.

L'aggettivo qualificativo **concorda** nel **numero** (singolare/plurale) e nel **genere** (maschile/femminile) con il nome che accompagna.

Quando l'aggettivo si riferisce a più **nomi**, se i nomi sono tutti dello **stesso genere**, l'aggettivo concorda con essi nel genere e ha il numero plurale: - Un giocatore di bravura e tecnica **straordinarie**.

Se i nomi sono di **genere diverso**, l'aggettivo ha il numero plurale e, generalmente, il genere maschile:
- Un giocatore e una squadra **fortunati**.

Ma è possibile anche avere la **concordanza** dell'**aggettivo qualificativo** con l'ultimo nome della serie (maschile o femminile). Esempi:
- *Una maglia e un pallone **bianchi**.*
- *Un pallone e una maglia **bianche**.*

Quando un solo nome plurale accompagna più di un aggettivo qualificativo, ogni aggettivo è plurale:
- Le maglie **vecchie** e **brutte**.

Dove si mette l'aggettivo?

- L'aggettivo qualificativo si mette generalmente immediatamente **vicino al nome** che accompagna.

- L'aggettivo qualificativo si può mettere **prima** o **dopo il nome**.

- Generalmente si mette **dopo** il nome quando l'aggettivo ha un **valore distintivo**, **restrittivo**.

- Generalmente si mette **prima** del nome quando l'aggettivo qualificativo ha un **valore puramente descrittivo**:
- *La squadra ha una **vecchia** maglia.*

L'aggettivo "vecchia" vuole solo descrivere una qualità della maglia.
- *La società compra una maglia **nuova**.*

In questo esempio l'aggettivo "nuova" vuole sottolineare che una maglia vecchia è stata sostituita da una nuova.

- *Vivo in un **vecchio** edificio.*

In questo esempio descrivo solo una caratteristica dell'edificio dove vivo.

- *Mario indossa sempre un abito **nuovo**.*

In questo esempio invece l'aggettivo "nuovo" ha un valore distintivo, vuole sottolineare una caratteristica degli abiti di Mario.

Campionato d'italiano

livelli A2-B1

Attività 5

Abbina i seguenti aggettivi qualificativi con dei possibili nomi.

1. Popolare ....
2. Bravi ....
3. Europeista ....
4. Fortunato ....
5. Rosse ....
6. Brutte ....
7. Nuovo ....
8. Vecchi ....

Ora leggi il testo.

MILAN

Colore della maglia: rosso e nero.

Stemma: la bandiera di Milano, una croce rossa su campo bianco, l'anno di fondazione della società, 1899, e in alto l'acronimo ACM (Associazione Calcio Milan).

Nome dei tifosi e dei giocatori: rossoneri, i diavoli.

Curiosità: La società calcistica Milan, dal 1899 – anno della sua nascita - utilizza come colori sociali il rosso e il nero e tra i simboli del club c'è la figura del Diavolo. Il diavolo per la società del Milan deve riflettere lo spirito della squadra, deve fare paura agli avversari.

Leggi con attenzione l'intervista.

🎤 Intervista a Maldini (Milan), dopo la decisione di smettere di giocare a calcio

Il 26 giugno sono 41. Il campionato chiude il 31 maggio: c'è un altro campionato per Paolo Maldini?
«No, al cento per cento. (...)».

Le è difficile restare un *"giocatore bandiera"?
«Al contrario. Ho tutto in casa, la squadra, la gloria, il resto. Il massimo, per un giocatore. Se cambio, rischio di perdermi».

B. La squadra - Milan

3 Lombardia

L'Italia del suo esordio, 20 gennaio 1985, l'Italia di oggi: differenze?
«Due mondi completamente diversi, nel calcio e nella vita. Soprattutto adesso, con la crisi economica (...). E poi la tv: allora, nel calcio, poco importante, ora invece la TV è sempre presente nel calcio».

Che cosa vuole fare dopo il calcio giocato?
«L'allenatore, mai. Ho un'azienda di abbigliamento, degli investimenti immobiliari. Mi piacerebbe restare nel calcio».

Domanda al padre: Christian di 12 anni e Daniel di 7 continuano la dinastia dei Maldini?
«E come faccio a saperlo? Christian gioca nelle giovanili del Milan. Terzino destro. Daniel non ancora. (...)».

In Italia si continua a parlare di arbitri: perché?
«Perché in Italia non possiamo fare a meno di parlare di arbitri. E perché, in genere, da noi l'arbitro fischia troppo. Una cosa che da Christian non tollero è quando cade e resta giù: in piedi, gli urlo».

La partita che vuole rigiocare?
«Non Milan-Liverpool di Istanbul, come lei crede (...). La partita che vorrei rigiocare è Corea del Sud-Italia ai Mondiali 2002, quella del golden-gol di Ahn, la mia ultima in Nazionale».

La partita delle emozioni più violente?
«L'esordio a Udine. (...), L'allenatore Liedholm mi dice nello spogliatoio fra primo e secondo tempo. "Tocca a te: dove vuoi, a destra o a sinistra?". Risposta: dove vuole. (...)».

Perché sono soprattutto le società medio piccole, a offrire il calcio più spettacolare?
«Hanno meno pressioni, non hanno le coppe e, rispetto a una volta, hanno più coraggio (...)».

Qual è la sua squadra ideale?
«Il Barcellona. Gioca sempre con palla a terra.».

Il giocatore più forte?
«Diego Armando Maradona».

Fabio Cannavaro ha 124 presenze in Nazionale: gliene mancano due per raggiungerla, geloso?
«Non rispondo né sì e né no. Rispondo "nì". Se mi guardo indietro, trovo tanti record e, soprattutto, tanti successi. (...)».

Da difensore a difensore: voto a Thiago Silva?
«Altissimo. È forte e reattivo. È da Milan».

L'omosessualità è rimasta un tabù solo nello sport.
«Soprattutto nel calcio, il più conservatore di tutti. (...) Discriminare in funzione della pelle, del sesso, della religione è una cosa molto negativa».

(Riduzione e adattamento da https://www.milannews.it/primo-piano/l-intervista-completa-di-maldini-a-la-stampa-6236)

*L'espressione **"giocatore bandiera"** significa che il giocatore rappresenta una società, dove gioca da molti anni.

Campionato d'italiano

livelli A2-B1

Attività 6

Rispondi alle domande.

1. Maldini vuole giocare un altro campionato?

2. A Maldini piace essere un "giocatore bandiera" del Milan?

3. Ci sono differenze fra l'Italia del 1985 e quella di oggi per Maldini?

4. Che cosa piacerebbe fare a Maldini dopo il calcio giocato?

5. Quale partita vuole rigiocare?

6. Qual è la partita più emozionante della sua carriera?

7. Quale squadra straniera piace a Maldini?

8. L'omosessualità per Maldini è un tabù?

Attività 7

Rispondi oralmente a queste domande.

1. Quale squadra italiana e straniera ti piace?
2. Quale partita di calcio ricordi con maggiore piacere e perché?
3. Quale giocatore italiano e straniero ti piace?
4. Quale allenatore italiano e straniero preferisci?

Attività 8

Ascolta* più volte con attenzione l'inno del Milan senza guardare il testo. Scrivi su un foglio tutte le parole che capisci e confrontale poi con un compagno.

*Vai al seguente link (https://www.milannews24.com/inno-ufficiale-milan-testo-parole/)

⚠ Le attività di ascolto e il link sono disponibili su www.ornimieditions.com/it - Risorse gratuite

3
Lombardia

B. La squadra - Milan

Attività 9

Leggi il testo dell'inno del Milan e sottolinea tutte le preposizioni del testo con i pronomi personali.

Inno del Milan

*Milan Milan solo con te
Milan Milan sempre per te
Camminiamo noi accanto ai nostri eroi
Sopra un campo verde sotto un cielo blu
Conquistate voi una stella in più
A brillar per noi
E insieme cantiamo
Milan Milan solo con te
Milan Milan sempre per te
oh oh oh oh oh
oh oh oh oh oh oh oh oh
una grande squadra
sempre in festa olè
oh oh oh oh oh
oh oh oh oh oh oh oh oh
oh oh oh oh oh
e insieme cantiamo
Milan Milan solo con te
Milan Milan sempre per te
Con il Milan nel cuore
Nel profondo dell'anima
Un vero amico sei
E insieme cantiamo
Milan Milan solo con te
Milan Milan sempre per te
oh oh oh oh oh
oh oh oh oh oh Milan
oh oh oh oh oh oh oh oh*

Aspetti della lingua

Osserva con attenzione l'uso dei **pronomi personali indiretti tonici+preposizione** nel testo dell'inno: ***con te***, ***per te***, ***per noi***.

In italiano ci sono **due tipi** di **pronomi personali indiretti**: **atoni** e **tonici**.

I **pronomi personali indiretti** più usati nella lingua italiana sono i **pronomi atoni**.

I **pronomi indiretti tonici** si usano per **enfatizzare** i riferimenti pronominali, per **contrapporre** due diversi pronomi e dopo una preposizione. Esempi:
- Dici ***a me*** o ***a lui***?
- Milan Milan solo ***con te***.

Campionato d'italiano

livelli A2-B1

PRONOMI INDIRETTI TONICI

	MASCHILE	FEMMINILE
io	a + me	a + me
tu	con + te	con + te
lui/lei/Lei (formale)	per + lui – Lei (formale)	per + lei – Lei (formale)
noi	per + noi	per + noi
voi	con + voi	con + voi
loro	a + loro	con + loro

PRONOMI INDIRETTI ATONI

	MASCHILE	FEMMINILE
io	mi	mi
tu	ti	ti
lui/lei/Lei (formale)	gli – Le (formale)	le – Le (formale)
noi	ci	ci
voi	vi	vi
loro	loro (forma tonica)	loro (forma tonica)

Nella **lingua parlata** come **pronome indiretto** di **terza persona plurale** si usa spesso **gli**.

Come **pronome personale indiretto** di **terza persona singolare** nella **lingua formale** si usa sia per il maschile che per il femminile la forma **Le**.

Esempio: *Signore/Signora* **Le** *chiedo un favore.*

Attività 10

Inserisci negli spazi vuoti i pronomi personali indiretti giusti (atoni o tonici).

1. A: Vieni con _____ allo stadio o con i tuoi amici? B: Vengo con _____ .
2. A: Marco, _____ piace il calcio? B: Sì, molto.
3. A: Signora, _____ piace il caffè? B: No, non _____ piace.
4. A: Che cosa compri a Carlo, per il suo compleanno? B: _____ compro un orologio.
5. A: Non pensare sempre agli altri, pensa per _____ !
6. A: Vieni stasera a casa nostra o rimani a casa tua? B: Vengo da _____ .
7. A: Vi piacciono i dolci? B: Sì, _____ piacciono.
8. A: Ragazzi, _____ chiedo un favore. _____ prestate venti euro?

B. La squadra - Inter

3
Lombardia

Leggi con attenzione il testo.

Inter

Il 9 marzo del 1908, 42 soci si separano dalla società del Milan e fondano la società *"Football Club Internazionale"*. Solo nel 1967 aggiungono Milano alla denominazione ufficiale, quando diventa una S.p.A. (Società per Azioni). È l'unica squadra italiana a giocare sempre nel campionato italiano di massima serie, la Serie A.

Fino al 2020 l'Inter è seconda solo dopo la Juventus per numero di scudetti italiani: in totale 18. Inoltre nel corso della sua storia vince 7 Coppe Italia e 5 Supercoppe Italiane; nelle competizioni internazionali, vince 3 Champions League, 2 Coppe Intercontinentali, 1 Coppa del Mondo per Club e 3 Coppe Uefa. È la terza squadra italiana per titoli in campo nazionale e internazionale. L'Inter occupa il sesto posto tra i migliori club europei del XX secolo. Dal 1962 al 2010 i periodi d'oro dell'Inter sono due: il primo, con l'allenatore Helenio Herrera e con il presidente Angelo Moratti. Con campioni come Sarti, Mazzola, Corso, Picchi, Jair, Facchetti e Suarez l'Inter di Herrera vince nel campionato 1962/1963 l'ottavo scudetto, nel 1964 la prima Coppa dei Campioni, nel 1964/1965 conquista il nono scudetto, la sua seconda Coppa dei Campioni e la sua prima Coppa Intercontinentale. Nel campionato 1965/1966 la squadra vince il suo decimo scudetto – in Italia il decimo scudetto diventa una stella sulle maglie - e nuovamente la Coppa Intercontinentale. Il secondo periodo d'oro dell'Inter è dal 2005 al 2010 quando prima con l'allenatore Mancini vince tre campionati italiani, due Coppe Italia e due Supercoppe italiane dal 2005 al 2008, successivamente con l'allenatore Mourinho dal 2008 al 2010 arriva il *"Triplete"*, cioè la conquista nella stessa stagione del campionato nazionale, della coppa nazionale e della Champions League. Infatti, nel 2009/2010 vince il diciottesimo scudetto, la Champions League e la Coppa Italia. Campioni dell'Inter di Mourinho sono Eto'o, Sneijder, Milito, Thiago Motta e Zanetti. Il presidente dell'Inter di Mancini e di Mourinho è Massimo Moratti, figlio del presidente della "Grande Inter" degli anni Sessanta.

Attività 11

Rispondi alle domande.

1. Come nasce la società dell'Inter?
2. Quale squadra italiana ha più scudetti?
3. Quali sono i periodi d'oro dell'Inter?
4. Che cosa significa l'espressione "Triplete"?
5. Chi sono gli allenatori dell'Inter nei due periodi d'oro?

Attività 12

Scrivi alcuni nomi dei giocatori dell'Inter presenti nel testo. Cerca su Internet il ruolo (portiere/difensore/centrocampista/attaccante), la nazionalità e completa la tabella.

Nome giocatore	Ruolo	Nazionalità
Sarti	*portiere*	*italiana*

Campionato d'italiano

livelli A2-B1

Leggi con attenzione questa intervista.

L'intervista a Mourinho

Mister Mourinho come vede il suo futuro come allenatore?
«La mia prossima squadra deve avere grande empatia. Voglio lavorare con persone che amo, con cui sono felice di lavorare e che condividono le stesse idee». «A Milano avevo tutto questo, esistono squadre così».

Quale può essere la sua prossima squadra?
«Anche un club non pronto immediatamente per vincere trofei, ma con l'ambizione di vincerli nel futuro. Non vado in un club senza ambizione. (...) Voglio un calcio di alto livello e di grandi ambizioni. Ma questo è solo il mio secondo requisito, il primo è l'empatia strutturale. Voglio lavorare con le persone che amo, non trovarmi in una contraddizione continua e in un club pieno di conflitti interni».

«In futuro - prosegue l'ex tecnico del Manchester United, Real Madrid e Inter - voglio lavorare in un club in cui c'è una struttura organizzata e non in un posto in cui non si va d'accordo. Spesso si sente dire che a un determinato allenatore non piace lavorare con quel direttore sportivo, o con quel capo scout, o ancora col proprietario o col presidente. La verità è che posso lavorare in tutte le circostanze possibili, e le situazioni dove ho successo non dipendono dalla struttura presente nel club, ma dall'empatia che si crea all'interno di quella struttura».

(Riduzione e adattamento da https://www.gazzetta.it/Calcio/Estero/26-02-2019/mourinho-la-mia-prossima-squadra-come-inter-triplete-3201736112869.shtml)

Attività 13

Rispondi alle domande.

1. Con quali persone vuole lavorare Mourinho?

2. Quale tipo di squadra vuole allenare in futuro Mourinho?

3. Che cosa è importante per Mourinho all'interno di un club?

Attività 14

Quale significato hanno le parole "condividere" ed "empatia"? Per te è importante condividere le stesse idee per poter lavorare con qualcuno? Pensi di essere una persona empatica? Parla di te, del tuo carattere personale, dei tuoi gusti.

Attività 15

Leggi bene il testo e prova a disegnare su un foglio bianco lo stemma dell'Inter. Poi cerca su Internet lo stemma e verifica.

B. La squadra - Inter

3 Lombardia

INTER

Colore della maglia: nero e azzurro.
Stemma: Nel 2018 in occasione dei 110 anni della società c'è il nuovo stemma: ci sono dei cerchi neri, azzurri e oro e al loro interno ci sono le lettere *FCIM (Football Club Internazionale Milano)*. All'esterno dei cerchi c'è la croce di Sant'Ambrogio, il patrono di Milano, uno scudo a sfondo bianco con una croce rossa, nella parte sinistra c'è la scritta 1908 (la data di fondazione) e in quella destra 2018.
Nome dei tifosi e dei giocatori: nerazzurri.

Curiosità: Nero come la notte, azzurro come il cielo notturno: questa la scelta di Giorgio Muggiani, disegnatore e socio fondatore dell'Inter. In questo modo Muggiani vuole rendere omaggio al cielo e alla notte della nascita della nuova squadra nel 1908.

Attività 16

Leggi con attenzione il testo dell'inno e sottolinea tutti i pronomi diretti atoni e i pronomi con i verbi.

Inno dell'Inter

Lo sai per un gol
io darei la vita... la mia vita
Che in fondo lo so
sarà una partita... infinita
È un sogno che ho
è un coro che sale... a sognare
Su e giù dalla Nord
novanta minuti... per segnare
Neroazzurri
noi saremo qui
Neroazzurri
pazzi come te
Neroazzurri
Non fateci soffrire
ma va bene… vinceremo insieme!
Amala!

Pazza Inter amala!
È una gioia infinita
che dura una vita
Pazza Inter amala!
Vivila!
questa storia vivila
Può durare una vita
o una sola partita

Campionato d'italiano
livelli A2-B1

Pazza Inter amala!
E continuerò
nel sole e nel vento... la mia festa
Per sempre vivrò
con questi colori... nella testa
Neroazzurri
io vi seguirò
Neroazzurri
sempre lì vivrò
Neroazzurri
questa mia speranza
E l'assenza
Non vivo senza!
Amala!
Pazza Inter amala!
È una gioia infinita
che dura una vita
Pazza Inter amala!
Seguila!
in trasferta o giù in città
Può durare una vita
o una sola partita
Pazza Inter amala!
Là in mezzo al campo c'è un nuovo campione
È un tiro che parte da questa canzone
Forza non mollare mai!
Amala!
Amala!
Pazza Inter amala!
È una gioia infinita
che dura una vita
Pazza Inter Amala!!!
Pazza Inter Amala!!
Amala!

Attività 17

Ascolta* più volte l'inno dell'Inter senza leggere il testo e completa durante l'ascolto le parti dell'inno.

*Vai al seguente link: (https://www.youtube.com/watch?v=PDztCvdsv5g)

(!) Le attività di ascolto e il link sono disponibili su www.ornimieditions.com/it - Risorse gratuite

a. io darei la _____
b. su e giù dalla _____
c. novanta _____ per segnare
d. pazzi come _____

B. La squadra - Inter

3
Lombardia

e. non _____ soffrire
f. è una gioia _____
g. può durare una _____
h. con questi colori nella _____
i. non vivo _____
j. in trasferta o giù in _____
k. là in mezzo al campo c'è _____
l. forza non _____ mai
m. Pazza Inter _____

> **Aspetti della lingua**
>
>
>
> **Osserva** con attenzione l'**uso** dei **pronomi diretti atoni** nel testo dell'inno dell'Inter:
> – **lo** sai, fate**ci**, ama**la**, **vi** seguirò
>
> Con i **tempi verbali dell'indicativo** i pronomi personali diretti atoni si mettono sempre **prima** del verbo:
> – **lo** sai, **lo** so, **vi** seguirò, **li** vivrò
>
> Con il **modo imperativo (tu, noi e voi)** i **pronomi personali diretti** atoni si mettono **dopo** il verbo:
> fate**ci** – ama**la** – vivi**la** – segui**la**
>
> In italiano esiste una **doppia serie** di **pronomi personali diretti**, come per i **pronomi indiretti**. Pronomi diretti atoni, i più usati nella lingua comune, e pronomi diretti tonici.
> I **pronomi diretti tonici** si usano come gli indiretti per motivi di **enfasi** o di **contrapposizione** fra pronomi:
> – Ascolti **me** o ascolti **lui**.

PRONOMI DIRETTI ATONI

	MASCHILE	FEMMINILE
io	mi	mi
tu	ti	ti
lui/lei/Lei (formale)	lo – La (formale)	la – La (formale)
noi	ci	ci
voi	vi	vi
loro	li	le

PRONOMI DIRETTI TONICI

	MASCHILE	FEMMINILE
io	me	me
tu	te	te
lui/lei/Lei (formale)	lui – Lei (formale)	lei – Lei (formale)
noi	noi	noi
voi	voi	voi
loro	loro	loro

Campionato d'italiano

livelli A2-B1

Attività 18

Metti il pronome diretto giusto all'interno delle risposte.

1. A: Vedi stasera alla tv la partita dell'Inter?   B: Sì, _____ vedo.
2. A: Mi ascolti?   B: Sì, _____ ascolto.
3. A: Sai quando comincia la partita?   B: No, non _____ so.
4. A: Ci aiutate, per favore?   B: Sì, _____ aiutiamo.
5. A: Comprate il biglietto per la partita?   B: No, non _____ compriamo.
6. A: Ascolti la radio?   B: No, non _____ ascolto.
7. A: Lavi mai le scarpe da calcio?   B: No, non _____ lavo mai.
8. A: Per favore, puoi ritirare i biglietti per la partita?   B: Sì, _____ ritiro questo pomeriggio.

C. La cucina

Leggi con attenzione il testo.

La cucina milanese

Alcuni piatti tipici della cucina milanese sono *il risotto alla milanese*, i *mondeghili*, *l'ossobuco con risotto*, *la cassoeula*, *la cotoletta alla milanese* e *il panettone*.

Gli ingredienti del risotto alla milanese sono il riso, la cipolla, il burro, l'olio, il vino bianco, il brodo di carne, il parmigiano e lo **zafferano** che dà al riso il particolare colore giallo.

L'ossobuco è uno dei piatti tipici della cucina milanese, che spesso si mangia con il risotto alla milanese. Il nome deriva dal dialetto milanese, "ossbus", che significa "osso bucato" e indica il pezzo di carne utilizzato, delle fette di stinco di vitello con la loro morbida carne attorno e l'osso bucato al centro con il suo **midollo**, molto buono da mangiare con un cucchiaino. *L'ossobuco*, prima di metterlo in **padella**, deve essere leggermente coperto di farina. Altro ingrediente importante è la cosiddetta *gremolada*, un misto di **aglio**, **scorza** di limone e **prezzemolo** che si mette generalmente sull'ossobuco. *La cotoletta alla milanese* è uno dei più antichi piatti milanesi. È una costoletta di vitello: prima si deve mettere in un uovo sbattuto e poi nel **pane grattato**. Successivamente c'è la cottura della cotoletta in una padella con un po' di burro.

I *mondeghili*, così si chiamano le polpette di carne a Milano. È carne di manzo bollita o arrosto, tritata, mescolata e unita a salsiccia, salame crudo o mortadella (spesso di fegato), uova, pane bagnato nel latte, grana padano, aglio e noce moscata. Con questo impasto di carne si fanno poi delle grosse sfere che si mettono nel pane grattugiato e poi si **friggono** nel burro in una padella.

La *cassoeula* è un piatto molto elaborato e calorico. La sua composizione comprende la carne di maiale, le **verze**, la passata di pomodoro, le cipolle, il **sedano**, le carote in piccole fette, il pepe nero, le salsicce, le **cotenne** di maiale.

Il panettone è il tipico dolce di Natale. Nasce a Milano, ora è presente in tutta Italia. È un semplice **impasto** con **lievito**, burro, uova, farina, uvetta o frutta candita.

* Per le parole in neretto consulta e/o scarica in pdf il glossario gastronomico su www.ornimieditions.com/it - Risorse gratuite

C. La cucina

3 Lombardia

Attività 1

Rispondi alle domande.

1. Quali sono gli ingredienti del *risotto alla milanese*?

2. Spiega il significato del nome *ossobuco*.

3. Come si prepara la *cotoletta alla milanese*?

4. Descrivi la composizione dell'impasto dei *mondeghili* (polpette di carne).

5. Qual è la composizione della *cassoeula*?

6. Che cosa c'è nel *Panettone*?

Aspetti della lingua

Osserva che le **preposizioni articolate** o **semplici** mettono in **relazione** due o più parole e queste relazioni hanno **diversi significati**:

- **significato di luogo**
- **mezzo o strumento**
- **causa**
- provenienza
- specificazione
- scopo
- compagnia o unione
- tempo
- modo

Esempio: *risotto alla milanese*, la preposizione articolata **alla** indica il modo nel quale si cucina il risotto.

Attività 2

Trova nel testo tutte le preposizioni articolate che esprimono un significato di luogo, specificazione, mezzo o strumento. Scrivi tutte le preposizioni articolate con i nomi ai quali si riferiscono.

Esempio: *alcuni piatti tipici **della** cucina milanese* → *significato di specificazione*.

significato di luogo	significato specificazione	significato mezzo o strumento

Campionato d'italiano

livelli A2-B1

Aspetti della lingua

Osserva con attenzione l'**uso** delle **forme verbali impersonali** nel testo:

- *si mangia*, *si deve*, *si chiamano*, *si fanno*

In italiano si chiamano **impersonali** i verbi che **non hanno un soggetto** determinato e si usano alla terza persona singolare o plurale:

- *si va al ristorante*

Il pronome atono "si" si può usare con un verbo intransitivo (si arriva allo stadio) oppure con un verbo transitivo che può avere valore passivo - si passivante - (l'ossobuco si mangia, i mondeghili, così si chiamano le polpette di carne).

Si + verbo alla terza persona singolare / terza persona plurale.

Attività 3

 Trova e sottolinea nel testo a pag. 68 tutte le forme verbali impersonali (*si + verbo*).

D. Storie, aneddoti e curiosità del calcio

 Leggi il testo.

La parola "Ultras" indica il tifoso organizzato di una squadra. Questo tifoso vive in maniera assoluta per la squadra sette giorni alla settimana. Gli ultras sono generalmente organizzati in gruppi presenti la domenica nelle curve, i settori popolari di uno stadio. Ogni squadra italiana ha i suoi gruppi organizzati di tifosi. Ecco alcuni nomi: Viking (Juventus), Unonoveduesei (Fiorentina), Ultras granata (Torino), Fedayn (Roma), Curva Sud Milano (Milan), Nucleo 1893 (Genoa), Vecchi Lions (Napoli), Ultras Lazio (Lazio), Ultras Frankfurt (Atalanta).

Spesso i nomi richiamano uno spirito di combattimento, di guerra, qualche volta hanno un significato politico. Gli ultras delle squadre italiane la domenica allo stadio suonano i tamburi, cantano l'inno della propria squadra, incitano i propri giocatori con slogan e cori.

Attività 1

 Descrivi oralmente alla classe che cosa fanno i tifosi allo stadio nel tuo paese e come sono vestiti.

Campionato d'italiano

livelli A2-B1

4
Lombardia

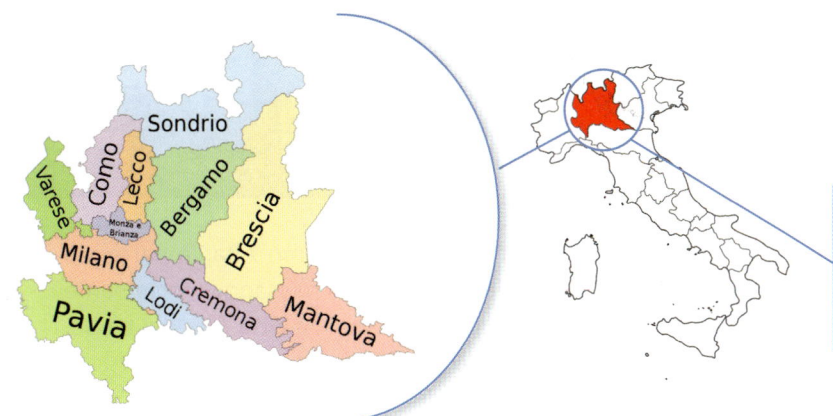

Il Gewiss Stadium è lo stadio della città di **Bergamo**, sede delle partite casalinghe dell'Atalanta fin dal 1928. Ha cambiato più volte denominazione: **Stadio Mario Brumana**, **Stadio Comunale** e **Stadio Atleti Azzurri d'Italia**. Oggi ha una capienza di **24.950 posti**.

ATALANTA

Palmarès
Titoli nazionali: 1 Campionato di Prima divisione
5 Campionati di Serie B
Trofei/Coppe: 1 Coppa Italia

Cronistoria essenziale
1908 Nasce l'Atalanta
1963 Vince la Coppa Italia
1988 Gioca la semifinale di Coppa delle Coppe
1989 Partecipa alla Coppa UEFA
2018 Arriva ai gironi della Champions League
2021 Gioca la finale di Coppa Italia

Campionato d'italiano

livelli A2-B1

A. Città

Leggi con attenzione il testo.

Bergamo

Bergamo, capoluogo di provincia della regione Lombardia, è divisa in due parti: Bergamo Alta, la parte più antica, di origine **medievale**, e Bergamo Bassa, l'area moderna, in pianura, con un paesaggio fortemente industrializzato. Si trova a meno di un'ora da Milano e ha un suo aeroporto. Si arriva alla città Alta dal basso, attraverso strade in salita. Queste strade conducono fino alle vie medievali, dove si trovano negozi con prodotti tipici. Nella Bergamo Alta medievale possiamo ammirare **torri** e **campanili** e le **mura** antiche che la circondano; sono mura venete, del XVI secolo (periodo della dominazione veneziana). All'interno delle mura, troviamo la Piazza Vecchia con il **Palazzo** della Ragione, l'antica sede del Comune con il Leone veneto sulla **facciata**, sul lato destro della piazza c'è la Torre Civica (XII-XV secolo) chiamata *Il Campanone* e qui si trova l'antico palazzo Domus Suardorum (XIV-XV secolo), ora sede dell'Università degli Studi di Bergamo, e il Palazzo Novo, oggi Biblioteca Civica con la facciata in **marmo**. Al centro della piazza c'è la **Fontana** Contarini (XVIII secolo). Poco distante incontriamo un'altra piazza: Piazza del **Duomo** con il **Battistero**, la **Cappella** Colleoni (XV secolo) che è il **mausoleo** del famoso condottiero Bartolomeo Colleoni, la **Basilica** di Santa Maria Maggiore (XII secolo) e il Duomo (Filarete è l'architetto del Duomo). È possibile utilizzare la funicolare per passare dalla Bergamo Bassa alla Bergamo Alta: due i percorsi possibili con la funicolare, il primo collega la Città Bassa alla Città Alta e porta nella piazza Mercato delle Scarpe, altro punto di partenza per arrivare alla città antica; il secondo percorso raggiunge il Colle San Virgilio, a circa 500 metri di altezza.

* Per le parole in neretto consulta e/o scarica in pdf il glossario storico-architettonico su www.ornimieditions.com/it - Risorse gratuite

Attività 1

Rispondi alle domande.

1. Qual è la differenza principale fra le due parti di Bergamo?
   ....

2. Come si arriva da Bergamo Bassa a Bergamo Alta?
   ....

3. Di quale periodo sono le mura che circondano Bergamo Alta?
   ....

4. Che cosa c'è ora nel palazzo Domus Suardorum?
   ....

5. Che cosa c'è al centro della Piazza Vecchia?
   ....

6. Che cosa c'è in piazza del Duomo?
   ....

7. Con quale mezzo di trasporto possiamo passare dalla Bergamo Bassa alla Bergamo Alta?
   ....

A. Città

4 Lombardia

Attività 2

Trova nel testo tutte le espressioni di tempo, direzione e posizione nello spazio.

tempo	direzione	posizione nello spazio

Aspetti della lingua

Osserva con attenzione l'uso delle **espressioni** di tempo, **direzione** e **posizione nello spazio** nel testo.
Esempio: *all'interno di..., del XVI secolo, sul lato destro, vicino a..., qui, ora.*

Nozioni di tempo

In un orologio abbiamo le ore, i minuti e i secondi. In una giornata (o in un giorno) abbiamo la mattina o il mattino (dall'alba a mezzogiorno), il pomeriggio (da mezzogiorno al tramonto), la sera (dal tramonto alla notte) e la notte (dal tramonto all'alba).

Se usiamo l'**articolo determinativo** con un **giorno della settimana**, come ad esempio:
- la domenica, significa tutte le domeniche (*La domenica vado allo stadio.*);
- senza articolo invece indica una domenica specifica (*Domenica vado in trasferta a Milano.*).

I mesi dell'anno

Gennaio, febbraio, marzo, aprile, maggio, giugno, luglio, agosto, settembre, ottobre, novembre, dicembre.

Gli **avverbi** che indicano il **tempo presente** sono: *adesso, ora, oggi.*
L'avverbio *allora* indica **tempo passato**.

Nozioni di spazio

Le espressioni che indicano posizione e direzione nello spazio sono:
- **di fronte a** *(Il Battistero è di fronte al Duomo)*;
- **vicino a** *(Vicino alla stazione c'è la Torre del Gombito)*;
- **lontano da** *(Il Duomo è lontano da casa mia)*;
- **sopra/sotto** *(La Bergamo Alta è sopra la Bergamo Bassa/Sotto la Bergamo Alta c'è la stazione della funicolare)*;
- **in alto/in basso** *(In alto c'è il Colle San Virgilio/In basso allo stadio ci sono i cartelloni della pubblicità)*;
- **davanti a/dietro** *(Davanti alla chiesa c'è una fontana/Dietro la stazione c'è una piazza)*;
- **in fondo a** *(In fondo alla strada c'è un ristorante)*;
- **a destra/a sinistra/diritto** *(Devi girare a destra, a sinistra/Devi andare diritto fino alla stazione)*;
  avanti/indietro *(Vieni avanti!, non andare indietro)*;
- **dentro/fuori** *(Dentro la chiesa ci sono tre navate/Uscire fuori di casa, mangiare fuori).*

Campionato d'italiano

livelli A2-B1

Attività 3

Metti nell'ordine giusto le parole delle frasi.

1. mia / casa / trova / stazione. / La / si / alla / davanti
   ....

2. porti / favore / libro / me? / vicino / Mi / per / il / a
   ....

3. tavolo / Sotto / c'è / il / pallone. / un
   ....

4. armadio / sono / l' / libri. / ci / Sopra / due
   ....

5. Per / andare / Duomo / piazza / devi / sinistra. / in / del / girare / a
   ....

6. Abito / università. / molto / dall' / lontano
   ....

7. Mario / dietro / la / abita / cattedrale. / palazzo / un / in / antico
   ....

8. alla / abitano / miei / fondo / strada. / genitori / in / I
   ....

9. la / Dentro / c'è / chiesa / dipinto / Leonardo da Vinci. / famoso / di / un
   ....

10. tornare / casa / Per / andare / diritto. / a / sempre / devi
    ....

B. La squadra

Leggi con attenzione il testo.

Atalanta

L'*Atalanta* nasce nel 1907 con il nome *Società Bergamasca di Ginnastica e Sports Atletici Atalanta*, successivamente prende il nome di *Atalanta Bergamasca Calcio*. Il primo campionato è però solo nel 1914/1915, nel campionato di Promozione che è un torneo di calcio dilettantistico. La squadra partecipa al campionato professionistico di serie B solo nel 1928/1929. Dopo sette campionati consecutivi in serie B l'Atalanta passa per la prima volta in serie A nel 1937/1938. Dal campionato 1940/1941 inizia il ciclo consecutivo di 15 campionati in serie A, uno dei più lunghi della storia dei neroazzurri. Dopo questo ciclo di campionati l'Atalanta torna in serie B e la sua storia è un continuo alternarsi di campionati in serie A e in serie B. Un altro ciclo di campionati consecutivi in serie A, di 11 anni, comincia nel 1959/1960. Nel 1963 vince la sua prima Coppa Italia e partecipa per la prima volta alla competizione europea della Coppa delle Coppe. Nel campionato 1980/1981 la squadra di Bergamo vive il suo periodo peggiore: la retrocessione in serie C1. La stagione 1987/1988 è uno dei migliori campionati giocati dall'Atalanta. Gioca in semifinale nella competizione europea della Coppa delle Coppe. Nel campionato 2018/2019 con l'allenatore Gasperini l'Atalanta arriva terza, il suo migliore piazzamento in serie A fino ad allora. Nei campionati successivi la squadra gioca bene e ha dei buonissimi risultati. I giocatori più famosi della storia dell'Atalanta sono Filippo Inzaghi, Angelo Domenghini, diventato poi giocatore della "Grande Inter" degli anni Sessanta, Gaetano Scirea e l'argentino Claudio Caniggia.

B. La squadra

Lombardia 4

Attività 1

Rispondi alle domande.

1. Quando l'Atalanta gioca per la prima volta in un campionato professionistico?

2. Quanto dura uno dei cicli più lunghi in Serie A dell'Atalanta?

3. In quale anno vince la sua prima Coppa Italia?

4. Quando retrocede in serie C1?

5. Con quale allenatore l'Atalanta arriva terza in Serie A?

Attività 2

Trova i verbi derivati da questi nomi presenti nel testo.

Esempio: *tiro = tirare.*

1. promozione
2. competizione
3. retrocessione
4. allenatore
5. piazzamento
6. giocatore

Attività 3

Abbina correttamente a queste parti di parola i suffissi *–zione* e *–tore*.

1. costru-
2. calcia-
3. consuma-
4. accompagna-
5. elimina-
6. accusa-
7. coniuga-
8. allena-
9. ama-
10. cola-
11. ambascia-
12. ammira-
13. abita-

Campionato d'italiano

livelli A2-B1

Aspetti della lingua

Osserva nel testo l'uso degli **aggettivi comparativi** di **maggioranza** e degli aggettivi **superlativi relativi** e **superlativi assoluti**:

- *il più lungo, peggiore, migliori, buonissimi, i giocatori più famosi.*

L'aggettivo qualificativo ha diverse modalità per esprimere la qualità, due diverse gradazioni:

1. la gradazione comparativa per confrontare la qualità fra due termini:
- *Maria è più/meno bella di Paola – Lui è più/meno sensibile di me* (comparativo di maggioranza / minoranza)
- *Bergamo è grande come/quanto Pavia.*
- *Lei è alta come/quanto me* (comparativo di uguaglianza).

Nome/pronome + verbo + più/meno + aggettivo + di + nome/pronome.
Nome /pronome + verbo + aggettivo + come/quanto + nome/pronome.

2. La gradazione superlativa per esprimere l'intensità di una qualità in senso assoluto (superlativo assoluto) o relativo (superlativo relativo).

Superlativo assoluto:
aggettivo maschile + suffisso -issimo/a.
- *La squadra ha dei buonissimi risultati.*

Superlativo relativo: articolo + nome + più + aggettivo + di
- *Il più lungo della storia dei nerazzuri./I giocatori più famosi della storia dell'Atalanta.*

Alcuni aggettivi possono avere la forma regolare e la forma irregolare dei comparativi e dei superlativi relativi e assoluti.

Esempio: *più cattivo/peggiore, più buono/migliore.*

AGGETTIVO	COMPARATIVO	SUPERLATIVO RELATIVO	SUPERLATIVO ASSOLUTO
Buono	più buono = migliore	il più buono = il migliore	buonissimo = ottimo
Cattivo	più cattivo = peggiore	il più cattivo = il peggiore	cattivissimo = pessimo
Grande	più grande = maggiore	il più grande = il maggiore	grandissimo = massimo
Piccolo	più piccolo = minore	il più piccolo = il minore	piccolissimo = minimo
Alto	più alto = superiore	il più alto = il superiore	altissimo = supremo
Basso	più basso = inferiore	il più basso = l'inferiore	bassissimo = infimo

Attività 4

Completa le frasi con i seguenti aggettivi comparativi e superlativi.

più colorata - più antica - bravissimo - minore - piccola come - più alta - inferiore

1. Marco è il mio fratello _____.
2. Ronaldo è un _____ giocatore.
3. La Basilica di Sant'Ambrogio di Milano è _____ della Basilica di San Lorenzo.
4. I miei genitori abitano al piano _____.
5. La Torre degli Asinelli di Bologna è la _____ torre d'Italia.
6. La maglia della Sampdoria è _____ di quella del Genoa.
7. Bergamo è _____ Lecco.

B. La squadra

4 Lombardia

 Leggi con attenzione il testo.

ATALANTA

Colore della maglia: nero e azzurro.

Stemma: Lo stemma ufficiale della squadra rappresenta il viso di profilo della principessa Atalanta, figlia del re Iaso, su sfondo nerazzurro.

Nome dei tifosi e dei giocatori: nerazzurri bergamaschi.

Curiosità: Il nome della società deriva dalla figura mitologica di Atalanta. Spesso la società bergamasca è chiamata *la Dea*, anche se Atalanta non è una dea, ma è la figlia di Iaso, re dell'Arcadia.

Attività 5

Completa le frasi.

1. La stampa, la televisione chiamano i giocatori dell'Atalanta _____.
2. Il colore della maglia dell'Atalanta è _____.
3. Il nome della società deriva _____.
4. Lo stemma ufficiale della squadra _____.
5. Atalanta non è _____.
6. Atalanta è la figlia _____.

Attività 6

Cerca nel testo e scrivi quali preposizioni esprimono:

a. Significato di specificazione: _____.
b. Significato di provenienza: _____.

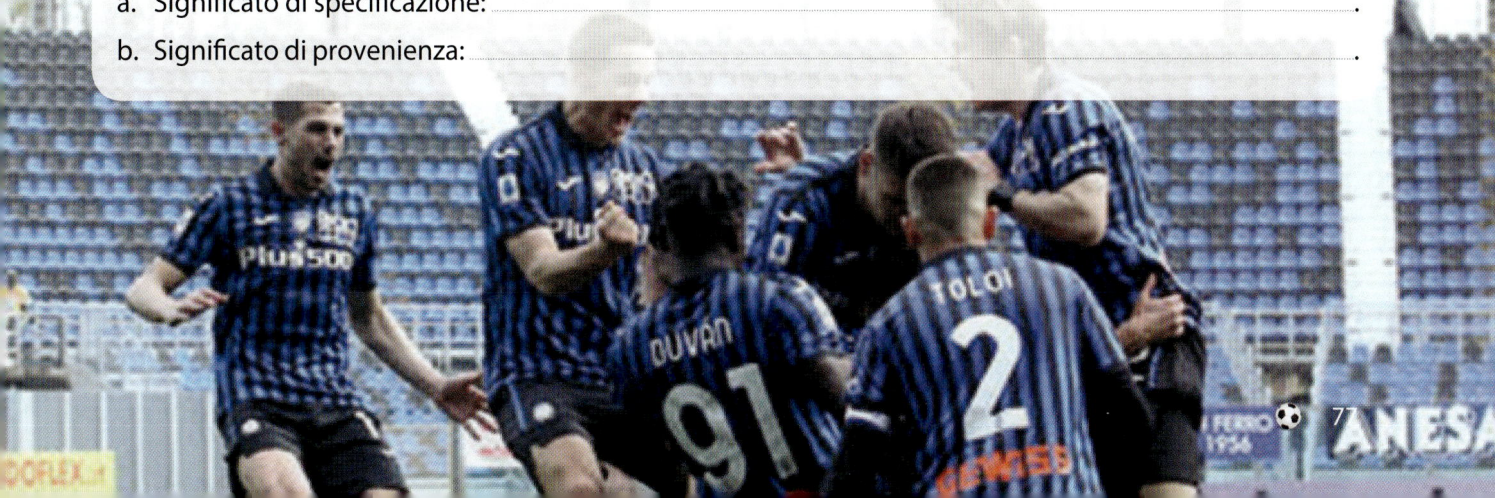

Campionato d'italiano

livelli A2-B1

Attività 7

 Ascolta* più volte l'inno dell'Atalanta senza leggere il testo e durante gli ascolti completa le frasi.

*Vai al seguente link (https://www.youtube.com/watch?v=yNiS6lntCPU)

! Le attività di ascolto e il link sono disponibili su www.ornimieditions.com/it - Risorse gratuite

1. fai sognare _____.
2. senti il cuore _____.
3. cuore di _____.
4. Atalanta stella _____.
5. Dea _____.
6. tu non tramonti _____.

Leggi ora il testo dell'inno.

Inno dell'Atalanta

*Dea, magica dea
fai sognare questa tua città
tu ci prendi
ci sorprendi
magica dea.
Dea, magica dea
senti il cuore nerazzurro in noi
la tua gente
che ti canta.
Atalanta, Atalanta!
cuore di tutti noi
Atalanta stella che incanta
tu non tramonti mai.
Dea, magica dea
fai sognare questa tua città
tu ci prendi
ci sorprendi
magica dea.
Dea, magica Dea
senti il cuore nerazzurro in noi
la tua gente
che ti canta.
Atalanta! Atalanta!
tu non tramonti mai
Atalanta figlia del vento
sempre con te ci avrai.
Atalanta! Atalanta!
Tu non tramonti mai.
Atalanta
Figlia del vento
Sempre con te ci avrai.*

B. La squadra

4

Lombardia

Attività 8

Trova nel testo tutti i pronomi personali diretti e indiretti atoni e tonici.

a. pronomi personali diretti: _____
b. pronomo personali indiretti: _____

Aspetti della lingua

Osserva l'uso dell'aggettivo dimostrativo nel testo dell'inno: - *fai sognare questa tua città*.

I dimostrativi indicano **qualcuno** o **qualcosa** vicino o lontano nello spazio o nel tempo a chi parla e ascolta:

- *Fai sognare questa tua città.*
  L'aggettivo dimostrativo *questa* indica una vicinanza psicologica, emotiva della città di Bergamo a chi parla e a chi ascolta, i tifosi dell'Atalanta.

- *Chi è quel giocatore del Milan?*
  In questo caso il giocatore del Milan è lontano nello spazio da chi parla e ascolta.

- **Questo** indica vicinanza a chi parla e ascolta, **quello** indica invece lontananza da chi parla e ascolta.

- **Questo** e **quello** possono essere aggettivi e pronomi.

AGGETTIVI E PRONOMI DIMOSTRATIVI

SINGOLARE		PLURALE	
MASCHILE	FEMMINILE	MASCHILE	FEMMINILE
questo	questa	questi	queste
quello, quel	quell', quella	quelli, quei, quegli	quelle

L'aggettivo dimostrativo maschile singolare **quello** diventa **quel** davanti a consonante semplice (come nelle forme dell'articolo determinativo il/lo).

Le forme **quello** e **quella** davanti a vocale diventano **quell'**: *quell'amico, quell'amica*.

Al plurale maschile **quel** diventa **quei** e **quello** diventa **quegli** (come gli articoli: il/i – lo/gli).

A differenza dell'aggettivo, il pronome dimostrativo **quello** presenta una sola forma al maschile singolare e una al plurale: *quello/quelli*.

Attività 9

Scegli l'aggettivo dimostrativo giusto.

1. Chi è *quel/questo* ragazzo nella stanza accanto?
2. Di chi è *questo/quel* biglietto che ho in mano?
3. Ti ricordi di *quella/questa* volta che abbiamo visto l'Atalanta allo stadio?
4. Non conosco il nome di *questi/quegli* uomini in fondo alla stanza.

Campionato d'italiano

livelli A2-B1

5. Ti presento *questa/quella* persona che è seduta alla mia destra.
6. *Questo/quel* tavolino, davanti al quale mi trovo, è del XV secolo.
7. Chi è *quel/questo* giocatore dell'Atalanta con il numero 10?

C. La cucina

Leggi con attenzione il testo.

La cucina di Bergamo

La cucina bergamasca ha formaggi e salumi tipici. Fra i piatti tipici di Bergamo ci sono *i casonsei*, *la polenta e osei*, *la polenta taragna*, vari tipi di pesce e i dolci *la polenta e uccelli* e *la torta Donizetti*.
I casonsei sono dei ravioli e si preparano con mollica di pane, salsiccia e parmigiano. Si condiscono con del burro fuso. *La polenta e osei* è la polenta con gli uccelletti e si cuociono in padella. *La polenta taragna* è una polenta con grano saraceno, si mangia molto a Bergamo, anche se non è tipicamente bergamasca.
Ci sono poi anche i pesci, di vario genere e si cuociono in varie modalità. In particolare, ci sono le trote e i carpioni, le sardine alla griglia e le alborelle.
Il dolce più conosciuto è *la polenta e uccelli*, cioè la "polenta e osei" dolce. È una cupola con del pan di Spagna e si ricopre con lo zucchero e la farina di mais, sulla cima della cupola ci sono dei piccoli uccelli di cioccolata. Un altro dolce tipico è *la torta Donizetti*, una ciambella morbida, un impasto di farina, uova, zucchero, burro e lievito con ananas e albicocche candite. Sulla torta generalmente si versa una salsa alla vaniglia e del maraschino.

Attività 1

Per ogni piatto, cerca gli ingredienti nel testo e scrivili nella tabella.

Piatti tipici	Ingredienti
a. I casonsei	
b. La polenta e osei (salato e dolce)	
c. La polenta taragna	
d. La torta Doninzetti	

80

C. La cucina

4 Lombardia

Attività 2

Scrivi tutti i verbi del testo che indicano un'azione per cucinare.

Esempio: *ricoprire* di zucchero.

Attività 3

Trova l'errore con l'aiuto del glossario online. Una sola definizione è sbagliata.

		V	F
1.	La polenta è un piatto di farina di granoturco cotta nell'acqua.	☐	☐
2.	Il maraschino è un piatto di verdura fritta.	☐	☐
3.	Il lievito è un impasto di farina e acqua.	☐	☐
4.	La salsa è un condimento semiliquido di varia composizione.	☐	☐
5.	La mollica è la parte interna molle (morbida) del pane.	☐	☐

Adesso scrivi la definizione corretta.

Attività 4

Lavora oralmente in coppia.

Immaginate di essere al ristorante nella città di Bergamo. Uno è un cliente, l'altro è il cameriere che prende le ordinazioni. Il cliente chiede le specialità della cucina di Bergamo e il cameriere consiglia i piatti da ordinare. Usa il testo precedente per i nomi dei piatti tipici di Bergamo.

A. Cameriere: *Che cosa desidera?*
B. Cliente: *Che cosa mi consiglia di primo piatto?*

Campionato d'italiano
livelli A2-B1

D. Storie, aneddoti e curiosità del calcio

Leggi il testo.

In Italia, secondo i dati ufficiali della FIGC (Federazione Italiana Giuoco Calcio), calciatori tesserati, cioè i calciatori che giocano per le società dilettantistiche e professionistiche, sono poco più di un milione.

L'Italia ha una popolazione di circa 60 milioni di abitanti. Quindi non sono molti i calciatori italiani tesserati, soprattutto in confronto all'Islanda, dove i tesserati sono 21.500. In questa isola di 360.000 abitanti un abitante ogni quindici gioca a calcio. La media degli spettatori alle partite di calcio in Italia (campionato con 20 squadre) è di circa 24.000. Il paese con più spettatori è la Germania (con la media di circa 44.000 spettatori), seguono la Gran Bretagna (con circa 38.000 spettatori), la Spagna (con circa 26.000 spettatori).

Attività 1

Parla con un tuo compagno degli sport che pratichi. Descrivi le caratteristiche di questi sport.

Campionato d'italiano

livelli A2-B1

5
Friuli Venezia Giulia

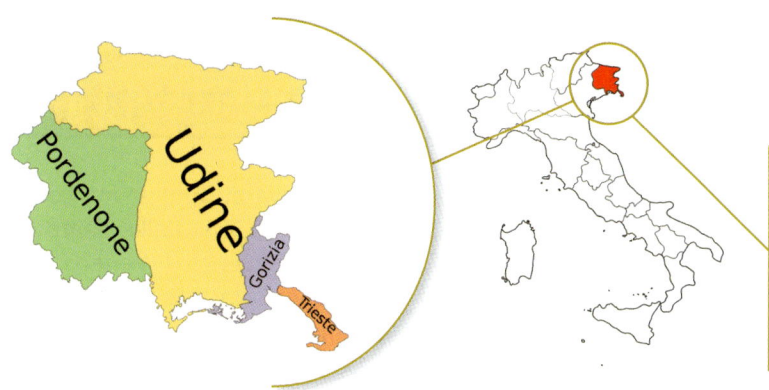

Dal 1976 il campo di gioco dell'Udinese è lo **stadio Friuli di Udine**. Situato a nord-ovest della città nel quartiere Rizzi, è considerato uno dei più begli stadi d'Italia. Il 5 giugno 2013 sono iniziati i lavori di ristrutturazione e il 17 gennaio 2016, in occasione della partita tra Udinese e Juventus è stato inaugurato il nuovo impianto.
Lo stadio ha una capienza di **25.312 posti**.

UDINESE

Palmarès
Titoli nazionali: 2 Campionati di Serie B
1 Campionato di Seconda Divisione

Trofei/Coppe: 1 Coppa Italia Serie C
1 Coppa Intertoto
1 Mitropa Cup
1 Coppa Anglo-Italiana

Cronistoria essenziale
1896 Nasce l'Udinese Calcio
1922 Gioca la finale di Coppa Italia
1955 Arriva seconda in Campionato
1978 Vince la Coppa Anglo-Italiana
2000 Vince la Coppa Intertoto
2009 Arriva ai quarti di finale di Coppa UEFA

Campionato d'italiano

livelli A2-B1

A. Città

Leggi con attenzione il testo.

Udine

Udine è il capoluogo di provincia della regione Friuli Venezia Giulia. La città si trova attorno a una collina dove c'è un **castello**. Uno dei luoghi più interessanti da visitare è Piazza della Libertà, una delle piazze più monumentali del **Rinascimento** italiano. La piazza mostra i segni della presenza e influenza di Venezia sulla città con i suoi eleganti **palazzi**. Nella piazza c'è la **Loggia** del Lionello del XV secolo in stile veneziano. La Loggia è in **pietra** rosa e bianca a fasce orizzontali. Il palazzo è opera di Bartolomeo delle Cisterne su disegno dell'**orafo** Nicolò Lionello. Dalla piazza della Libertà si arriva al Castello di Udine attraverso l'**Arco** Bollani. Il grande architetto rinascimentale Andrea Palladio nel 1556 ha progettato la costruzione di questo arco. L'edificio del castello domina il colle e l'intera città di Udine. Prima di raggiungere la parte più alta del colle, si passa per il **porticato** del Lippomano e poi si incontra la Chiesa di Santa Maria di Castello, dove ci sono preziosi **affreschi** di vari periodi. Accanto c'è il **campanile** con l'Angelo in bronzo sulla cima. La parte più importante del castello è il **Salone** del Parlamento, ricco di numerosi affreschi con un pregevole **soffitto** con **dipinti**. Hanno iniziato a costruire il castello nel 1517 su progetto di Giovanni Fontana e Giovanni da Udine ed hanno terminato la costruzione molto tempo dopo. I **Musei** Civici interni al castello sono dei musei molto importanti del Friuli. Vicino al Castello di Udine c'è Piazza San Giacomo, una delle piazze più antiche di Udine. Antichi palazzi circondano sui quattro lati la piazza a **pianta** rettangolare. Sulla piazza si trova la Chiesa di San Giacomo del 1378. La piazza è oggi un luogo di ritrovo con numerosi caffè e negozi. Altri monumenti storici di Udine sono il **Duomo** e la Chiesa di Santa Maria di Castello, la più antica della città; hanno ricostruito questa chiesa nel XII secolo nello **stile romanico**. Il Duomo di Udine si trova in piazza del Duomo, è del 1236 ed è in **stile gotico**. Vicino al Duomo c'è la Chiesa di San Francesco del XIII secolo in stile romanico.

* Per le parole in neretto consulta e/o scarica in pdf il glossario storico-architettonico su www.ornimieditions.com/it - Risorse gratuite

Attività 1

Rispondi alle domande.

1. Dove si trova il Castello di Udine?

2. Quale città italiana ha influenzato sul piano architettonico Udine?

3. Da dove si passa per andare da piazza della Libertà al Castello di Udine?

4. Che cosa c'è nel Salone del Parlamento del Castello di Udine?

5. Quale forma ha piazza San Giacomo e quale Chiesa vi troviamo?

6. Quali sono gli stili architettonici del Duomo e la Chiesa di San Francesco?

Attività 2

Nel testo si usa il passato prossimo. Trova e sottolinea le forme verbali del passato prossimo.

5
Friuli Venezia Giulia

Attività 3

✎ **Trova nel testo gli aggettivi dimostrativi e superlativi relativi.**

Aggettivi dimostrativi	Aggettivi superlativi relativi

Attività 4

Descrivi oralmente ai tuoi compagni una piazza della tua città: la forma della piazza, i monumenti presenti nella piazza, ecc.

Aspetti della lingua

Osserva con attenzione l'uso del **passato prossimo** nel testo:
è stata – ha progettato – hanno iniziato – hanno terminato – hanno ricostruito

In italiano per raccontare un evento che è stato compiuto nel passato usiamo il **passato prossimo**. L'azione passata è terminata:
- *Hanno iniziato a costruire il Castello nel 1517.*

Le forme del passato prossimo richiedono l'uso dei **verbi ausiliari essere** o **avere** + **il participio passato** del verbo:
è + stato/a – hanno + terminato.

La scelta del verbo ausiliare dipende dal tipo di verbo:
- **Intransitivi**, i verbi **pronominali** e quasi tutti i verbi **impersonali** richiedono per il passato prossimo l'uso dell'ausiliare **essere**:
- *andare (verbo intransitivo) = sono andato/a*
- *sembrare (verbo impersonale) = è sembrato*
- *lavarsi (verbo pronominale) = mi sono lavato/a*

- **Transitivi** e un piccolo gruppo di verbi intransitivi richiedono invece per il passato prossimo l'ausiliare **avere**:
- *progettare (verbo transitivo) = ho progettato*
- *dormire, camminare, viaggiare (verbi intransitivi) = ho dormito, ho camminato, ho viaggiato*

I verbi **transitivi** possono reggere un oggetto diretto, i verbi **intransitivi** non possono reggere un oggetto diretto:
- *Progettare un palazzo: progettare (verbo transitivo) un palazzo (oggetto diretto del verbo);*
- *Partire per Roma: partire (verbo intransitivo) per Roma (oggetto indiretto del verbo).*

Campionato d'italiano
livelli A2-B1

CONIUGAZIONE DEI VERBI AL PASSATO PROSSIMO - VERBI REGOLARI

PROGETTARE	PARTIRE
ho progettato	sono partito/a
hai progettato	sei partito/a
ha progettato	è partito/a
abbiamo progettato	siamo partiti/e
avete progettato	siete partiti/e
hanno progettato	sono partiti/e

Il passato prossimo con **l'ausiliare avere** non cambia la forma del participio passato.

Il passato prossimo con **l'ausiliare essere** invece può cambiare le forme del participio passato:
- se il soggetto del verbo è maschile singolare o plurale il participio passato finisce in **–o /–i**
- se il soggetto del verbo è femminile singolare o plurale il participio passato finisce in **–a /–e**

Le desinenze del participio passato regolare sono:
- prima coniugazione –are = **–ato**
- seconda coniugazione –ere = **–uto**
- terza coniugazione –ire = **–ito**

Terminare = **terminato**; credere = **creduto**; capire = **capito**.

Attività 5

Scegli il verbo corretto e completa il testo con il passato prossimo.

buttare giù - pagare - progettare - fare - cambiare - realizzare - ingrandire

L'architetto Polverini (1) _____ la ristrutturazione del mio appartamento. (2) _____ tutte le stanze. (3) _____ un arco nel salotto, (4) _____ dei muri, (5) _____ il bagno, prima era troppo piccolo. (6) _____ un bel lavoro. Io sono molto contento. Però io (7) _____ troppo per questa ristrutturazione. L'architetto è bravo, ma caro!

Attività 6

Racconta ai tuoi compagni cosa hai fatto il giorno precedente.

Esempio: *Ieri mi sono alzato alle nove, ho fatto colazione... poi sono andato...*

B. La squadra

B. La squadra

Leggi con attenzione il testo.

Udinese

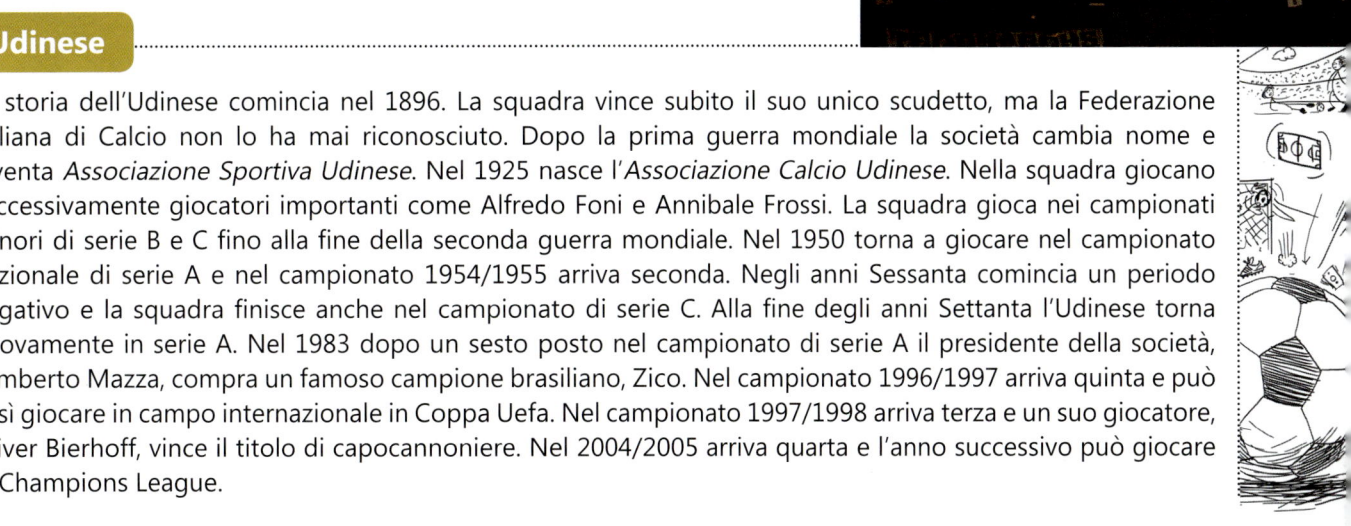

Friuli Venezia Giulia

La storia dell'Udinese comincia nel 1896. La squadra vince subito il suo unico scudetto, ma la Federazione Italiana di Calcio non lo ha mai riconosciuto. Dopo la prima guerra mondiale la società cambia nome e diventa *Associazione Sportiva Udinese*. Nel 1925 nasce l'*Associazione Calcio Udinese*. Nella squadra giocano successivamente giocatori importanti come Alfredo Foni e Annibale Frossi. La squadra gioca nei campionati minori di serie B e C fino alla fine della seconda guerra mondiale. Nel 1950 torna a giocare nel campionato nazionale di serie A e nel campionato 1954/1955 arriva seconda. Negli anni Sessanta comincia un periodo negativo e la squadra finisce anche nel campionato di serie C. Alla fine degli anni Settanta l'Udinese torna nuovamente in serie A. Nel 1983 dopo un sesto posto nel campionato di serie A il presidente della società, Lamberto Mazza, compra un famoso campione brasiliano, Zico. Nel campionato 1996/1997 arriva quinta e può così giocare in campo internazionale in Coppa Uefa. Nel campionato 1997/1998 arriva terza e un suo giocatore, Oliver Bierhoff, vince il titolo di capocannoniere. Nel 2004/2005 arriva quarta e l'anno successivo può giocare in Champions League.

Attività 1

Completa le informazioni.

1. L'Udinese vince il suo unico scudetto nel _____.
2. Giocatori importanti dell'Udinese sono _____.
3. L'Udinese arriva seconda nel campionato di serie A nel _____.
4. Il presidente dell'Udinese compra un famoso giocatore _____.
5. Oliver Bierhoff vince il _____.
6. L'Udinese gioca in Champions League nel _____.

Attività 2

Trasforma i verbi del testo dal presente indicativo al passato prossimo.

Presente indicativo	Passato prossimo
comincia	*è cominciata*

Campionato d'italiano
livelli A2-B1

Attività 3

✎ **Racconta a un tuo compagno un viaggio che hai fatto nel passato in un paese straniero. Usa il passato prossimo per raccontare le azioni passate finite.**

Esempio: *Cinque anni fa sono andato in... Ho viaggiato in aereo... Ho visitato...*

....
....
....
....

Aspetti della lingua

Osserva con attenzione questi verbi del testo: **vincere**, **nascere**, **scrivere**.

Al passato prossimo questi verbi hanno il **participio passato irregolare**: **vinto – nato/a – scritto**.
Altri participi passati irregolari:

aprire = **aperto**, bere = **bevuto**, dire = **detto**, condurre = **condotto**, fare = **fatto**, prendere = **preso**, mettere = **messo**, spendere = **speso**, succedere = **successo**, essere = **stato/a**, piacere = **piaciuto/a**.

Il verbo **vedere** può avere due forme di participio passato: **veduto** e **visto**.

I verbi modali **volere**, **potere** e **dovere**, quando precedono un verbo all'infinito, al passato prossimo hanno il verbo ausiliare del verbo all'infinito:
- *Ho potuto giocare.*
- *Sono dovuto/a andare.*

Attività 4

✎ **Rispondi alle domande. Usa i verbi al passato prossimo e i pronomi personali (diretti e indiretti) quando è necessario.**

Esempio: *Hai visto la finale di Champions League? Sì, l'ho vista.*

1. Che cosa hai bevuto ieri sera a cena? ....
2. Che cosa hai fatto ieri pomeriggio? ....
3. Ti è piaciuto l'ultimo film che hai visto? ....
4. Hai preso la patente di guida? ....
5. Sei mai stato a Udine? ....
6. Hai mai visto una partita di calcio? ....
7. Hai mai fatto un viaggio in un Paese straniero? Dove? ....

B. La squadra

5
Friuli Venezia Giulia

 Leggi con attenzione il testo.

UDINESE

Colore della maglia: bianco e nero.

Stemma: lo stemma della squadra è uguale allo stemma del Comune di Udine: uno scudo bianco, in alto l'anno di fondazione della società, 1896, circondato da due rami di quercia e alloro. Sullo scudo bianco c'è una V nera rovesciata.

Nome dei tifosi e dei giocatori: bianconeri.

Curiosità: nella nuova maglia dell'Udinese appare la scritta "I primi bianconeri d'Italia", in riferimento al primo e unico scudetto del 1896. La Federazione Italiana Giuoco Calcio non ha però mai riconosciuto questo scudetto.

Attività 5

Fai una ricerca su Internet e trova le squadre italiane e straniere che hanno lo stesso colore della maglia dell'Udinese.

Attività 6

Ascolta più volte l'inno dell'Udinese senza leggere il testo e completa le frasi della canzone.

Vai al seguente link: (https://www.youtube.com/watch?v=vxdcsZUDDe0)

⚠ Le attività di ascolto e il link sono disponibili su www.ornimieditions.com/it - Risorse gratuite

1. L'Europa e
2. Lo stadio canta
3. Magica Udinese
4. Abbiamo vinto
5. Grande cuore
6. Un'emozione forte
7. Una città, una terra 100 anni

Campionato d'italiano
livelli A2-B1

Attività 7

🎧 Ascolta* ancora una volta l'inno con il testo davanti e sottolinea tutte le parole (non i verbi) che finiscono in -e.

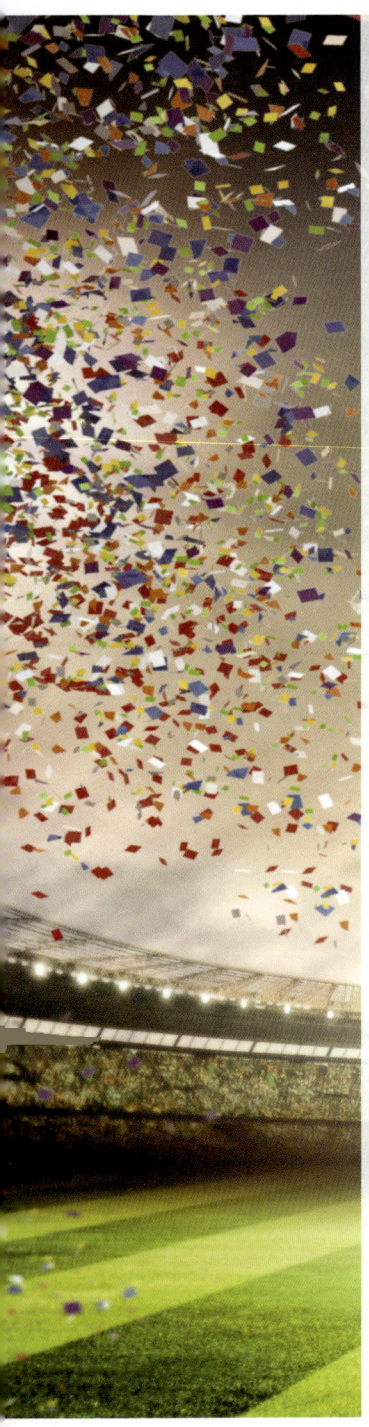

Inno dell'Udinese

Un'emozione forte
Bianconero per la vita,
c'è poi la notte magica
l'Europa e una partita
Una città, una terra
Cento anni in una sera
Lo stadio canta una canzone
Alziamo la bandiera
Vinci per noi,
magica Udinese. Vinci per noi
grande cuore bianconero.
Che vada come vada
Sarete i nostri eroi
E torneremo a casa
Raccontando anche noi
Che c'eravamo, eccome
Abbiamo vinto ancora
Andiamo avanti insieme
Udinese nella storia
Vinci per noi,
magica Udinese. Vinci per noi
grande cuore bianconero
Vinci per noi,
magica Udinese
Vinci per noi
grande cuore bianconero
Un'emozione forte bianconero per la vita
c'è poi la notte magica l'Europa e una partita.
Una città, una terra 100 anni in una sera, lo stadio canta una canzone
alziamo la bandiera...
Vinci per noi, magica Udinese vinci per noi
grande cuore bianconero.
Vinci per noi, magica Udinese vinci per noi
grande cuore bianconero
Vinci per noi

Attività 8

👤 **Parla con un tuo compagno dei contenuti della canzone.**

B. La cucina

5
Friuli Venezia Giulia

C. La cucina

 Leggi con attenzione il testo.

Le specialità della cucina di Udine

La cucina di Udine è una cucina regionale, friulana. Prima di tutto come antipasto possiamo gustare *il prosciutto crudo San Daniele*, famoso in tutto il mondo. Come primo piatto possiamo mangiare *i cjarsons*, un tipo di ravioli, con un ripieno a base di mele, ricotta, patate lesse, pere, uvetta, spinaci, pinoli, cannella e cacao. *I cjarsons* sono conditi con burro fuso, ricotta affumicata grattugiata, zucchero e cannella. Altri primi piatti tipici sono i piatti a base di riso: riso e fagioli e il riso con gli asparagi. *Il frico con le patate* è un secondo piatto molto popolare: un tortino a base di formaggio locale, il Montasio, la più conosciuta varietà di formaggio del Friuli. Prima si cucinano le patate con la cipolla, poi si unisce il formaggio. Si serve a spicchi (piccole parti) e si mangia caldo. *La gubana* è un dolce molto popolare nel Friuli. *La gubana* è una pasta dolce lievitata: al suo interno ha un ripieno di uvetta, noci, pinoli, zucchero e grappa. *Gli strucchi* sono dei piccoli dolcetti con il medesimo ripieno della gubana. Famosi sono i vini friulani, in particolare il Merlot e il Cabernet rossi, il Pinot grigio, lo Chardonnay e il Tocai bianchi. Una buona cena in un ristorante a Udine finisce sempre con un bicchierino di grappa.

Attività 1

Completa con tutte le informazioni.

1. Ripieno dei cjarsons: _____ .
2. Condimento dei cjarsons: _____ .
3. Il Montasio è _____ .
4. Ripieno della gubana: _____ .
5. Vini del Friuli: _____ .

Attività 2

Scrivi tutti i nomi dei frutti nominati nel testo.

Campionato d'italiano

livelli A2-B1

Attività 3

✏ **Qual è la spezia nominata nel testo? Scegli la parola giusta.**

☐ a. pinoli   ☐ b. uvetta   ☐ c. cannella   ☐ d. ricotta   ☐ e. cacao

D. Storie, aneddoti e curiosità del calcio

Il 25 dicembre 1914, durante la Prima guerra mondiale, i soldati tedeschi e britannici hanno spontaneamente finito di combattere in diversi punti lungo la linea del fronte occidentale.
Durante questa "tregua di Natale" hanno fatto foto ricordo assieme, hanno bevuto liquori e addirittura hanno organizzato delle partite di calcio.
Secondo dei documenti storici una di queste partite è finita 3-2 per i tedeschi.
Gli eventi della tregua del 1914 sono rappresentati nel film franco-anglo-tedesco "*Joyeux Noël - Una verità dimenticata dalla storia*" (2005). Nel 2006 è stato candidato al Premio Oscar e al Golden Globe come miglior film straniero.

Attività 1

👤 **Nel testo il calcio è stato simbolo di pace, di non violenza, ma purtroppo ci sono spesso anche manifestazioni di violenza e di razzismo. Parla con un tuo compagno di questi fenomeni negativi, delle loro cause e delle possibili soluzioni a questi problemi.**

Campionato d'italiano

livelli A2-B1

6
Veneto

Dalla seconda metà degli anni Ottanta lo stadio **Marcantonio Bentegodi** è sede degli incontri interni delle due maggiori squadre di calcio veronesi, l'Hellas Verona e il Chievo. Con **39.211** posti, risulta l'ottavo stadio italiano per capienza. Ha inoltre ospitato alcune partite di rugby, manifestazioni di atletica leggera e anche concerti musicali.

HELLAS VERONA

Palmarès
Scudetti: 1
3 Campionati di Serie B

Cronistoria essenziale
1903 Nasce la squadra Hellas Verona
1957 Vince il primo campionato di Serie B
1983 Partecipa alla Coppa UEFA
1985 Vince il primo e unico scudetto
1985 Partecipa alla Coppa dei Campioni

CHIEVO VERONA

Palmarès
Titoli nazionali: 1 Campionato di Serie B

Cronistoria essenziale
1929 Nasce il Chievo Verona
2001 Debutta in Serie A
2002 Partecipa alla Coppa UEFA
2006 Partecipa alla Champions League
2021 Esclusione dai campionati professionistici

Campionato d'italiano

livelli A2-B1

A. Città

Leggi con attenzione il testo.

Verona

Verona è uno dei capoluoghi di provincia della regione Veneto. Simbolo della città è l'Arena, il terzo **anfiteatro** romano d'Italia per grandezza. In estate l'Arena diventa luogo di grandi spettacoli, concerti e opere liriche. Ma Verona è famosa nel mondo anche per essere la città degli innamorati. Qui, infatti, si trova la casa di Giulietta, con il famoso balcone; il grande drammaturgo Shakespeare ha raccontato la drammatica storia d'amore di Romeo e Giulietta. Piazza delle Erbe è un esempio di integrazione architettonica e artistica di diversi periodi storici: ci sono infatti **architetture** dell'epoca **romana**, **medioevale** e **rinascimentale** integrate a quelle del periodo nel quale la famiglia Della Scala o Scaligeri ha governato Verona (dal 1262 al 1387) e ci sono anche dei **palazzi** ottocenteschi. Vicino a Piazza delle Erbe si trova Piazza dei Signori, un altro esempio d'integrazione di diverse architetture storiche, dove c'è il monumento dedicato a Dante Alighieri. Vicino al fiume Adige ci sono altre grandi opere dei due più importanti periodi della storia di Verona, il periodo romano e il periodo degli Scaligeri. Si trovano infatti la **Fortezza** di Castelvecchio, oggi sede del **Museo** di Arte Moderna, il **Ponte** Scaligero, bellissimo esempio di architettura medioevale, e le Arche Scaligere dove si trovano le tombe degli Scaligeri. Sull'altra parte del fiume si trovano i resti del Teatro Romano dove oggi si organizzano il Festival Shakespeariano e il Verona Jazz Festival. Dal Teatro Romano si arriva al Museo Archeologico dove si possono vedere sculture e oggetti del periodo romano. Ci sono importanti edifici religiosi a Verona: il Duomo con i suoi affreschi e i marmi interni, la Basilica di San Zeno Maggiore, chiesa romanica e la Basilica di San Fermo Maggiore.

* Per le parole in neretto consulta e/o scarica in pdf il glossario storico-architettonico su www.ornimieditions.com/it - Risorse gratuite

Attività 1

Rispondi alle domande.

1. A quale regione italiana appartiene Verona?
2. Che cosa è l'Arena?
3. Di quali periodi storici sono le architetture di Piazza delle Erbe?
4. Quali sono stati i più importanti periodi della storia di Verona?
5. Che cosa c'è nelle Arche Scaligere?
6. Quali eventi culturali si organizzano nel Teatro Romano?

Attività 2

Sottolinea nel testo gli articoli determinativi e indeterminativi e poi con l'aiuto dell'insegnante prova a capire quando si usano e quali sono le differenze.

A. Città

Veneto — 6

Attività 3

Descrivi oralmente un palazzo storico o una chiesa italiana che ti piacciono particolarmente. In alternativa descrivi un edificio storico del tuo paese.

Scrivi il nome di questi due luoghi storici della città di Verona e fai una ricerca su Internet per scriverne la storia.

a. .... b. ....

B. La squadra

Leggi con attenzione il testo.

Il calcio a Verona

Nella città si gioca il derby cittadino fra due squadre: l'Hellas Verona e il Chievo Verona.

Hellas Verona

Nel 1903 un gruppo di studenti ha fondato un club e lo ha chiamato *Associazione Calcio Hellas* per ricordare l'antica Ellade, l'attuale Grecia. Nel 1919, dopo la Prima guerra mondiale, la società Hellas ha cambiato nome ed è diventata *Football Club Hellas Verona*. Dopo tanti campionati nelle serie minori l'Hellas Verona nel 1957 per la prima volta ha giocato nel  campionato di serie A. Dopo alcuni anni in serie B nel campionato 1982/1983 la squadra è ritornata in serie A con l'allenatore Osvaldo Bagnoli e ha fatto dei buoni campionati: è arrivata quarta nel 1983 e sesta nel 1984. Nel campionato 1984/1985 sempre con Bagnoli come allenatore è arrivata addirittura prima e ha vinto così il suo primo e unico scudetto. I giocatori più importanti di quella squadra campione d'Italia erano Briegel, un difensore tedesco, Elkjær, un attaccante danese, Garella, il portiere italiano, Di Gennaro, centrocampista italiano e Fanna, attaccante italiano. Il Verona ha giocato per la prima volta nelle competizioni internazionali nel 1969/1970 (Coppa Mitropa), nel 1983/1984 ha giocato in Coppa UEFA, nel 1985/1986 ha partecipato per la prima volta alla Coppa dei Campioni, nel 1987/1988 è giunto fino ai quarti di finale in Coppa UEFA. Il periodo d'oro del Verona è finito con il campionato 1989/1990 quando alla fine della stagione la squadra è retrocessa in serie B. La storia successiva dell'Hellas Verona è stata un continuo alternarsi di campionati in serie A e in serie B. Nella stagione 2007/2008 la squadra ha giocato in serie C dove è rimasta per quattro anni.

Campionato d'italiano
livelli A2-B1

Attività 1

Rileggi il testo e completa con le informazioni.

1. Un gruppo di studenti ha chiamato la nuova società di calcio, Hellas, per

2. L'Hellas Verona gioca per la prima volta nel campionato di serie A nel

3. Dal campionato 1982/1983 la squadra torna

4. Vince il suo primo e unico

5. I giocatori stranieri più importanti nell'Hellas Verona campione d'Italia sono

6. Il periodo d'oro della squadra finisce

7. L'Hellas Verona rimane in serie C per

Attività 2

Leggi di nuovo il testo.
Trova tutti i verbi irregolari al passato prossimo e scrivi l'infinito del verbo.

participi passati irregolari	infinito

B. La squadra

6 Veneto

 Leggi con attenzione il testo.

HELLAS VERONA

Colore della maglia: giallo e blu.

Stemma: uno scudo con delle strisce verticali gialle e blu con al centro la scritta "Hellas Verona" e in alto un'immagine stilizzata di due mastini (grossi cani) rivolti in direzioni opposte e in basso lo stemma della città di Verona, lo scudo con la croce gialla su sfondo azzurro.

Nome dei tifosi e dei giocatori: gialloblù, scaligeri.

Curiosità: I colori delle maglie sono simili ai colori dello stemma della città, l'azzurro e il giallo oro. La squadra e i suoi giocatori sono chiamati anche "gli scaligeri" con riferimento alla famiglia Della Scala che ha governato Verona tra il XIII e il XIV secolo.

Attività 3

 Perché i giocatori dell'Hellas Verona sono chiamati "scaligeri"?

....

....

....

Attività 4

 Cerca su Internet lo stemma degli Scaligeri e descrivilo oralmente a un tuo compagno.

Aspetti della lingua

Osserva con attenzione l'uso degli **aggettivi possessivi** nel testo: - *i suoi giocatori*.

I possessivi indicano la persona alla quale appartiene qualcosa o qualcuno, oppure che ha relazione con qualcosa o qualcuno.

Le forme degli aggettivi possessivi sono uguali a quelle dei pronomi possessivi.

I pronomi possessivi sono sempre preceduti da articolo o preposizione articolata:

- *Sei qui per vedere **la tua** squadra? Anch'io sono qui per vedere **la mia**.*

L'aggettivo possessivo in italiano a differenza di altre lingue straniere si accorda per genere e numero con il nome che l'accompagna (oggetto o persona posseduta) e non con il possessore:

- *La squadra e **i suoi** giocatori.*

Campionato d'italiano

livelli A2-B1

Aspetti della lingua

AGGETTIVI E PRONOMI POSSESSIVI

	MASCHILE SINGOLARE E PLURALE	FEMMINILE SINGOLARE E PLURALE
io	mio/miei	mia/mie
tu	tuo/tuoi	tua/tue
lui/lei/Lei	suo/suoi	sua/sue
noi	nostro/nostri	nostra/nostre
voi	vostro/vostri	vostra/vostre
loro	loro	loro

Il possessivo di terza persona plurale (**loro**) è invariabile per genere e presuppone un possessore plurale: - *I tifosi italiani amano le loro squadre.*

In italiano l'**aggettivo possessivo** può trovarsi prima o dopo il nome:
- *Il mio amico. / L'amico mio.*

Generalmente l'aggettivo possessivo è preceduto dall'articolo, ma con i nomi di parentela (padre, madre, figlio, figlia, ecc.) al singolare, senza altri aggettivi, con il possessivo l'articolo non si mette: *mio padre, mio fratello, mia sorella.*

In molti casi un pronome possessivo si usa con valore di nome:
- *Vado a trovare i miei* (*i miei* significa i miei genitori).

Un altro aggettivo e pronome possessivo è **proprio**.

Si usa per rafforzare un altro aggettivo possessivo, soprattutto di terza persona singolare, e si trova sempre dopo l'aggettivo possessivo:
- *La squadra vuole vincere con le sue proprie forze.*

Proprio può sostituire l'aggettivo possessivo di terza persona singolare e plurale a condizione che si riferisca al soggetto della frase:
- *La squadra vuole vincere con le proprie forze.*

Attività 5

Descrivi le caratteristiche fisiche della tua famiglia o parenti usando gli aggettivi possessivi.

Esempio: *mio padre è alto..., mia madre ha i capelli biondi...*

B. La squadra

6
Veneto

Attività 6

Completa le frasi con gli aggettivi possessivi dati.

suo - tuoi - nostro - loro - mia - vostri - tua

1. Andiamo a trovare il _____ professore.
2. La _____ squadra preferita è l'Hellas Verona.
3. Anna e Luisa sono andate a trovare i _____ genitori.
4. Marco, come stanno i _____ fratelli?
5. Ragazzi, voglio parlare con i _____ genitori.
6. Professore, chi è il _____ giocatore di calcio preferito?
7. Mi piace _____ sorella Irene.

Attività 7

Ascolta più volte con attenzione l'inno del Verona senza leggere il testo e durante l'ascolto segna (X) solo le parole della canzone fra quelle della lista.

Vai al seguente link: (https://www.youtube.com/watch?v=f6oC2iTmysY)

(!) Le attività di ascolto e il link sono disponibili su www.ornimieditions.com/it - Risorse gratuite

1. forza ☐	7. rete ☐	13. felicità ☐	19. stadio ☐
2. vittoria ☐	8. festa ☐	14. libertà ☐	20. squadra ☐
3. scudetto ☐	9. gente ☐	15. città ☐	21. coro ☐
4. portiere ☐	10. popolo ☐	16. Veneto ☐	22. inno ☐
5. grazie ☐	11. nerazzurri ☐	17. canzone ☐	
6. tricolore ☐	12. gialloblù ☐	18. spalti ☐	

Leggi con attenzione il testo.

Inno Verona

Oh oh oh oh
Che forza noi
Tifosi veri
Nei nostri cuori una squadra giallo blu
Che ci fa sognar
Che ci fa sperar
Che la vittoria arrivi prima o dopo per noi
Che voglia noi
Di gridare
Che abbiamo questo sogno tricolore
Qui nel cuore
Lo scudetto noi
Per sempre resterà

Campionato d'italiano

livelli A2-B1

Viva Verona calcio e Verona città
Un grazie a chi
Ci ha scaldato i cuori
A tutti noi e a quelli che hanno vinto il tricolore
Anche se sarà
L'unica volta noi
Ci sentiremo grandi e festa sarà
Un grazie poi
A tutta la gente
Che in qualche modo ha aiutato i gialloblù
Anche a lui andrà
Tanta felicità
Viva i tifosi e viva la città
Adesso noi
È festa grande
E tutti insieme canteremo il tricolore
Lo scudetto è dipinto gialloblù
In tanti saremo in tanti e chi ci ferma più
Ed ecco qui
Questa canzone che tutti insieme per una squadra canteremo
Sugli spalti poi uniti senti noi
In un unico coro pieno di felicità
Ed ecco qui questa canzone
Che tutti insieme per la Squadra canteremo
Lo scudetto noi
Per sempre resterà
Viva il Verona calcio e Verona città
Oh oh oh oh oh oh oh

Attività 8

Spiega la funzione del "ci" ripetuto nella canzone (pronome diretto/pronome indiretto).

Leggi con attenzione il testo.

Chievo Verona

L'Associazione Calcio Chievo Verona è una società calcistica italiana con sede a Chievo, una frazione (zona) di Verona. Nasce nel 1929 e poi è stata rinfondata nel 1948. Il Chievo ha partecipato a 27 campionati nazionali, di cui 5 in Serie C1, 8 in Serie B e 17 in Seria A, e ha vinto un campionato di B nel 2007/2008. In campo europeo i migliori risultati ottenuti sono state le partecipazioni, negli anni Duemila, alla Coppa UEFA e alla Champions League. Il Chievo è finora l'unico club che dalle categorie regionali minori è passato da tutti i campionati nazionali fino ad arrivare in serie A e poi nelle coppe europee. Nel 2001 la squadra ha raggiunto per la prima volta la serie A e nel 2007 ha giocato la Champions League. Il giocatore più rappresentativo del Chievo Verona è stato Sergio Pellissier. Questa squadra rappresenta un piccolo miracolo calcistico perché non ha con sé una città intera, ma solo una frazione di Verona e quindi non ha grandi mezzi economici e pochi tifosi.

La bella storia del Chievo Verona è finita nel 2021 quando per motivi economici (debiti) la *Federazione Italiana Giuoco Calcio* ha escluso la società da tutti i campionati professionistici.

B. La squadra

6 Veneto

Attività 9

Rileggi il testo e completa con le informazioni.

1. Chievo è _____.
2. Il Chievo Verona ha vinto _____.
3. Nel 2001 la squadra ha raggiunto per la prima volta _____.
4. Il Chievo Verona ha giocato nel 2007 in _____.
5. Il giocatore più rappresentativo della squadra è stato _____.
6. Il Chievo rappresenta un piccolo miracolo calcistico perché _____.

Attività 10

Osserva l'uso del passato prossimo nel testo.
Sottolinea tutti i verbi al passato prossimo e scrivi delle frasi con i seguenti verbi.

giocare - partecipare - vincere - raggiungere - escludere

1. _____.
2. _____.
3. _____.
4. _____.
5. _____.

Leggi con attenzione il testo.

CHIEVO VERONA

Colore della maglia: giallo e blu.

Stemma: lo stemma della squadra dal 1998 è uno scudo giallo con i bordi blu. Al centro dello scudo c'è la statua equestre di un famoso condottiero di Verona, Cangrande I della Scala, in alto c'è il nome della squadra in caratteri gotici e in basso c'è l'anno di fondazione del club.

Nome dei tifosi e dei giocatori: gialloblù, clivensi (dal nome delle persone di Chievo).

Curiosità: nel 1929 la prima maglia del Chievo Verona aveva due quadrati bianchi e due blu. Dal 1931 fino alla metà degli anni '50 il celeste ha sostituito il colore blu. Successivamente la società ha scelto i colori della città, il giallo e il blu. Inizialmente le maglie erano blu con bordi gialli, poi negli anni '90 il giallo è diventato il colore prevalente e il blu il colore dei bordi.

Campionato d'italiano
livelli A2-B1

Attività 11

Cerca su Internet lo stemma del Chievo Verona e descrivi oralmente a un tuo compagno come è fatto. Usa queste parole.

scudo - bordi - statua equestre - anno di fondazione - al centro - in alto - in basso

Attività 12

Cerca online notizie su *Cangrande I della Scala:* chi era, che cosa ha fatto, quando è nato e quando è morto. Scrivi una breve biografia di questo personaggio storico (massimo 150 parole). Usa il passato prossimo e l'imperfetto.

Cangrande I della Scala era un condottiero italiano...

Aspetti della lingua

Osserva con attenzione l'uso **descrittivo** dell'**imperfetto** nel testo:

- *nel 1929 la prima maglia del Chievo Verona **aveva** due quadrati bianchi e due blu.*

Aveva è la terza persona singolare dell'**imperfetto indicativo** del verbo **avere**.

Io avevo - tu avevi – lui/lei/Lei aveva – noi avevamo – voi avevate – loro avevano.

Coniugazione dell'imperfetto indicativo

Fond-*are*	Scegli-*ere*	Sostitu-*ire*
io fond-**avo**	io scegli-**evo**	io sostitu-**ivo**
tu fond-**avi**	tu scegli-**evi**	tu sostitu-**ivi**
lui/lei/Lei fond-**ava**	lui/lei/Lei scegli-**eva**	lui/lei/Lei sostitu-**iva**
noi fond-**avamo**	noi scegli-**evamo**	noi sostitu-**ivamo**
voi fond-**avate**	voi scegli-**evate**	voi sostitu-**ivate**
loro fond-**avano**	loro scegli-**evano**	loro sostitu-**ivano**

B. La squadra

6
Veneto

Attività 13

✎ Scrivi in un breve testo (massimo 150 parole) la storia di Romeo e Giulietta. Usa il passato prossimo per raccontare gli eventi e le azioni del passato, l'imperfetto per descrivere i personaggi, i luoghi, gli ambienti e i sentimenti. Usa Internet se non conosci la storia di Romeo e Giulietta.

Romeo e Giulietta appartenevano a due famiglie nobili di Verona, i Montecchi e i Capuleti. Le due famiglie si odiavano. Un giorno Romeo ha incontrato Giulietta a casa dei Capuleti.

Attività 14

✎ Ascolta più volte l'inno del Chievo Verona senza leggere il testo.

Vai al seguente link: (https://www.youtube.com/watch?v=WHne8vLPOtU)

⚠ Le attività di ascolto e il link sono disponibili su www.ornimieditions.com/it - Risorse gratuite

Ascolta nuovamente e scrivi l'aggettivo che segue questi nomi.

1. realtà
2. valori
3. strada
4. uomini
5. cielo

Campionato d'italiano

livelli A2-B1

Leggi con attenzione il testo.

Inno del Chievo Verona

Ai margini di una città
nasceva un sogno che
è diventato una realtà
incontrastabile
tra le grandi sei un gigante ormai
nella forza dei valori tuoi
urleremo al cielo
giallo blu e l'anima
nel mio cuore c'è solo Chievo Verona
Chievo
gloria e passione tu sei
vola con noi
Seguo una strada magica
che mi riporterà
a vivere una verità
che si era persa ormai,
fatta di uomini semplici
con coraggio e con dignità,
urleremo al cielo giallo blu
e l'anima nel mio cuore c'è solo Chievo Verona.
Chievo
gloria e passione tu sei
vola con noi, con noi. Con noi.
Oggi vivrò
un giorno da favola,
avvolto da un vento di vittoria,
urleremo al cielo giallo blu
e l'anima
nel mio cuore c'è solo Chievo Verona
Chievo
gloria e passione tu sei
vola con noi, con noi
vola con noi, con noi

Attività 15

Parla con un tuo compagno dei contenuti e dei significati della canzone.

C. La cucina

Veneto — **6**

C. La cucina

  Leggi con attenzione il testo.

La cucina di Verona

Piatti tipici della cucina veronese sono *il bollito* con *la pearà* e *gli gnocchi*. *Il bollito* con *la pearà* è della carne di manzo con una salsa a base di pane grattugiato, formaggio, midollo, brodo e pepe nero. *Gli gnocchi* sono un impasto di patate, farina bianca e uova, da mangiare con sugo di pomodoro o con zucchero e cannella. *La pasta e fasoi* (fagioli), è un altro piatto molto popolare. Un'altra specialità è *la pastissada de caval*, carne di cavallo: si macera nel vino rosso con spezie e verdure. *La polenta* è il cibo tipico dei contadini poveri della pianura padana: è preparata con farina di granoturco cotta in acqua salata. A Verona si mangia *la polenta* con i fagioli ben cotti (polenta *infasolà*) o insieme alla cacciagione (*polenta e osei*). Nella cucina veronese ci sono anche i risotti, in particolare *il risotto al tastasal* con un impasto di carne di maiale e il risotto all'amarone con il vino rosso della Valpolicella, il midollo di bue, la cipolla e il formaggio. Tra i dolci c'è il famoso *Pandoro*, un dolce natalizio a base di farina, uova, zucchero e burro, ha una forma alta ed è ricoperto di zucchero vanigliato.

Attività 1

Completa le informazioni.

1. Piatti tipici della cucina veronese _____.
2. Impasto degli *gnocchi* _____.
3. Preparazione della *polenta* _____.
4. Impasto del *risotto al tastasal* _____.
5. Ingredienti del *risotto all'amarone* _____.
6. Ingredienti del *Pandoro* _____.

Attività 2

Scrivi una ricetta di un piatto tipico del tuo paese. Usa i verbi all'infinito per indicare le azioni per cucinare il piatto e scrivi gli ingredienti necessari.

_____.
_____.
_____.
_____.
_____.

Aspetti della lingua

Osserva con attenzione l'aggettivo **cotto/a** presente nel testo:

- farina di granoturco **cotta** in acqua salata – i fagioli ben **cotti**.

Cotto-a/cotti-e è il participio passato del verbo cuocere ed è usato come aggettivo.

Campionato d'italiano

livelli A2-B1

Attività 3

Nel testo sulla cucina di Verona sono nominati alcuni ortaggi (prodotti dell'orto). Cerca l'intruso... uno di questi termini non è un ortaggio!

1. i fagioli
2. la cipolla
3. il pomodoro
4. la farina
5. le verdure
6. il granoturco (mais)

D. Storie, aneddoti e curiosità del calcio

Leggi il testo.

"Zona Cesarini" è un espressione del linguaggio del calcio. Che cosa significa? Da dove deriva? Deriva da Renato Cesarini, giocatore argentino centrocampista della Juventus nei primi anni Trenta del secolo scorso. Questo giocatore aveva abituato gli spettatori bianconeri a vedere un suo gol negli ultimi minuti della partita. Quindi quando un giornale, la radio o la televisione scrivono o dicono che un giocatore ha fatto gol in "zona Cesarini" significa che ha segnato negli ultimi minuti della partita. Oggi, in Italia, l'espressione è usata anche nel linguaggio comune per indicare fatti avvenuti, o situazioni dove la soluzione si è trovata all'ultimo momento.

Attività 1

Il calcio del passato è molto diverso dal calcio di oggi.

Presenta a un tuo compagno i cambiamenti del calcio. Gioco più lento o più veloce, marcature a uomo o a zona, maggiore o minore cura della preparazione atletica, etc.

Campionato d'italiano

livelli A2-B1

7
Emilia Romagna

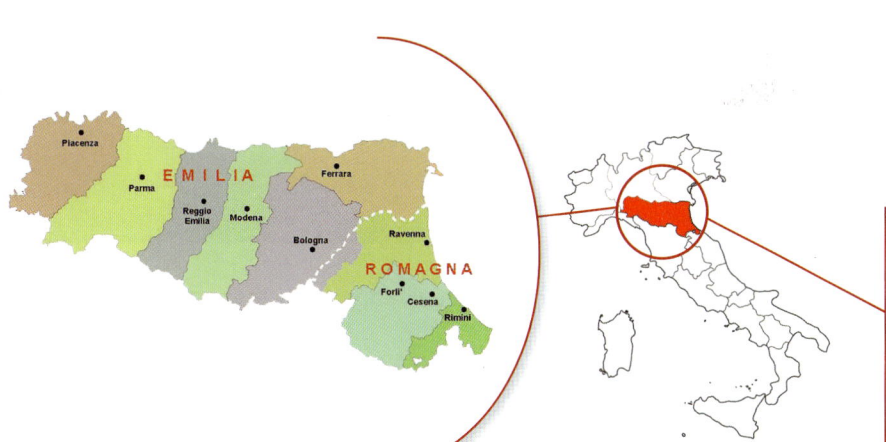

Lo **Stadio Comunale di Bologna**, conosciuto in città semplicemente come "il Comunale", ospita le partite casalinghe del Bologna. Dal 1983 l'impianto è intitolato a Renato Dall'Ara, storico presidente rossoblù. L'impianto è considerato storicamente il "Primo vero stadio d'Italia", è stato il primo stadio al mondo ad avere un sistema d'illuminazione notturna sul campo.

BOLOGNA FOOTBALL CLUB

Palmarès
Scudetti: 7
Titoli nazionali: 2 Campionati di Serie B
Trofei/Coppe: 2 Coppe Italia
1 Coppa Alta Italia
1 Coppa Intertoto
3 Coppe Mitropa
2 Coppe di Lega Italo-Inglese
1 Torneo Internazionale dell'Expo di Parigi

Cronistoria essenziale
1909 Nasce il Bologna
1925 Vince il primo scudetto
1932 Vince la Coppa dell'Europa Centrale
1964 Prima partecipazione alla Coppa dei Campioni
1967 Arriva ai quarti di finale di Coppa delle Fiere
1970 Vince la prima Coppa Italia
1970 Partecipa alla Coppa delle Coppe
1999 Vince la Coppa Intertoto

Campionato d'italiano

livelli A2-B1

A. Città

Leggi con attenzione il testo.

Bologna

Capoluogo della regione Emilia Romagna, Bologna si trova tra le montagne dell'Appennino tosco-emiliano e la Pianura Padana.
Bologna è famosa per i 40 chilometri circa di **portici**, i più lunghi del mondo. È chiamata la "Dotta", per la sua antica università (L'*Alma Mater Studiorum* è la più antica Università d'occidente) e la "Grassa" per la sua famosa cucina. Ha un centro storico **medievale** tra i più grandi e meglio conservati d'Europa, pieno di locali, osterie, teatri e negozi. Nel centro troviamo Piazza Maggiore con i suoi **palazzi** medievali, come Palazzo D'Accursio, sede del Comune, all'interno del quale c'è la moderna Biblioteca multimediale Salaborsa in **stile liberty**; nella piazza ci sono anche gli scavi archeologici romani che si possono vedere da un moderno **pavimento** in vetro. Tra i simboli di Bologna ci sono la **Fontana** del Nettuno del Giambologna, in piazza del Nettuno, vicino a piazza Maggiore, e le **torri** medievali. Le più famose torri sono la Torre degli Asinelli (98 metri) e la Torre Garisenda (48 metri). La città ha numerosi **musei**, **gallerie** ed edifici religiosi, in particolare la **Basilica** di Santo Stefano, la Chiesa di San Domenico dove si trova l'**Arca** marmorea con le spoglie del Santo, opera di Nicolò dall'Arca con sculture di Michelangelo, e infine la Chiesa di Santa Maria della Vita, dove c'è un altro **capolavoro** di Nicolò dall'Arca (il gruppo plastico della Pietà).
Un altro bell'edificio è Palazzo Poggi, sede dell'Università e di alcuni Musei Universitari; da visitare e ammirare anche la **meridiana** seicentesca e le splendide **cappelle** della Basilica di San Petronio, il portico e l'**organo** della Chiesa di Santa Maria dei Servi.

* Per le parole in neretto consulta e/o scarica in pdf il glossario storico-architettonico su www.ornimieditions.com/it - Risorse gratuite

Attività 1

Rispondi alle domande.

1. Perché Bologna è chiamata la "Dotta" e la "Grassa?"
2. Di quale periodo storico è il centro di Bologna?
3. Che cosa si trova in Piazza Maggiore?
4. Quali sono le torri più famose di Bologna?
5. Dove si trovano le sculture di Michelangelo?
6. Dove possiamo ammirare una meridiana seicentesca?

Attività 2

Trova nel testo e scrivi tutti i nomi di costruzioni architettoniche (civili e religiose).
Esempio: *palazzo.*

B. La squadra

7 — Emilia Romagna

Attività 3

Fai una ricerca su Internet sulla meridiana seicentesca della Basilica di San Petronio e descrivi oralmente a un compagno come è fatta, la sua lunghezza, le sue funzioni principali. Usa anche l'immagine sotto per la descrizione.

B. La squadra

Leggi con attenzione il testo.

Bologna Football Club

Il *Bologna Football Club* nasce nel 1909. La squadra ha vinto finora sette scudetti (campione d'Italia nei campionati 1924/1925, 1928/1929, 1935/1936, 1936/1937, 1938/1939, 1940/1941, 1963/1964). Ha vinto due Coppe Italia nel 1969/1970 e nel 1973/1974. Ha vinto nelle competizioni internazionali tre Coppe Mitropa (1932, 1934, 1961), un Torneo Internazionale dell'Expo Universale di Parigi nel 1937, una Coppa di Lega Italo-Inglese nel 1970 e una Coppa Intertoto UEFA nel 1998.

Il suo ultimo scudetto arriva nel campionato 1963/1964 dopo una lunga e appassionante competizione con l'Inter. Il Bologna arriva alla fine del campionato a pari punti con l'Inter, pertanto diventa necessario giocare una partita per lo spareggio che il Bologna vince per 2-0. Fra i campioni d'Italia di allora ricordiamo Haller, Fogli, Bulgarelli, Perani e Nielsen. Allenatore del Bologna campione d'Italia era Fulvio Bernardini. In questo modo nel campionato successivo (1964/1965) la squadra gioca per la prima volta nella Coppa dei Campioni. Il periodo peggiore del Bologna è agli inizi degli anni Ottanta quando finisce per due volte in serie C1. Nel 1993 la società retrocede nuovamente in serie C1 e fallisce. Il Bologna è rifondato con il nome di *"Bologna Football Club 1909"* e deve ripartire dai campionati minori. Successivamente torna in serie A e gioca nelle competizioni internazionali. Tra i suoi giocatori ci sono stati anche Roberto Baggio e Giuseppe Signori.

Campionato d'italiano

livelli A2-B1

Attività 1

✏️ **Rileggi il testo e completa con le informazioni.**

1. Numero scudetti _____.
2. Numero coppe internazionali _____.
3. Ultimo scudetto nel _____.
4. Punteggio finale dello spareggio con l'Inter _____.
5. Giocatori del Bologna campione d'Italia 1963/1964 _____.
6. Il periodo peggiore del Bologna è agli _____.

Attività 2

✏️ **Trova su Internet informazioni su Haller, Fogli, Bulgarelli, Perani e Nielsen. Scrivi una breve scheda su questi giocatori, sulla loro nazionalità, sul loro ruolo (difensori, centrocampisti, attaccanti) e altre informazioni sulla loro vita sportiva. Usa l'imperfetto descrittivo.**

Haller era _____
_____
_____
_____

 Leggi con attenzione il testo.

BOLOGNA

Colore della maglia: rosso e blu.

Stemma: lo stemma attuale del Bologna riporta in alto l'acronimo BFC (Bologna Football Club) e l'anno di fondazione (1909). Sulla sinistra sono riportate le strisce con i colori sociali rossoblù, sulla destra è riportata una croce rossa bordata di blu su sfondo bianco come la bandiera della città.

Nome dei giocatori: i rossoblù, i felsinei dal nome antico di origine etrusca di Bologna (Felsina).

Curiosità: la prima maglia del Bologna, nel 1909, era a quadrati rossi e blu. L'anno successivo le maglie da gioco hanno cambiato la disposizione dei colori: strisce verticali rosse e blu. Questi colori sono rimasti sempre, tranne che nel 1925 quando la squadra vince il suo primo scudetto e indossa una maglia verde.

B. La squadra

7 Emilia Romagna

Attività 3

Sulla base del testo prova a disegnare su un foglio lo stemma del Bologna. Poi cerca lo stemma su Internet e confrontalo.

Attività 4

Ascolta con attenzione più volte l'inno del Bologna senza guardare il testo e completa le frasi della canzone.

Vai al seguente link: (https://www.youtube.com/watch?v=ckUtd9XT6AQ)

⚠ Le attività di ascolto e il link sono disponibili su www.ornimieditions.com/it - Risorse gratuite

1. mentre sfilano ragazze _____.
2. chi ti dice che non _____.
3. tu sei grande _____.
4. alè _____.
5. le mie _____.
6. guarda il cielo come _____.
7. e sarà come _____.
8. 1 fisso nel _____.

Leggi ora con attenzione il testo dell'inno del Bologna.

Inno del Bologna

"Le tue ali Bologna" composto da Lucio Dalla, Gianni Morandi, Andrea Mingardi, Luca Carboni. Andrea Mingardi è autore del testo e voce del brano, mentre gli altri tre artisti sono solamente voci del brano.

Di professione scettici
seduti sui gradoni
mentre sfilano ragazze ed illusioni
che se poi esiste la felicità
chi ti dice che non passi anche di qua

Tu sei grande Bologna
tu sei forte Bologna
così bella Bologna
bella davvero
alé vola Bologna
le tue ali Bologna
le mie gambe Bologna
sto correndo con te
1 fisso nel mio cuor...

Campionato d'italiano
livelli A2-B1

*Guarda il cielo come
è blu col rosso fuoco dell'amore
dai vestiti così, sei bella più di un fiore
staremo in curva abbracciati ad un'idea
e sarà come sentire la marea*

*Tu sei grande Bologna
tu sei forte Bologna
così bella Bologna
bella davvero
alé vola Bologna
le tue ali Bologna
le mie gambe Bologna
sto correndo con te
1 fisso nel mio cuor...*

Attività 5

 Discuti con un compagno dei contenuti e significati della canzone.

Aspetti della lingua

Osserva nel testo della canzone l'uso del **futuro indicativo**:

staremo - sarà

Il futuro semplice è il tempo che esprime un'azione futura: **Staremo** in curva...

Per esprimere azioni che stanno per realizzarsi in italiano si può usare anche il presente indicativo:

- Fra cinque minuti **comincia** la partita.

Il futuro si può usare anche per presentare in forma incerta, dubitativa, ipotetica un evento:

- Che ore sono? Non lo so di preciso, **saranno** le nove.

FUTURO SEMPLICE

TORN-ARE	VINC-ERE	CAP-IRE
io torn-**erò**	io vinc-**erò**	io cap-**irò**
tu torn-**erai**	tu vinc-**erai**	tu cap-**irai**
lui/lei/Lei torn-**erà**	lui/lei/Lei vinc-**erà**	lui/lei/Lei cap-**irà**
noi torn-**eremo**	noi vinc-**eremo**	noi cap-**iremo**
voi torn-**erete**	voi vinc-**erete**	voi cap-**irete**
loro torn-**eranno**	loro vinc-**eranno**	loro cap-**iranno**

B. La squadra

7 Emilia Romagna

Aspetti della lingua

Fai attenzione: alcuni verbi hanno forme irregolari al futuro.

Diversi verbi eliminano la "e" della desinenza regolare del futuro:
sapere = **saprò**; vedere = **vedrò**; dovere = **dovrò**; potere = **potrò**; avere = **avrò**; andare = **andrò**.

Altri verbi cambiano le consonanti:
- volere = **vorrò**; tenere = **terrò**; venire = **verrò**.

Il **verbo essere** ha le seguenti forme del futuro:
- *sarò – sarai – sarà – saremo – sarete – saranno*

Le forme irregolari del futuro semplice dei verbi **stare**, **fare** e **dare** sono:
- *starò – starai – starà – staremo – starete – staranno*
- *farò – farai – farà – faremo – farete – faranno*
- *darò – darai – darà – daremo – darete – daranno*

Le **espressioni di tempo** che indicano tempo futuro sono:
domani, dopodomani, domani mattina, domani pomeriggio, domani sera, fra tre giorni, fra due mesi, fra cinque anni.

Attività 6

Trasforma tutti i verbi del testo dal presente al futuro.

Oggi vado a trovare un mio amico a Ferrara. Ci vado in treno e in due ore sono a Ferrara. Il mio amico mi viene a prendere alla stazione e poi andiamo insieme allo stadio *Paolo Mazza* a vedere la partita Spal–Napoli. Dopo la partita andiamo a mangiare una pizza insieme ad altri amici. La sera alle 21 prendo il treno per ritornare a casa. La mattina dopo mi devo alzare presto per andare all'università. Ho un esame di lingua inglese.

Fra due settimane andrò _____

Aspetti della lingua

Osserva nel testo dell'inno del Bologna l'uso dell'espressione *"sto correndo"*.

- **Stare + gerundio presente** esprime un'azione che in quel momento si sta svolgendo.
- **Gerundio presente:** *-ando/-endo*.

  *and-are/ and-**ando** – corr-ere/corr-**endo** – sent-ire/sent-**endo***

Campionato d'italiano
livelli A2-B1

Aspetti della lingua

Osserva nel testo l'uso la congiunzione temporale **"mentre"**:

- *mentre sfilano ragazze ed illusioni.*

- **Mentre** indica un'azione che si svolge contemporaneamente ad altre azioni.

- **Mentre** può essere anche una congiunzione avversativa come **"ma"**, **"invece"**:

- *Continua a giocare, mentre dovrebbe riposarsi.*

Attività 7

Trasforma le frasi usando stare + gerundio.

Esempio: *Marta dormiva sul divano. / Marta stava dormendo sul divano.*

1. Luca camminava per strada. / _____.
2. I miei amici parlano con il professore sugli esami. / _____.
3. Roberto Baggio giocava per l'ultima volta nel Bologna. / _____.
4. Ronaldo firma autografi ai tifosi. / _____.
5. Lukaku esulta per il gol realizzato. / _____.
6. I tifosi del Bologna cantano l'inno della squadra. / _____.
7. I tifosi del Milan fischiavano contro l'arbitro. / _____.

Attività 8

Completa le frasi con la congiunzione *mentre*. Fai attenzione al significato della congiunzione: può essere *temporale* o *avversativa*.

Esempio:
- *A Marta non piace il calcio, mentre (avversativa) a me piace molto.*
- *I giocatori entravano in campo mentre (temporale) i tifosi cantavano l'inno della squadra.*

1. Stavo mangiando un panino mentre (temporale) _____.
2. Mio fratello fa i compiti di scuola mentre (temporale) _____.
3. Sei allo stadio e hai la febbre, mentre (avversativa) _____.
4. I miei amici sono allo stadio, mentre io (avversativa) _____.
5. I giocatori del Bologna stavano attaccando mentre i tifosi (temporale) _____.
6. Tu canti molto bene, mentre io (avversativa) _____.

C. La cucina

7
Emilia Romagna

C. La cucina

Leggi con attenzione il testo.

A Bologna si mangia bene

Città famosa per la sua cucina. Cominciamo dagli antipasti, dalla *mortadella Bologna*, di puro maiale, è un insaccato cotto, dalla forma ovale, di colore rosa e dal profumo forte, leggermente speziato. È possibile mangiare la mortadella con il pistacchio. Poi i gustosi primi piatti: *i tortellini*, diversi dai *ravioli*, sono un tipo di pasta all'uovo ripiena. Con la forma di un piccolo ombelico, i migliori tortellini sono fatti a mano e si mangiano con brodo di carne. *Gli gnocchi fritti* sono una pasta per pizza fritta; si possono mangiare con diversi tipi di carne secca e salumi. *Gli gnocchi fritti* si possono mangiare con il *pesto alla bolognese*, una salsa a base di lardo, rosmarino e spezie. *Le tagliatelle alla bolognese* sono una pasta con farina bianca e uovo ed è mescolata con il ragù, una salsa speciale. Il ragù è fatto con carne di manzo, carne di pancetta, cipolla, carote, salsa di pomodoro, brodo di manzo e, naturalmente, vino rosso. *Le lasagne*, anche se si mangiano ovunque in Italia, è a Bologna che sono nate, intorno al 1200. La leggenda vuole che la forma di questa pasta ricordi una delle torri di Bologna, alta e a forma di cubo. Gli ingredienti sono simili alle *tagliatelle al ragù*. Le fette di pasta all'uovo sono messe una sopra l'altra e sono ricoperte da ragù alla bolognese e besciamella. Tra i secondi piatti consigliamo *la cotoletta alla petroniana*, cioè una fetta di carne di vitello fritta nel burro con pangrattato, poi si aggiunge una fetta di prosciutto crudo e il parmigiano. Un altro secondo piatto è *la galantina di pollo:* carne di pollo, ripiena all'interno con salumi tipici bolognesi (preferibilmente la mortadella) uniti a olive ed altre verdure a piacimento. Un dolce tipico è *la torta di riso*, conosciuta anche come "torta degli addobbi" perché si mangiava durante la festa cristiana del Corpus Domini durante la quale si usava appendere decorazioni alle finestre delle abitazioni. La torta ha un gusto dolcissimo per la crema di riso unita alle mandorle e agli amaretti.

Attività 1

Rileggi il testo e completa le informazioni.

1. Forma, colore e odore della *mortadella* _____.
2. Forma dei *tortellini* _____.
3. Composizione delle *tagliatelle alla bolognese* _____.
4. Ingredienti del *ragù alla bolognese* _____.
5. Le *lasagne* sono nate a _____ nel _____.
6. Composizione della *galantina di pollo* _____.
7. La torta di riso si chiama anche *"torta degli addobbi"* perché _____.

Campionato d'italiano

livelli A2-B1

Attività 2

Scrivi una ricetta di un dolce tipico del tuo paese. Usa i verbi all'infinito per indicare le azioni per preparare il dolce e scrivi gli ingredienti necessari.

Aspetti della lingua

Osserva l'uso **dell'imperfetto abituale** nel testo:

*"si **mangiava** durante la festa cristiana del Corpus Domini durante la quale si usava appendere decorazioni alle finestre delle abitazioni".*

- L'imperfetto abituale esprime il **carattere abituale**, **ripetuto** di un'azione passata.

Altri usi dell'imperfetto indicativo:

- l'**imperfetto descrittivo** (vedi unità 6), si usa nelle descrizioni al passato, molto frequente nei testi letterari; si usano **due imperfetti** quando abbiamo due azioni passate che avvengono contemporaneamente: *Mentre **guardavo** la partita alla TV, **mangiavo** la pizza.*

- L'imperfetto esprime un'**azione non finita nel passato**, un'**azione duratura**.

- Il **momento d'inizio** e la **conclusione** dell'azione passata **non sono espressi**, sono indeterminati: *Alle 16:45 le due squadre **giocavano** ancora con grande intensità.* **Non sappiamo quando è iniziata l'azione** di giocare né quando finisce l'azione, sappiamo solo che alle 16:45 l'azione di giocare si sta svolgendo.

C. La cucina

7 Emilia Romagna

Aspetti della lingua

Osserva le forme dell'imperfetto di alcuni verbi irregolari:

- **Essere**: ero – eri – era – eravamo – eravate – erano.
- **Dire**: dicevo – dicevi – diceva – dicevamo – dicevate – dicevano.
- **Fare**: facevo – facevi – faceva – facevamo – facevate – facevano.
- **Bere**: bevevo – bevevi – beveva – bevevamo – bevevate – bevevano.

Attività 3

Coniuga i verbi all'infinito al tempo passato giusto (passato prossimo o imperfetto).

L'anno scorso tutte le domeniche (andare) (1) _____ allo stadio con mio padre. Mio padre mi (portare) (2) _____ in tribuna a vedere le partite. Noi (avere) (3) _____ l'abbonamento. La tribuna ha delle poltrone molto comode e si vede molto bene la partita. Una volta (vedere) (4) _____ la Juventus. (Esserci) (5) _____ Bologna-Juventus e (esserci) (6) _____ molta gente. Quando un giocatore del Bologna (fare) (7) _____ gol, tutto lo stadio (alzarsi) (8) _____ in piedi e i tifosi del Bologna (cominciare) (9) _____ a festeggiare.

Attività 4

Abbina e completa le frasi con i verbi all'imperfetto, come mostra l'esempio.

1. Ho telefonato a Franco,
2. Sono andato allo stadio senza mio padre
3. Scrivevo un testo per il professore,
4. Durante la partita i tifosi del Bologna cantavano in coro,
5. Luca e Gianni non sono andati allo stadio
6. Durante l'intervallo della partita ho mangiato un panino
7. Tutto il pubblico dello stadio fischiava,
8. **Non ho gridato molto allo stadio**

a. mentre un giocatore della squadra avversaria (calciare) _____ un rigore.
b. perché loro (dovere) _____ studiare.
c. mentre lui (guardare) _____ una partita alla televisione.
d. **perché io (essere)** *ero* **molto stanco**
e. perché lui (stare) _____ male
f. mentre io (ascoltare) _____ alla radio la partita del Bologna.
g. mentre i tifosi della squadra avversaria (suonare) _____ il tamburo.
h. perché io (avere) _____ fame.

Campionato d'italiano

livelli A2-B1

D. Storie, aneddoti e curiosità del calcio

Leggi il testo.

Se il Genoa è la squadra italiana di calcio più antica (1893), nel mondo la squadra più antica è lo *Sheffield FC*. La squadra inglese è stata fondata il 24 ottobre 1857 e attualmente la squadra gioca nell'ottava categoria inglese.

La prima partita ufficiale nella storia del calcio si è giocata nel *Boxing Day* (26 dicembre) del 1860 proprio tra *Sheffield FC* e *Hallam FC*, il secondo club più antico della storia.

Lo Sheffield Football Club, insieme al Real Madrid, sono le uniche squadre ad aver vinto il *FIFA Order of Merit*. Lo Sheffield ha ricevuto il premio nel 2004 da Alfredo Di Stéfano e Emilio Butragueño in una cerimonia a Parigi.

Attività 1

Presenta alla classe la Nazionale di calcio del tuo paese. Quali sono i migliori giocatori, qual è l'allenatore, quali tornei internazionali ha vinto.

Campionato d'italiano

livelli A2-B1

8
Emilia Romagna

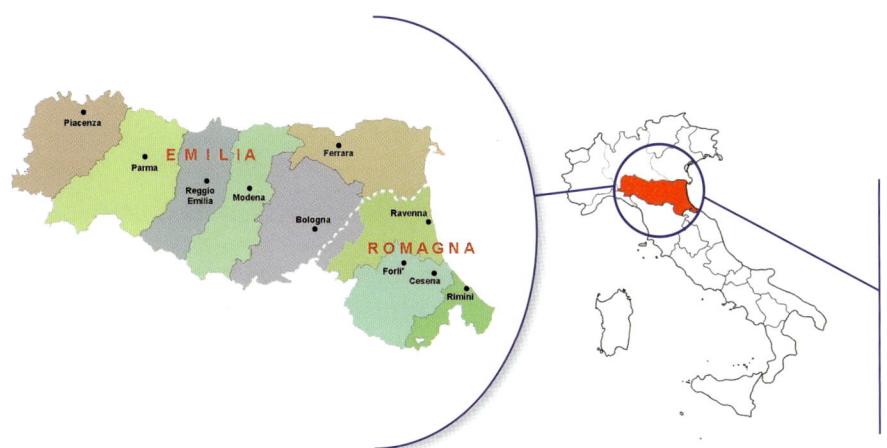

Lo **stadio Ennio Tardini** è il più grande impianto sportivo di Parma. Dal 1923 ospita le partite casalinghe del Parma. Inizialmente chiamato "Stadio Comunale" ma poi intitolato al costruttore ed ex presidente del club Ennio Tardini. È il terzo stadio più **antico d'Italia** dopo il Ferraris di Genova e l'Arena Garibaldi di Pisa. Attualmente ha una capienza di **22.885** spettatori.

PARMA

Palmarès
Titoli nazionali: 1 Campionato di Serie B

Trofei: 3 Coppe Italia
1 Supercoppa italiana
1 Coppa delle Coppe
2 Coppe UEFA
1 Supercoppa UEFA

Cronistoria essenziale
1913 Nasce il Parma Foot Ball Club
1929 Prima promozione in Serie B
1990 Arriva la prima promozione in Serie A
1992 Vince la Coppa Italia
1993 Conquista la Coppa delle Coppe
1994 Vince la Supercoppa UEFA
1995 Vince la Coppa UEFA
1997 Secondo posto in Serie A

Campionato d'italiano

livelli A2-B1

A. Città

Leggi con attenzione il testo.

Parma

Parma è uno dei capoluoghi di provincia della Regione Emilia Romagna. La città è apprezzata per la sua arte, la sua **architettura**, la sua musica con Giuseppe Verdi e Arturo Toscanini e per la sua gastronomia. Il suo centro storico è molto compatto e si concentra in particolare attorno al **Battistero** del XII secolo. La piazza del **Duomo** con la **Cattedrale**, il Battistero, il **Palazzo** Vescovile è lo spazio urbano che più rappresenta la città **romanica**. Il Battistero di San Giovanni è il punto di incontro tra l'architettura romanica e l'**architettura gotica**. L'esterno dell'edificio mostra il prezioso **marmo** rosa di Verona. La Cattedrale di Parma è uno splendido esempio di architettura romanica e di architettura **rinascimentale**. L'esterno e la base dell'edificio è in stile romanico, la parte superiore interna è invece in stile rinascimentale (**navata** centrale, **transetto** e **cupola**). Un vero **capolavoro** sono gli **affreschi** della cupola del Correggio: tra il 1524 e il 1530 il pittore ha affrescato l'interno della cupola con "l'Assunzione della Vergine", il grande affresco ha una superficie di circa 650 m^2. Nella Chiesa di San Giovanni, vicino alla cattedrale, c'è un'altra cupola affrescata del Correggio, la "Visione di San Giovanni nell'isola di Patmos". Nelle **cappelle** ci sono alcuni splendidi affreschi del Parmigianino. Vicino alla Chiesa possiamo ammirare la Spezieria di San Giovanni, un esempio unico di farmacia seicentesca, una delle più antiche d'Europa. Nel Convento di San Paolo c'è un altro affresco del Correggio. Un palazzo storico è il Palazzo della Pilotta dove nel cortile si giocava la "pelota" basca di moda in Italia durante la dominazione spagnola. La famiglia Farnese ha voluto fare costruire il palazzo alla fine del '500, ma è rimasto incompiuto. Dentro ci sono il **Museo** d'antichità, la **Galleria** Nazionale, la Biblioteca Palatina, l'Istituto d'Arte, il Museo Bodoniano e l'Accademia di Belle Arti. Molto spettacolare è il Teatro Farnese di 4000 posti del 1628. Altri monumenti pregevoli sono la Chiesa **barocca** dell'Annunziata, la Chiesa Santa Maria del Quartiere, l'Ospedale Vecchio, oggi Archivio di Stato. Un luogo dove passeggiare è il grande Parco Ducale. Non possiamo lasciare Parma prima di avere ascoltato un'opera di Giuseppe Verdi nel bellissimo Teatro Regio. Il teatro ha 1092 posti e lo hanno costruito tra il 1821 e il 1829. La duchessa Maria Luisa d'Austria del Ducato di Parma, di Piacenza e Guastalla, moglie di Napoleone I, ha voluto questo teatro.

* Per le parole in neretto consulta e/o scarica in pdf il glossario storico-architettonico su www.ornimieditions.com/it - Risorse gratuite

Attività 1

Rileggi il testo e descrivi oralmente a un compagno le caratteristiche storico-architettoniche del Battistero di San Giovanni e della Cattedrale di Parma.

A. Città

8
Emilia Romagna

Attività 2

Con l'aiuto del dizionario trova i sinonimi ai seguenti aggettivi presenti nel testo.

1. compatto:
2. urbano:
3. prezioso:
4. unico:
5. incompiuto:
6. pregevoli:

Attività 3

Trova e sottolinea nel testo tutti i nomi di pittori e descrivi oralmente a un compagno un loro dipinto o affresco che puoi trovare su Internet.

Attività 4

Scrivi e presenta in classe una breve biografia di Giuseppe Verdi e di Arturo Toscanini: dove e quando sono nati e sono morti, le loro opere più famose, in quali teatri hanno presentato le loro principali opere, ecc. Usa il passato prossimo e l'imperfetto.

Aspetti della lingua

Osserva con attenzione l'uso degli **indefiniti** nel testo:

- *alcuni* splendidi affreschi
- un'*altra* cupola affrescata
- *altri* monumenti

Alcune e **altra/altri** possono essere aggettivi e pronomi.

Gli **indefiniti** indicano qualcuno o qualcosa in modo non specifico e non determinato.

Possiamo suddividere gli **aggettivi** e **pronomi** indefiniti in **quattro gruppi**:

1. Gli indefiniti che si riferiscono a una singola persona o cosa non precisata:
   qualche, qualcuno, qualcosa, uno/una, alcuno, altro/altra.

2. Gli indefiniti che indicano l'insieme, il totale, sempre in modo non determinato come quantità:
   tutto/tutta, ogni, ognuno/ognuna, ciascuno/ciascuna, chiunque, qualsiasi, qualunque.

3. Gli indefiniti negativi che negano, escludono qualcosa o qualcuno:
   nessuno/nessuna, niente, nulla.

4. Gli indefiniti quantitativi che esprimono una quantità non precisa:
   poco/poca, parecchio/parecchia, molto/molta, troppo/troppa, tanto/tanta.

   - **Qualche** è solo aggettivo e solo singolare.
   - Il pronome **qualcuno** si usa solo al maschile.

Campionato d'italiano
livelli A2-B1

Aspetti della lingua

- **Qualcosa** può reggere un aggettivo preceduto dalla preposizione "di" e l'aggettivo è sempre al maschile: **qualcosa** di pregevole.
- **Alcuno** nella lingua scritta ha valore negativo come **nessuno**: non ho **alcuna** intenzione.
- **Tutto** come aggettivo richiede generalmente l'articolo davanti al nome: **tutti** i giorni.
- **Qualunque** e **qualsiasi** hanno lo stesso significato e sono invariabili.
- Il pronome **chiunque** si riferisce sempre a una persona.
- Gli indefiniti **chiunque**, **ciascuno**, **ogni**, **ognuno** si usano solo al singolare.
- **Nessuno** richiede l'avverbio negativo "non" quando non si trova all'inizio di frase:
  Non c'è **nessuno** (ma se si trova all'inizio, non si usa "non": Nessuno viene stasera.)
- **Niente** e **nulla** hanno lo stesso significato.
- Gli **indefiniti quantitativi** si possono usare anche come avverbi: Non mangiare **troppo**.

AGGETTIVI E PRONOMI INDEFINITI

Maschile/Femminile – Singolare	Maschile/Femminile - Plurale
qualche	-
qualcuno/qualcuna	-
qualcosa	-
uno/una	-
alcuno/alcuna	alcuni/alcune
altro/altra	altri/altre
qualunque	-
qualsiasi	-
chiunque	-
ciascuno/ciascuna	-
ogni (aggettivo)	-
ognuno/ognuna	-
tutto/tutta	tutti/tutte
nessuno/nessuna	-
nulla (pronome)	-
niente (pronome)	-
poco/poca	pochi/poche
molto/molta	molti/molte
troppo/troppa	troppi/troppe
tanto/tanta	tanti/tante

B. La squadra

8
Emilia Romagna

Attività 5

Completa il testo con gli aggettivi e pronomi indefiniti giusti.

chiunque - molta - ogni - nessuno - alcun - qualsiasi - Tutto - molti - Ogni - qualche - Nulla - qualcosa

Quando sono entrato nella casa non c'era (1)_____. (2)_____ era in ordine. (3)_____ oggetto era nella posizione giusta e decorava (4)_____ stanza. Nel salotto ho notato (5)_____ oggetti artistici, di grande valore. Ho fatto (6)_____ attenzione a non colpire (7)_____ oggetto. (8)_____ doveva rompersi. (9)_____ volta mi è capitato di rompere (10)_____ a casa mia, ma questa volta sono stato attento. Entrare nella casa è stato molto facile, (11)_____ poteva entrarci e rubare (12)_____ cosa.

B. La squadra

Leggi con attenzione il testo.

Parma Associazione Calcio

Il *Parma calcio* nasce nel 1913. Dopo la Seconda guerra mondiale la squadra gioca nei campionati minori di serie C e serie B; nel 1965/1966 retrocede per la prima volta in quarta serie (serie D). Nel 1969 arriva il primo fallimento della società. L'*Associazione Calcio Parmense*, un altro club della città di Parma, prende il suo posto e dal 1970 può fare rivivere nel nome e nella maglia la vecchia società. La nuova società riporta la squadra in serie C e dopo un continuo salire e scendere dalla serie B alla serie C, nel 1990 il Parma (allenatore Nevio Scala) raggiunge per la prima volta la serie A.

Il gruppo industriale *Parmalat* compra la società e dà inizio a un ciclo molto positivo di campionati. Nel 1991/1992 la squadra gioca per la prima volta in campo europeo in Coppa UEFA. Nel 1992 il Parma vince la sua prima Coppa Italia. Nel 1993 vince in campo internazionale la Coppa delle Coppe e nel 1994 la Supercoppa europea UEFA. Sempre nel 1994 gioca nuovamente una finale nella Coppa delle Coppe contro l'Arsenal. Nella stagione 1994/1995 il Parma arriva secondo in campionato dopo la Juventus, ma trionfa contro la squadra di Torino nella finale di Coppa UEFA. Negli anni Novanta nella squadra di Scala (fino al 1995) e poi di Ancelotti (fino al 1998) giocano grandi campioni:

Campionato d'italiano

livelli A2-B1

Gianfranco Zola, Gianluigi Buffon, Faustino Asprilla, Hernan Crespo, Fabio Cannavaro, Hristo Stoičkov e Lilian Thuram. Nel 1999 il Parma vince nuovamente la Coppa Italia e la Coppa UEFA. Sempre nel 1999 la squadra conquista anche la Supercoppa nazionale. Nel 2002 vince la sua terza Coppa Italia. Dopo il 2004 finisce il ciclo positivo del Parma a causa di una grave crisi finanziaria del gruppo *Parmalat*. Dopo 18 anni consecutivi in serie A la squadra retrocede in serie B nel 2008. Nel 2015 la società fallisce nuovamente. Avviene allora la rifondazione della nuova società, *Società Sportiva Dilettantistica Parma Calcio 1913*, e in poco tempo nel 2018 dalla serie D la nuova squadra arriva al campionato di serie A, dove rimane fino alla stagione 2020/2021 quando retrocede di nuovo in serie B.

Attività 1

Completa le informazioni.

1. Il Parma raggiunge per la prima volta la serie A nel _____.
2. Il gruppo industriale _____ compra la società del Parma.
3. Il Parma vince _____ Coppe Internazionali.
4. Il Parma vince _____ Coppe Italia e _____ Supercoppa nazionale.
5. Dopo _____ anni consecutivi in serie A la squadra retrocede in _____.
6. La società del Parma fallisce nuovamente nel _____.
7. La nuova società del Parma dalla serie D torna in serie A nel _____.

Attività 2

Riscrivi e presenta il testo in classe con i verbi al passato.

Attività 3

Cerca le informazioni su Internet per scrivere 6 schede sulla carriera sportiva dei seguenti giocatori.

1. Zola (attaccante)
2. Buffon (portiere)
3. Crespo (attaccante)
4. Fabio Cannavaro (difensore)
5. Lilian Thuram (difensore)
6. Faustino Asprilla (attaccante)

B. La squadra

8 Emilia Romagna

 Leggi con attenzione il testo.

PARMA

Colore della maglia: bianca con una croce nera al cui interno ci sono delle sottili linee giallo blu.

Stemma: uno scudo diviso in verticale esattamente a metà, sulla sinistra c'è la croce nera su fondo bianco, sulla destra ci sono invece delle strisce verticali gialloblù. In alto sullo scudo c'è la scritta con il nome della società "Parma Calcio".

Nome dei tifosi e dei giocatori: crociati per la croce nera sulla maglia.

Curiosità: I colori della maglia del Parma sono cambiati numerose volte. All'inizio erano gialloblù come i colori dello stemma del Comune di Parma, anche l'attuale seconda maglia ha questi colori, ora invece è bianca con una grande croce nera sul petto.

Attività 4

Crea una nuova maglia. Immagina e scrivi come deve essere la nuova maglia, quali colori deve avere, quali disegni deve riprodurre.

....
....
....
....

 Leggi con attenzione il testo.

Hernan Crespo

Hanno premiato Hernan Crespo, ex-giocatore del Parma, come giocatore del secolo per la storia del Parma Calcio. Il giocatore ha pianto una volta. Poi un'altra ancora. Fino al momento più intenso della serata, quando ha alzato al cielo il trofeo per il giocatore del secolo. Hernan Crespo non dimenticherà mai la notte del teatro Regio. Il premio è importante come "quel Pallone d'Oro che non ho mai vinto - spiega a Parma Channel - ha un valore inestimabile. Non si può spiegare. Sono molto orgoglioso. Qui a Parma, in 100 anni, sono passati i più forti del mondo. Stasera lo porto a casa io, con i voti della gente. Cosa potrei chiedere di più? Pesa tanto anche da un punto di vista morale. Parma è casa mia, lo è da quando sono arrivato qui a 21 anni un giorno prima di Ferragosto e tutti hanno provato a spiegarmi che cosa significava Ferragosto per gli italiani. Ora sono marito e genitore, ho scelto di vivere qui perché è la mia città e gran parte della mia vita. Il nostro è un rapporto d'amore, non saprei come altro definirlo".

(Riduzione e adattamento da https://www.youtube.com/watch?v=MyHic_2eTGc)

Campionato d'italiano

livelli A2-B1

Attività 5

✎ **Rispondi alle domande.**

1. Perché hanno premiato Hernan Crespo? _____.
2. Qual è stata la sua reazione quando lo hanno premiato? _____.
3. Quale importanza ha il premio per lui? _____.
4. Parma che cosa rappresenta per Crespo? _____.
5. Dove vive ora? _____.

Attività 6

 **Spiega oralmente a un tuo compagno in quale città italiana ti piacerebbe vivere e perché.**

Aspetti della lingua

Ⓖ **Osserva** con attenzione l'uso del **condizionale presente** nel testo:

- Cosa **potrei** chiedere di più?
- Non **saprei** come altro definirlo.

Il **condizionale presente** nel testo è usato per esprimere un **dubbio** o una **possibilità**.

Condizionale presente di **potere** (verbo irregolare):

- io **potrei** - tu **potresti** - lui/lei/Lei **potrebbe** – noi **potremmo** – voi **potreste** – loro **potrebbero**.

Condizionale presente di **sapere** (verbo irregolare):

- io **saprei** - tu **sapresti** – lui/lei/Lei **saprebbe** – noi **sapremmo** - voi **sapreste** - loro **saprebbero**.

Il condizionale presente può essere usato anche come **forma di cortesia** per attenuare una richiesta:

- **Vorrei** un caffè.

Per esprimere **un desiderio** si può usare il **condizionale presente**:

- **Vorrei** una bicicletta nuova!
- Mi **piacerebbe** tanto andare in Argentina!

CONDIZIONALE PRESENTE

Volere	verbi in - are	verbi in - ere	verbi in – ire
io vorrei	io parlerei	io leggerei	io partirei
tu vorresti	tu parleresti	tu leggeresti	tu partiresti
lui/lei/Lei vorrebbe	lui/lei/Lei parlerebbe	lui/lei/Lei leggerebbe	lui/lei/Lei partirebbe
noi vorremmo	noi parleremmo	noi leggeremmo	noi partiremmo
voi vorreste	voi parlereste	voi leggereste	voi partireste
loro vorrebbero	loro parlerebbero	loro leggerebbero	loro partirebbero

B. La squadra

8
Emilia Romagna

Attività 7

Usa il condizionale presente per esprimere due tuoi grandi desideri con il verbo volere e piacere.

1. Vorrei _____.
2. Mi piacerebbe _____.

Attività 8

Completa le frasi con il condizionale presente.

1. Non so se (potere) _____ uscire con te stasera. Forse ho un altro impegno.
2. Non (sapere) _____ come tornare a casa. Non mi ricordo la strada.
3. Domani (volere) _____ andare allo stadio, ma ancora non ho il biglietto.
4. Mario (potere) _____ venire allo stadio con me, ma prima deve fare i compiti.
5. Tu (volere) _____ accompagnarmi allo stadio a vedere Parma-Fiorentina?
6. Scusi, (volere) _____ un cappuccino e un panino.
7. Forse io (potere) _____ arrivare allo stadio dieci minuti prima dell'inizio della partita.

Attività 9

Ascolta più volte l'inno del Parma senza guardare il testo e completa la canzone.

*Vai al seguente link: (https://www.youtube.com/watch?v=uYWZuApQPFw)

⚠ Le attività di ascolto e il link sono disponibili su www.ornimieditions.com/it - Risorse gratuite

Inno del Parma

1. Son Crociati e tutti _____
2. Son del Parma i _____ Calciatori
3. Vinceranno: sono _____
   Fanno gol, sempre gol!
4. Mai _____ li potrà fermare
5. Sono forti e _____ lottare
   Fanno gol, sempre gol
6. Del campionato son la _____ !
   Forza Parma, forza Parma!

Campionato d'italiano
livelli A2-B1

7. Questo è il _____ di battaglia!
   Forza Parma, forza Parma!
   Con i gol sempre gol!
8. Siam tifosi e con _____ e bandiere accompagniamo la squadra del cuore.
9. Con il grido: oh Parma _____ forte.

Attività 10

🎧 **Ascolta di nuovo il testo e sottolinea tutti i verbi al futuro.**

*Vai al seguente link: (https://www.youtube.com/watch?v=uYWZuApQPFw)

⚠ Le attività di ascolto e il link sono disponibili su www.ornimieditions.com/it - Risorse gratuite

Inno del Parma

Son Crociati e tutti campioni
Son del Parma i prodi
Calciatori
Vinceranno: sono leoni
Fanno gol, sempre gol!
Mai nessuno li potrà fermare
Sono forti e sanno lottare
Fanno gol, sempre gol
Del campionato son la gloria!
Forza Parma, forza Parma!
Questo è il grido di battaglia!
Forza Parma, forza Parma!
Con i gol sempre gol!
Siam tifosi e con trombe e bandiere
Accompagniamo la squadra del cuore
Con il grido: oh Parma sei forte
Batteremo le squadre avversarie
Mai nessuno li potrà fermare
Sono forti e sanno lottare
Fanno gol, sempre gol
Del campionato son la gloria!
Forza Parma, forza Parma!
Questo è il grido di battaglia!
Forza Parma, forza Parma!
Con i gol sempre gol!

C. La cucina

8 Emilia Romagna

C. La cucina

 Leggi con attenzione il testo.

La cucina di Parma

La cucina di Parma è famosa in tutto il mondo. Prodotti tipici sono *il Parmigiano Reggiano, il Prosciutto crudo di Parma, il Salame di Felino, il Culatello di Zibello e il Tartufo di Fragno*. Un primo piatto molto popolare sono i *cappelletti*, a Parma sono chiamati *"anolini"*. In brodo o col sugo o con la panna, *i cappelletti* sono un piatto tipico invernale di pasta ripiena di parmigiano, uova, pangrattato e sugo di stracotto (carne cotta a lungo) di manzo. A Parma si mangia molto la carne di cavallo. Questa è l'ingrediente principale della *vécia col pisst* (vecchia col pesto di cavallo): si fanno cuocere, in una padella con del burro, i pomodori, i peperoni, le cipolle, si aggiunge del brodo, poi carne di cavallo, infine patate fritte. Altro piatto speciale di Parma è *la "bomba di riso"*: si cuoce il riso da una parte, con soffritto classico e brodo di carne, e le carni di piccione e di pollo dall'altra. A fine cottura si mette metà del riso in una teglia e si lascia un buco nel centro della teglia, dove si mette la carne. Si ricopre il tutto col resto del riso, si mette in forno e poi si mangia col parmigiano. Un altro piatto tipico è *la trippa*. Sono infine diversi i dolci della cucina di Parma: una varietà di ciambelle, budini e torte. Un dolce particolare è *la Spongata:* una torta di noci, pinoli, uvetta e scorze di cedro, assieme a miele e spezie come cannella, chiodi di garofano e noce moscata.

Attività 1

Scrivi tutti i nomi degli ingredienti dei piatti presenti nel testo, tutti i verbi che indicano le azioni per cucinare e gli strumenti di cucina necessari per preparare i cibi.

ingredienti	verbi (azioni per cucinare)	strumenti di cucina
burro	cuocere	forno

Campionato d'italiano
livelli A2-B1

D. Storie, aneddoti e curiosità del calcio

Leggi il testo.

Chi ha segnato più gol nella storia del calcio?

Secondo la FIFA (Federazione Internazionale di Calcio) è stato Pelè, famoso giocatore brasiliano. Ha segnato 767 gol nelle competizioni ufficiali. Maradona in tutta la sua carriera ha fatto più di 300 gol (312 secondo alcune statistiche, 359 secondo altre). Ronaldo e Messi sono ancora in attività e hanno superato i 700 gol. Ronaldo in particolare è arrivato oltre i 740 gol, presto quindi supererà Pelè.

Inoltre, la IFFHS, organismo di statistica riconosciuto dalla FIFA, ha presentato una classifica di marcatori che comprende solamente le gare giocate con i club, dove al primo posto si trova Romário (689 gol). La FIFA stessa attesta che Josef Bican sia il bomber con il maggior numero di reti della storia (805).

Tutti questi calciatori hanno segnato almeno 500 gol in carriera in incontri ufficiali, considerando anche quelli nelle rispettive nazionali giovanili ed olimpiche.

Attività 1

Quale attaccante mondiale preferisci? Presenta alla classe le caratteristiche tecniche e il modo di giocare di questo attaccante.

Campionato d'italiano

livelli A2-B1

9
Toscana

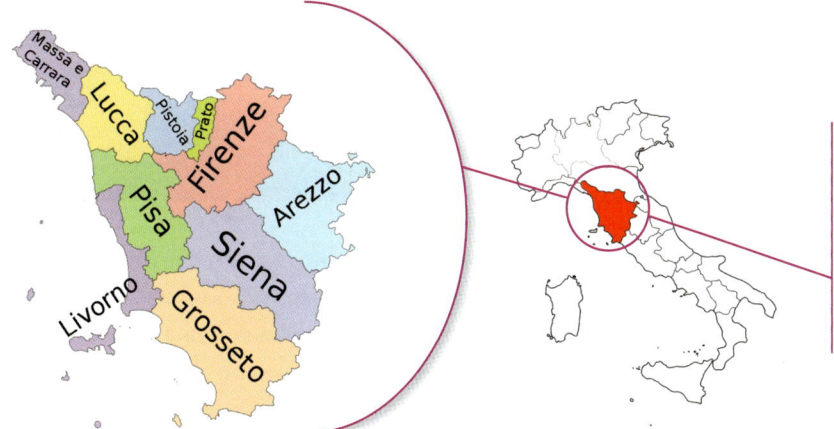

Lo **stadio** della Fiorentina è intitolato ad **Artemio Franchi**, uno tra i più importanti dirigenti sportivi italiani. Di proprietà del Comune di Firenze, l'impianto ha una capienza di **43.147** posti. Costruito tra il 1930 e il 1932, è considerato come un capolavoro dell'architettura italiana degli anni '30.

FIORENTINA

Palmarès
Scudetti: 2
Titoli nazionali: 3 Campionati di Serie B
Trofei: 6 Coppe Italia
1 Supercoppa italiana
1 Coppa delle Coppe
1 Coppa Grasshoppers
1 Coppa Mitropa
1 Coppa di Lega Italo-Inglese

Cronistoria essenziale
1926 Nasce la Fiorentina
1940 Vince la prima Coppa Italia
1956 Arriva il primo Scudetto
1961 Vince la Coppa delle Coppe
1966 Conquista la Coppa Mitropa
1969 Vince il secondo Scudetto
1997 Vince la Supercoppa italiana

Campionato d'italiano

livelli A2-B1

A. Città

Leggi con attenzione il testo.

Firenze

Firenze è il capoluogo della Regione Toscana ed è luogo di origine del **Rinascimento** italiano. Nessun'altra città rinascimentale italiana ed europea possiede la sua ricchezza artistica. La bellezza artistica di Firenze è legata alla famiglia dei Medici che ha governato Firenze per tanti secoli. Ci sono tanti **musei** statali e comunali nella città, in particolare è famosa in tutto il mondo la **Galleria** degli Uffizi del XVI secolo; il museo raccoglie opere di grande valore, dai **dipinti** di Raffaello e Botticelli, alle opere di Giotto, Tiziano, Pontormo, Bronzino, Andrea del Sarto, Caravaggio, ed altri ancora. Un altro museo molto visitato è la Galleria dell'Accademia del XVIII secolo che presenta il maggior numero di sculture di Michelangelo, tra le quali il famosissimo *David*.

Nel centro storico di Firenze troviamo in piazza San Giovanni il **Battistero** di San Giovanni (XI-XII secolo) in **stile romanico**; ha una **pianta** ottagonale e ha delle bellissime porte di bronzo, in particolare è famosa la Porta del Paradiso di Lorenzo Ghiberti (XV secolo).

Davanti al Battistero c'è la **Cattedrale** di Santa Maria del Fiore con la celebre cupola del Brunelleschi. È la terza chiesa più grande in Europa. Lo **stile architettonico** è **gotico** e **rinascimentale**. La pianta del Duomo ha tre **navate** e al loro interno si alza l'immensa cupola del Brunelleschi (XV secolo), la più grande cupola in muratura mai costruita. Al suo interno ci sono gli **affreschi** di Giorgio Vasari e Federico Zuccari su una grande superficie di 3600 m².

Il **campanile** di Giotto è la torre campanaria della Cattedrale. Nella vicina Piazza della Signoria troviamo un famoso edificio storico, **Palazzo** Vecchio, sede del potere politico del passato e del presente. Al suo interno ci sono un museo e delle bellissime sale, in particolare il **Salone** del Cinquecento con i suoi affreschi sulle pareti.

Nella vicina Piazza Santa Croce possiamo ammirare una delle più belle chiese di Firenze, la **Basilica** di Santa Croce (XIII-XIV secolo) dove ci sono le **tombe** di uomini illustri come Michelangelo, Galileo, Machiavelli, Alfieri, Foscolo e Rossini. È una delle massime realizzazioni del gotico in Italia. Opere preziose di Donatello (un crocifisso) e di Della Robbia (terrecotte) si trovano all'interno della Basilica. Un'altra chiesa fiorentina molto famosa, vicino a Piazza della Signoria, è la Chiesa di Orsanmichele (XIV secolo). In origine era una **loggia** dove conservavano il grano, in seguito è diventata chiesa delle Arti, le antiche corporazioni dei mestieri fiorentini. In stile gotico presenta nella facciata esterna delle preziose sculture dentro dei **tabernacoli**: Lorenzo Ghiberti, Donatello, Nanni di Banco, Baccio da Montelupo, Verrocchio, Giambologna, Filippo Brunelleschi sono alcuni autori delle statue.

Caratteristici sono i **ponti** sul fiume Arno, fra questi particolarmente famoso è il Ponte Vecchio con i suoi piccoli negozi di oreficeria. Nel 1565 l'architetto Giorgio Vasari ha costruito per Cosimo dei Medici il **Corridoio** Vasariano, un percorso che unisce Palazzo Vecchio e Palazzo Pitti. Questo corridoio passa attraverso la Galleria degli Uffizi e il Ponte Vecchio e arriva in piazza Pitti.

Palazzo Pitti prima era l'abitazione dei Medici, successivamente degli Asburgo-Lorena che hanno governato la città per un secolo circa e, dopo l'Unità d'Italia, della famiglia reale Savoia quando Firenze nel 1865 è diventata la capitale del Regno d'Italia. Al suo interno ci sono molti musei: la Galleria Palatina con opere di Raffaello, Tiziano ecc., la Galleria d'Arte Moderna, il Museo della Moda e del Costume, il Museo delle Porcellane e il Museo delle Carrozze. Palazzo Pitti possiede anche dei grandi giardini, i Boboli: questi giardini sono uno dei migliori esempi nel mondo di giardino all'italiana.

* Per le parole in neretto consulta e/o scarica in pdf il glossario storico-architettonico su www.ornimieditions.com/it - Risorse gratuite

A. Città

9
Toscana

Attività 1

Scrivi i nomi dei pittori, scultori, chiese e musei presenti nel testo.

a. pittori: _____ .
b. scultori: _____ .
c. chiese: _____ .
d. musei: _____ .

Attività 2

Leggi nuovamente il testo e rispondi alle domande.

1. Quale periodo storico rappresenta Firenze? _____ .
2. A quale importante famiglia è legata la storia di Firenze? _____ .
3. Dove si trova la statua del David di Michelangelo? _____ .
4. Chi ha realizzato la Porta del Paradiso del Battistero di Firenze? ____ .
5. Chi ha realizzato gli affreschi della Cupola del Brunelleschi? _____ .
6. Qual è lo stile architettonico della Cattedrale di Firenze e della Basilica di Santa Croce? ___ .
7. Qual è il percorso del Corridoio Vasariano, da dove passa? _____ .
8. Quale esempio di giardino rappresenta il Boboli? _____ .

Attività 3

Cerca su Internet informazioni sul David di Michelangelo. Scrivi un testo (massimo 200 parole) dove descrivi l'opera e il suo significato.

Il David di Michelangelo rappresenta...

_____
_____
_____

Attività 4

Scrivi una breve biografia di Michelangelo (massimo 150 parole): la sua vita artistica, le sue opere principali. Usa il passato prossimo e l'imperfetto.

Michelangelo Buonarroti è nato a Caprese Michelangelo in Toscana nel 1475. È stato uno scultore, pittore e architetto italiano.

_____
_____
_____
_____

Campionato d'italiano

livelli A2-B1

Aspetti della lingua

Osserva nel testo su Firenze l'uso dei **pronomi relativi**:

- *La bellezza artistica di Firenze è legata alla famiglia dei Medici **che** ha governato Firenze per tanti secoli.*
- *Nella vicina Piazza Santa Croce possiamo ammirare una delle più belle chiese di Firenze, la Basilica di Santa Croce (XIII-XIV) **in cui** ci sono le tombe di uomini illustri come Michelangelo, Galileo, Machiavelli, Alfieri, Foscolo e Rossini.*

Che – in cui – sono forme dei pronomi relativi.

I **pronomi relativi** mettono in relazione due frasi tra di loro.

Il pronome relativo **che** può riferirsi a persone, animali o cose e può avere la funzione di soggetto del verbo o di oggetto diretto del verbo:

- *Ho preso il biglietto **che** è sul tavolo.*
- *Ho visto questa mattina il giocatore del Milan **che** tu hai conosciuto ieri sera in discoteca.*

La parola che precede il pronome relativo può essere un nome o un pronome:

- *La squadra di calcio **che** preferisco è della mia città.*
- *Tu, **che** sei uno sportivo, devi camminare di più.*
- *Quello **che** tutti pensano di me non è vero.*

È possibile usare al posto di **che** i pronomi relativi, sempre in funzione di soggetto o oggetto diretto del verbo: **il quale**, **i quali**, **la quale**, **le quali**.

Queste forme però sono poco usate, generalmente il loro utilizzo avviene quando la parola antecedente e il pronome relativo sono molto distanti nella frase.

Che è invariabile, i pronomi relativi **il quale, i quali, la quale, le quali** si accordano nel genere e numero alla parola (persona o cosa) alla quale si riferiscono:

- *Ho comprato una macchina molto potente e con un bel colore, **la quale** però è anche molto costosa.*
- *Ho degli amici molto simpatici e gentili i **quali** vengono spesso a trovarmi.*

I pronomi relativi che hanno invece una funzione di oggetto indiretto del verbo sono:

preposizione + cui o in alternativa **preposizione articolata + quale** (maschile e femminile singolare) o **quali** (maschile e femminile plurale).

Questi **pronomi relativi** si possono riferire a **persone**, **animali** o **cose**:

- *La partita **di cui** mi parli non l'ho vista / La partita **della quale** mi parli non l'ho vista.*
- *Il ragazzo **con cui** giochi a calcio non mi piace / Il ragazzo **con il quale** giochi a calcio non mi piace.*

Cui è invariabile, **il/la quale – i/le quali** variano nel numero (singolare/plurale) e nel genere (maschile/femminile).

L'uso della preposizione **a** + cui è facoltativo.

A. Città

9 Toscana

PRONOMI RELATIVI: CHE – CUI

Pronome relativo	Genere	Numero	Funzione
che	maschile e femminile	singolare e plurale	soggetto/oggetto diretto
di cui, a cui, con cui, per cui, in cui, da cui, fra/tra cui, su cui	maschile e femminile	singolare e plurale	oggetto indiretto

PRONOMI RELATIVI: IL QUALE

Maschile	Femminile	Funzione
Singolare/ Plurale	Singolare/Plurale	
il quale/i quali	la quale/le quali	soggetto/oggetto diretto
del quale/dei quali	della quale/delle quali	oggetto indiretto
al quale/ai quali	alla quale/alle quali	
con il quale/con i quali	con la quale/con le quali	
per il quale/per i quali	per la quale/per le quali	
nel quale/nei quali	nella quale/nelle quali	
dal quale/dai quali	dalla quale/dalle quali	
sul quale/sui quali	sulla quale/sulle quali	
fra/tra il quale-fra/tra i quali	fra/tra la quale-fra/tra le quali	

Attività 5

Scegli i pronomi relativi giusti e completa le frasi.

di cui - che - per cui - a cui - che - con cui - di cui - che

1. Il mio giocatore preferito è Messi _____ gioca nel PSG (Paris Saint-Germain) in Francia.
2. Il calcio è un argomento _____ si parla sempre nei bar, in famiglia, in ogni luogo.
3. Come si chiama il tuo amico _____ tu eri allo stadio?
4. Ho comprato un biglietto di curva allo stadio _____ ho regalato a Luigi.
5. Non capisco il motivo _____ non sei andato domenica allo stadio.
6. Non mi ricordo il nome della persona _____ ho dato il mio numero di cellulare.
7. La Maserati è l'automobile _____ mi piace di più.
8. Non ho visto la partita _____ tu stai parlando.

Campionato d'italiano

livelli A2-B1

Attività 6

Leggi nuovamente il testo a pag. 132 e scrivi tutti i pronomi relativi, gli aggettivi e pronomi indefiniti presenti.

a. pronomi relativi: _____.

b. aggettivi e pronomi indefiniti: _____.

B. La squadra

Leggi con attenzione il testo.

Fiorentina Calcio

L'*ACF Fiorentina* nasce nel 1926 per opera del marchese Luigi Ridolfi. Dal 2002 al 2019, dopo il fallimento della società, il club è di proprietà di Diego e Andrea Della Valle, proprietari dei marchi Hogan e Tod's. Dal 2019 la società è di proprietà di Rocco Commisso, italiano emigrato negli Stati Uniti dove ha costruito un'azienda fornitrice di TV via cavo. Nel corso della sua storia è stata per due volte campione d'Italia, nel 1955/1956, nel 1968/1969; in ambito nazionale ha inoltre vinto sei Coppe Italia e una Supercoppa italiana nel 1996/1997. È stata la prima squadra italiana a vincere una competizione UEFA, la Coppa delle Coppe nel 1960/1961 e anche una delle quattordici squadre europee che hanno disputato una finale di tutte le tre principali competizioni europee: la Coppa dei Campioni (nel 1956/1957, prima squadra italiana a raggiungere la finale della massima competizione europea), la Coppa delle Coppe (nel 1960/1961 e nel 1961/1962) e la Coppa UEFA (nel 1989/1990). La Fiorentina del primo scudetto (1955/1956) è stata una squadra molto forte. Suo allenatore era Fulvio Bernardini e i suoi più bravi giocatori erano Sarti, il portiere (anche della Nazionale italiana di calcio), Segato (difensore), Montuori (attaccante argentino), Julinho (attaccante brasiliano), Virgili (attaccante), Orzan (difensore). Dopo il primo scudetto la squadra arriva per quattro volte consecutive seconda e molti suoi giocatori diventano giocatori della nazionale italiana. Un ciclo positivo così lungo non si ripete in occasione del secondo scudetto del 1968/1969: infatti l'anno successivo la squadra arriva quinta e successivamente tredicesima e quinta. L'allenatore del secondo scudetto era l'argentino Pesaola, i suoi giocatori migliori erano De Sisti (centrocampista nazionale italiano nei campionati mondiali del 1970), Merlo (centrocampista), Chiarugi (attaccante), Amarildo (attaccante brasiliano), Ferrante (difensore), Superchi (portiere). Dopo il secondo scudetto, nella Fiorentina hanno giocato calciatori molto forti: Roberto Baggio prima di andare alla Juventus, Giancarlo Antognoni, centrocampista della nazionale italiana e campione del mondo del 1982, giocatore sempre rimasto a Firenze e molto amato dai tifosi, Gabriel Batistuta, fortissimo attaccante argentino rimasto nella Fiorentina per molti anni, Toni (attaccante), Mutu (attaccante rumeno), Toldo (portiere) e Rui Costa (centrocampista portoghese).

136

B. La squadra

9 Toscana

Attività 1

Completa con le informazioni giuste la scheda sulla Fiorentina.

1. Numero scudetti: _____
2. Allenatore primo scudetto: _____
3. Numero Coppe Italia: _____
4. Ha vinto una Coppa delle Coppe nel _____
5. Portieri del primo e secondo scudetto: _____
6. Centrocampista della Fiorentina e della nazionale italiana, campione del mondo: _____

Attività 2

Scrivi una scheda sulla carriera sportiva di Roberto Baggio. Usa i tempi passati.

Ha cominciato a giocare nel Lanerossi Vicenza, successivamente è passato alla Fiorentina...

Leggi con attenzione l'intervista.

Un'intervista a Gabriel Omar Batistuta

Batistuta è a Firenze per presentare il film dedicato a lui. "Un'idea a cui ho subito detto di sì" ha detto oggi Batistuta a Sky.

«Perché mi hanno presentato il progetto di raccontarmi come uomo. Non come giocatore. Avevo specificato che non si facessero domande ad allenatori o a tifosi su di me, e nemmeno a me sul calcio: la gente sa cosa penso. E poi i miei gol li hanno visti tutti. Volevo raccontare la mia vita, da dove venivo, far capire ai ragazzi della mia regione dell'Argentina che inseguire i propri sogni è possibile. Si tratta di una zona molto

Campionato d'italiano

livelli A2-B1

difficile in cui vivere, ma con tanto sacrificio qualcosa si può ottenere. (...)".
"Sono venuto a Viareggio, per il Torneo. La prima città che ho visto è stata Roma: ho fatto una foto sotto il cartello con il nome e con le braccia aperte in segno di esultanza. Poi, casualmente, la prima partita che ho visto in Italia è stata proprio Fiorentina-Roma. (...) Dopo lo scudetto, ho rifatto la stessa foto...».

Anche perché a Firenze e Roma Batistuta è diventato un idolo.
«Vivo la mia vita in queste città, soprattutto a Firenze, in maniera molto diversa. Molto meglio. Quando giocavo sentivo il peso della responsabilità. Volevo far contenti tanti tifosi, mi sentivo sempre in mezzo alla battaglia. Per questo sembravo scontroso quando magari passeggiavo per il centro: volevo rilassarmi e invece mi veniva sempre chiesto di calcio dalla gente che mi incontrava. Se perdevamo, l'argomento erano le cause della sconfitta; se vincevamo, era sui nuovi obiettivi. Ora è tutto diverso: riesco a ricambiare finalmente l'affetto che prima invece non riuscivo a dare. Sono più amabile, sorridente e rilassato. Sento Firenze come casa mia: sono arrivato a vent'anni, sono andato via a trenta con tre bambini. (...)».

Ma tra tutti i numero nove in Italia, chi assomiglia di più a Batistuta?
«A me è sempre piaciuto Higuain. Ha giocato tre Mondiali, ha avuto le sue occasioni. Penso che ora sia arrivato il momento di Icardi, ma ci sono anche Dybala e Simeone. Sono persone serie che hanno voglia di migliorarsi».

(Adattamento da https://gianlucadimarzio.com/it/batistuta-oggi-malattia-film-intervista-2-novembre-2018)

Attività 3

Rispondi alle domande.

1. Dove si trova Batistuta quando gli fanno l'intervista? _____
2. Quale aspetto della vita affronta il film su Batistuta? _____
3. Dove ha vinto lo scudetto Batistuta? _____
4. Quali cambiamenti umani ha avuto Batistuta a Firenze? Prima era _____ ora è _____.
5. Quali giocatori argentini piacciono a Batistuta? _____

B. La squadra

9 Toscana

Aspetti della lingua

Osserva nel testo l'uso del **trapassato prossimo**: *Avevo specificato che...*

Il trapassato prossimo indica un'azione anteriore rispetto ad un'altra azione o evento già avvenuti nel passato.

Spesso questo riferimento temporale successivo al trapassato prossimo è espresso nella frase da un passato prossimo o da un imperfetto:

- *Dopo che **avevo giocato** a calcio con gli amici, sono andato a casa.*
- *Mio padre era nervoso perché dopo la partita non **ero** ancora **tornato** a casa.*

Il trapassato prossimo può essere usato anche senza riferimento ad altri tempi passati che troviamo nella frase. In questo caso la nozione di anteriorità è comprensibile mediante il contesto:

- ***Avevo specificato*** *che non si facessero domande ad allenatori o tifosi su di me.*

Le forme del trapassato prossimo sono espresse con un verbo ausiliare (essere o avere) all'imperfetto seguito dal participio passato del verbo:

imperfetto di avere o essere + participio passato

Esempio: *Io avevo giocato. / Io ero andato/a.*

Aspetti della lingua

Osserva nel testo l'uso delle forme del **congiuntivo imperfetto** e del **congiuntivo passato**:

- *avevo specificato che non si **facessero** domande...*
- *Penso che ora **sia arrivato** il momento di Icardi...*

Facessero è la terza persona plurale dell'**imperfetto congiuntivo** del verbo *fare* e **sia arrivato** è la terza persona singolare del **congiuntivo passato** del verbo *arrivare*.

Il modo verbale del congiuntivo è il modo della *possibilità* ed esprime un'azione sentita come incerta, possibile, ma non sicura: - *Non so se **sia** meglio rimanere allo stadio o andare via.*

Il congiuntivo può esprimere anche una volontà: *Non voleva che mi **allontanassi**.*

Il congiuntivo ha quattro tempi verbali: **presente**, **passato**, **imperfetto** e **trapassato**.

È un modo verbale caratteristico soprattutto delle frasi che dipendono da una frase principale (frasi subordinate) e il tempo è dipendente dal tempo della frase principale:

1. presente indicativo + presente congiuntivo oppure passato congiuntivo

2. passato prossimo o imperfetto indicativo o trapassato prossimo + imperfetto congiuntivo o trapassato congiuntivo.

Il tempo del congiuntivo indica una relazione di contemporaneità o anteriorità fra l'azione del verbo della frase principale e l'azione del verbo al congiuntivo:

- *Penso (presente) + che sia arrivato (passato congiuntivo)*, le due frasi indicano una relazione di anteriorità fra l'azione di arrivare e l'azione di pensare. *Penso (ora) che sia arrivato (prima di ora)*.

- *Avevo specificato (trapassato prossimo) + che non mi facessero domande (congiuntivo imperfetto)*: relazione di contemporaneità fra le due azioni di specificare e fare domande, *avevo specificato (nel passato) che non mi facessero domande (sempre nel passato)*.

Campionato d'italiano
livelli A2-B1

CONGIUNTIVO PRESENTE

	PARLARE	VEDERE	SENTIRE	CAPIRE
io	parli	veda	senta	capisca
tu	parli	veda	senta	capisca
lui/lei/Lei	parli	veda	senta	capisca
noi	parliamo	vediamo	sentiamo	capiamo
voi	parliate	vediate	sentiate	capiate
loro	parlino	vedano	sentano	capiscano

CONGIUNTIVO PASSATO
presente congiuntivo del verbo avere o essere + participio passato

	con AVERE	con ESSERE	RIFLESSIVI
	PARLARE	ANDARE	ALZARSI
io	abbia parlato	sia andato/a	mi sia alzato/a
tu	abbia parlato	sia andato/a	ti sia alzato/a
lui/lei/Lei	abbia parlato	sia andato/a	si sia alzato/a
noi	abbiamo parlato	siamo andati/e	ci siamo alzati/e
voi	abbiate parlato	siate andati/e	vi siate alzati/e
loro	abbiano parlato	siano andati/e	si siano alzati/e

CONGIUNTIVO IMPERFETTO

	PARLARE	VEDERE	SENTIRE	CAPIRE
io	parlassi	vedessi	sentissi	capissi
tu	parlassi	vedessi	sentissi	capissi
lui/lei/Lei	parlasse	vedesse	sentisse	capisse
noi	parlassimo	vedessimo	sentissimo	capissimo
voi	parlaste	vedeste	sentiste	capiste
loro	parlassero	vedessero	sentissero	capissero

B. La squadra

Toscana

CONGIUNTIVO TRAPASSATO
Imperfetto congiuntivo del verbo avere o essere + participio passato

	con AVERE	con ESSERE	RIFLESSIVI
	PARLARE	ANDARE	ALZARSI
io	avessi parlato	fossi andato/a	mi fossi alzato/a
tu	avessi parlato	fossi andato/a	ti fossi alzato/a
lui/lei/Lei	avesse parlato	fosse andato/a	si fosse alzato/a
noi	avessimo parlato	fossimo andati/e	ci fossimo alzati/e
voi	aveste parlato	foste andati/e	vi foste alzati/e
loro	avessero parlato	fossero andati/e	si fossero alzati/e

Attività 4

Completa le frasi con dei verbi al trapassato prossimo.

1. Dopo che _____ le spese in centro, sono tornato a casa.
2. _____, prima di andare allo stadio.
3. Dopo che _____ un gol, Ronaldo ha esultato.
4. Quando sei arrivato a casa mia, io mi _____ già _____.
5. La partita _____ già _____, quando sono arrivato allo stadio.
6. Dopo che i miei amici _____ il loro lavoro, sono andati a giocare a calcio.

Attività 5

Completa le frasi con i verbi nei tempi giusti del congiuntivo.

esserci - scherzare - finire - farsi - essere - rimanere - fare - andare - essere - venire

1. Non pensavo che tu _____ un calciatore professionista.
2. Non so se tu _____ o tu _____ sul serio.
3. Voglio che tu _____ con me alla partita.
4. Marta voleva che Luigi _____ con lei al cinema e non _____ allo stadio.
5. I tifosi non volevano che la partita _____ con una sconfitta.
6. Batistuta aveva specificato che non _____ domande ad allenatori e tifosi su di sé.
7. L'arbitro pensava che _____ rigore.
8. Penso che tu _____ molto intelligente.

Campionato d'italiano

livelli A2-B1

Attività 6

Abbina le frasi correttamente.

1. Non penso che
2. Non sapevo che Marta
3. L'allenatore non credeva che
4. È necessario che
5. Tu pensi che
6. Non sapevamo che
7. I tifosi della Fiorentina non pensavano che

a. ☐ io abbia sbagliato il test.
b. ☐ la loro squadra perdesse la partita.
c. ☐ lo stadio fosse chiuso.
d. ☐ l'arbitro sospenda la partita.
e. ☐ fosse malata.
f. ☐ i suoi giocatori fossero fuori condizione atletica.
g. ☐ tu vada subito a casa a prendere i biglietti per la partita.

Leggi con attenzione il testo.

FIORENTINA

Colore della maglia: viola.

Stemma: un rombo, nella parte alta c'è un giglio di colore rosso, il principale segno distintivo di Firenze, nella parte bassa ci sono le iniziali della società, ACF.

Nome dei giocatori: viola, gigliati.

Curiosità: l'origine del giglio rosso è lo stemma araldico di Ugo di Toscana (ha governato la Toscana nel X secolo); infatti questo fiore è simbolo del capoluogo toscano, inserito in uno scudo ovale con lo sfondo argento. Inizialmente il giglio era bianco in campo rosso, ma nel XIII secolo i Guelfi hanno scelto il giglio rosso su fondo bianco per differenziarsi dai Ghibellini (le due fazioni contrapposte di Firenze) e quando, nel 1251, i primi hanno cacciato i secondi il simbolo di Firenze è diventato quello che conosciamo oggi.

Attività 7

Fai una ricerca su Internet e scrivi un breve testo dove spieghi chi erano i Guelfi e chi erano i Ghibellini. Usa tutti i tempi passati quando è possibile.

I Guelfi erano...

B. La squadra

9
Toscana

I Ghibellini erano...

_____
_____
_____

Attività 8

🎧 **Ascolta più volte l'inno della Fiorentina senza leggere il testo e scrivi tutte le parole che riesci a capire. Confronta poi con un compagno le parole che hai scritto.**

Vai al seguente link: (https://www.youtube.com/watch?v=AboODk1-72A)

⚠ Le attività di ascolto e il link sono disponibili su www.ornimieditions.com/it - Risorse gratuite

👥 **Leggi ora con attenzione il testo dell'inno della Fiorentina.**

Inno della Fiorentina

Garrisca al vento il labaro viola
sui campi della sfida e del valore
una speranza viva ci consola
abbiamo undici atleti e un solo cuore
O Fiorentina,
di ogni squadra ti vogliam regina!
O Fiorentina,
combatti ovunque ardita e con valor!
Nell'ora di sconforto e di vittoria,
ricorda che del calcio è tua la storia!
Maglia viola lotta con vigore,
per esser di Firenze vanto e gloria
Sul tuo vessillo scrivi: forza e cuore,
e nostra sarà sempre la vittoria!
O Fiorentina,
di ogni squadra ti vogliam regina!
O Fiorentina,
combatti ovunque ardita e con valor!
Nell'ora di sconforto e di vittoria,
ricorda che del calcio è tua la storia!
Forza Fiorentina!
Alè viola!

Campionato d'italiano

livelli A2-B1

Attività 9

Prova a spiegare le seguenti parole dell'inno della Fiorentina sulla base del contesto. Usa dei sinonimi.

1. garrire ....
2. labaro ....
3. sconforto ....
4. vessillo ....
5. ardita ....
6. vanto ....

C. La cucina

 Leggi il testo con attenzione.

Mangiare a Firenze

La cucina fiorentina è una cucina semplice, non molto elaborata, di origine contadina. Come primo piatto uno dei cibi tipici di Firenze è *la pappa al pomodoro*: pane non salato raffermo (non più fresco, duro), pomodori, aglio, poco peperoncino, basilico e olio extra vergine d'oliva. Un altro primo piatto è *la ribollita*, uno dei piatti invernali più popolari in Toscana. È una zuppa che ha diversi tipi di cavolo, fagioli, cipolle e carote. È un piatto tipicamente invernale non solo perché deve essere mangiato molto caldo, ma anche perché l'ingrediente principale è il cavolo nero che cresce in inverno. Un primo piatto estivo è invece *la panzanella*: pane raffermo, cipolla rossa e basilico, con olio, aceto e sale. Per questa ricetta si deve lasciare il pane nell'acqua per una decina di minuti, poi si strizza e si aggiungono gli ingredienti nominati prima, ma possiamo aggiungere i pomodori e il cetriolo e molte altre varianti che cambiano da cuoco a cuoco. Il piatto deve essere mangiato freddo, per questo è uno dei piatti tipici dell'estate toscana. Un secondo piatto è *la bistecca alla fiorentina*: carne bovina di razza chianina o fassona di almeno 1,2 kg, alta almeno 4 dita con una cottura al sangue. È necessario mettere la bistecca sulla griglia sopra una brace senza fiamma senza bucare la carne; si mette il sale sulla parte cotta prima da una parte, poi dall'altra. Si può aggiungere un po' di pepe nero macinato e se si vuole un po' di limone strizzato. *Il lampredotto* a Firenze in genere si mangia in un panino: si tratta di uno dei quattro stomaci dei bovini, è cotto a lungo in acqua insieme ad altri ingredienti (pomodoro, cipolla, prezzemolo e sedano) e può essere mangiato nel panino insieme alla salsa verde oppure come un normale bollito. Un dolce tipico del periodo di Carnevale a Firenze è *la schiacciata*: può essere mangiata da sola oppure con crema chantilly o panna montata. I suoi ingredienti principali sono le uova, lo zucchero, la farina e la scorza d'arancio. I vini toscani sono famosi in tutto il mondo: il Chianti Classico, il Brunello di Montalcino, il Morellino di Scansano sono tra i vini rossi più apprezzati.

C. La cucina

9 Toscana

Attività 1

Rispondi alle domande.

1. Com'è la cucina di Firenze? ....
2. Come deve essere il pane della pappa al pomodoro? ....
3. Quali sono gli ingredienti della ribollita? ....
4. Qual è un piatto estivo della cucina fiorentina? ....
5. Quanto si deve cuocere la bistecca alla fiorentina? ....
6. Che cosa è il lampredotto? ....
7. Quali sono gli ingredienti della schiacciata (dolce)? ....

Aspetti della lingua

Osserva nel testo l'uso di forme verbali per esprimere **necessità**, **obbligo**:

- *deve essere mangiato molto caldo;*
- *si deve lasciare;*
- *deve essere mangiato freddo;*
- *è necessario.*

Si deve lasciare, **è necessario** sono forme impersonali, la prima ha valore passivo;
Deve essere mangiato è una *forma passiva*.

Attività 2

Cerca nel testo e sottolinea tutte le forme impersonali.

Campionato d'italiano
livelli A2-B1

Attività 3

Riordina gli elementi delle frasi per formare delle frasi corrette.

1. lampredotto./necessario/il/bollire/È/lungo/fare/a
   ....

2. quel/si/bene./In/molto/ristorante/mangia
   ....

3. perché/mangiare/buona./è/Devi/schiacciata/Firenze/molto/a/la
   ....

4. senza/Uffizi./Non/andare/Firenze/visitare/gli/può/si/a
   ....

5. deve/molto/bistecca/cotta./fiorentina/La/alla/essere/poco
   ....

6. stadio/andare/al/panino/Prima/mangiare/lampredotto./di/allo/deve/un/si
   ....

7. che/vada/casa./Bisogna/tu/subito/a
   ....

D. Storie, aneddoti e curiosità del calcio

Leggi il testo.

A Firenze, il 27 ottobre 1954, durante la partita Fiorentina-Pistoiese sono improvvisamente apparsi dei misteriosi oggetti volanti sopra la città. Gli occhi del pubblico e dei giocatori guardavano tutti in alto verso il cielo e l'arbitro non sapeva che cosa fare. Ha poi interrotto l'incontro. È stata la prima (e unica) partita interrotta... per Ufo! *(Unidentified Flying Object)*

Attività 1

Che cosa pensi degli Ufo e di possibili presenze extraterrestri? Parla con un tuo compagno e discutete di questi argomenti.

Campionato d'italiano

livelli A2-B1

10
Lazio

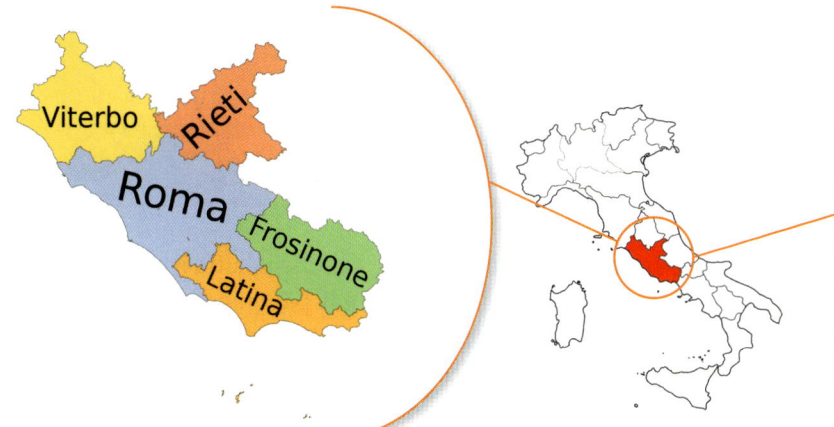

Lo **stadio Olimpico** ospita le gare interne della Roma e della Lazio. Si trova presso il complesso del Foro Italico, alle pendici di Monte Mario, nel settore nord-occidentale della città di Roma. È uno dei quattro stadi italiani (insieme all'Olimpico Grande Torino e all'Allianz Stadium di Torino e al Giuseppe Meazza di Milano) con il maggior livello tecnico. Lo stadio ha una capacità di **70.634** posti a sedere.

ROMA

Palmarès

Scudetti:	3
Titoli nazionali:	1 Campionato di Serie B
Trofei/Coppe:	9 Coppe Italia
	2 Supercoppe italiane
	1 Coppa delle Fiere
	1 Coppa Anglo-Italiana

Cronistoria essenziale

- **1927** Nasce la squadra della Roma
- **1942** Vince il primo scudetto
- **1961** Vince la Coppa delle Fiere
- **1964** Conquista la prima Coppa Italia
- **1972** Vince la Coppa Anglo-Italiana
- **1984** Arriva in finale della Coppa dei Campioni
- **2001** Vince la Supercoppa italiana
- **2007** Vince la seconda Supercoppa italiana

LAZIO

Palmarès

Scudetti:	2
Titoli nazionali:	1 Campionato di Serie B
Trofei/Coppe:	7 Coppe Italia
	5 Supercoppe italiane
	1 Coppa delle Coppe
	1 Supercoppa UEFA
	1 Coppa delle Alpi

Cronistoria essenziale

- **1900** Nasce la squadra S.S Lazio
- **1958** Vince la prima Coppa Italia
- **1971** Conquista la Coppa della Alpi
- **1974** Vince il primo scudetto
- **1998** Vince la Supercoppa italiana
- **1999** Conquista la Coppa delle Coppe
- **1999** Conquista la Supercoppa UEFA
- **2000** Vince il secondo scudetto

Campionato d'italiano

livelli A2-B1

A. Città

Leggi con attenzione il testo.

Roma

Roma si trova sulle rive del fiume Tevere, nella regione Lazio, è la capitale d'Italia. È famosa in tutto il mondo perché è una città antica, piena di storia, di monumenti, di chiese e di opere d'arte. Oggi è la più grande città italiana: ha circa 3 milioni di abitanti. Nella città di Roma c'è un piccolo stato autonomo, la Città del Vaticano, che ospita il Papa della Chiesa cattolica. Nella capitale ci sono tanti diversi **stili architettonici**: c'è la Roma antica romana, c'è la Roma rinascimentale e c'è la Roma **barocca**. I più famosi monumenti della Roma antica sono il Colosseo, i Fori Imperiali, il Pantheon e le Terme di Caracalla.

Il Colosseo è l'**Anfiteatro** Flavio, monumento simbolo del grande passato imperiale di Roma. In questo anfiteatro i romani assistevano agli spettacoli dei gladiatori e a rappresentazioni di drammi mitologici. È in grado di contenere un numero di spettatori tra le 50.000 e le 75.000 unità ed è il più importante anfiteatro romano. Sotto l'imperatore Vespasiano nel 72 d.C. è iniziata la costruzione del Colosseo ed è stato inaugurato dall'imperatore Tito nell'80 d.C. I Fori Imperiali erano le piazze principali cittadine, dove c'erano gli edifici pubblici, si teneva il mercato e si trattavano gli affari. I Fori Imperiali sono stati costruiti nell'arco di un secolo e mezzo, dal 46 a.C. al 113 d.C..

Il Pantheon (dal greco: παν, pan, "tutti" e θεων, theon, "dèi") era un luogo di culto pagano, ma nel VII secolo è diventato una **Basilica** cristiana. L'edificio è circolare ed è alto quanto il suo diametro. Ha un'enorme **cupola**, una delle più grandi del mondo. Dentro il Pantheon ci sono le **tombe** di alcuni importanti personaggi della storia italiana, come Re Vittorio Emanuele II di Savoia e il pittore rinascimentale Raffaello Sanzio.

Le Terme di Caracalla - sono state fatte costruire dall'imperatore Caracalla nel 212/216 d.C - sono ancora ben conservate. Monumenti della Roma rinascimentale sono **Palazzo** Venezia e i Palazzi dei Penitenzieri, della Cancelleria, Palazzo Massimo e Palazzo Farnese, **capolavori** della città tra '400 e '500. Tra le chiese rinascimentali possiamo ammirare San Pietro in Montorio: al suo interno ci sono le opere del pittore Sebastiano del Piombo e lo splendido **Tempietto** dell'**architetto** e pittore Bramante che è l'architetto anche del **Chiostro** di Santa Maria della Pace. Nella Chiesa del Chiostro si ammirano gli splendidi **affreschi** di Raffaello. Infine **Rinascimento** a Roma significa Michelangelo e le sue opere: il Mosè della Tomba di Giulio II in San Pietro in Vincoli, la Pietà nella Basilica di San Pietro, la **Cappella** Sistina e l'incredibile Giudizio Universale nei **Musei** Vaticani.

Infine per ammirare il **barocco** a Roma dobbiamo andare in Piazza Navona e vedere le sue belle **fontane**: la Fontana del Moro e la Fontana de' Calderari che è conosciuta anche come la Fontana del Nettuno. Al centro della piazza si trova la Fontana dei quattro Fiumi, una delle più belle opere dello **scultore** Bernini. Infine un famoso esempio del tardo barocco è la Fontana di Trevi (1732/1762), la più grande fontana di Roma. La fontana è stata costruita con **travertino**, **marmo**, **intonaco**, **stucco** e metalli.

* Per le parole in neretto consulta e/o scarica in pdf il glossario storico-architettonico su www.ornimieditions.com/it - Risorse gratuite

Attività 1

Prepara tre percorsi turistici diversi di Roma. Scrivi tutti i monumenti e le opere artistiche di ogni percorso. Poi presenta oralmente a un compagno questi tre percorsi turistici.

a. Roma antica romana: ....

b. Roma rinascimentale: ....

c. Roma barocca: ....

10 Lazio

Attività 2

Osserva l'uso dell'imperfetto nel testo e spiega a un compagno i valori e i significati dell'imperfetto dei vari verbi presenti nel testo.

Attività 3

Chi erano Vespasiano, Tito e Caracalla? Cerca informazioni su Internet e scrivi una breve biografia di questi tre imperatori romani. Usa tutti i tempi passati quando è possibile.

a. Vespasiano: ....

b. Tito: ....

c. Caracalla: ....

Aspetti della lingua

Osserva l'uso della forma passiva nel testo:

- *il Colosseo* **è stato inaugurato**
- *i Fori Imperiali* **sono stati costruiti**
- **si teneva** *il mercato*
- **si trattavano** *gli affari*
- **si ammirano** *gli affreschi*
- *la fontana* **è stata costruita**

Per formare il passivo la lingua italiana utilizza il verbo **essere + participio passato**.

- **Presente passivo:** *il Colosseo è inaugurato*.
- **Passato prossimo passivo:** *il Colosseo è stato inaugurato*.

È possibile realizzare la forma passiva solo **con i verbi transitivi** (verbi che possono reggere un oggetto diretto).

È possibile formare il passivo anche con il verbo **"venire"** al posto del verbo essere, ma solo per i tempi semplici (non composti):

- *il mercato veniva tenuto = era tenuto*
- *gli affreschi vengono ammirati = sono ammirati.*

Un altro modo di formare il passivo è l'uso del si passivante (pronome atono si + verbo transitivo di tempo semplice alla terza persona singolare o plurale):

- *si teneva il mercato = il mercato era tenuto;*
- *si trattavano gli affari = gli affari erano tenuti;*
- *si ammirano gli affreschi = gli affreschi sono ammirati.*

Campionato d'italiano
livelli A2-B1

Osserva nel testo l'**accordo obbligatorio** tra il **pronome diretto atono di terza persona plurale** femminile e il **participio passato** del passato prossimo del verbo che ha l'ausiliare **avere**:

- *le* ha fatt**e** costruire.

L'accordo è obbligatorio tra tutti i pronomi diretti atoni di terza persona singolare e plurale maschili e femminili e il participio passato dei verbi che hanno l'ausiliare avere:

- *Hai visto i ragazzi? Sì, li ho visti.*
- *Hai visto Mario? No, non l'ho visto.*
- *Hai visto Maria? Sì, l'ho vista.*
- *Hai visto le ragazze? No, non le ho viste.*

lo – la – li – le + avere +
- ato/a/i/e
- uto/a/i/e
- ito/a/i/e

Attività 4

Riscrivi il testo e trasforma quando è possibile i verbi nella loro forma passiva.

Il pittore ha dipinto il ritratto di una giovane ragazza. Ha preso il pennello e ha guardato a lungo la ragazza. La ragazza ha fissato la finestra mentre il pittore dipingeva e non ha mai mosso la testa. Il pittore ha usato due colori, il blu e il rosso. Alla fine ha mostrato il dipinto alla ragazza: lo ha molto apprezzato.

Il ritratto di una giovane ragazza è stato dipinto dal pittore...

Attività 5

Inserisci negli spazi vuoti del testo i seguenti verbi al passivo.

vedere - costruire - uccidere - inaugurare - organizzare - cominciare

Il Colosseo (1) _____ nel 72 d.C.. La sua costruzione (2) _____ dall'imperatore Vespasiano ed (3) _____ dal figlio Tito nell'80 d.C.. I combattimenti fra gladiatori (4) _____ da numerosi spettatori.

Al Colosseo (5) _____ delle rappresentazioni di drammi mitologici. Al Colosseo c'erano anche gli animali feroci: i cristiani (6) _____ dai leoni.

B. La squadra - Roma

10 Lazio

Attività 6

Trova gli errori negli accordi fra pronomi e verbi al passato prossimo e correggi.

1. A: Hai conosciuto Totti? B: Sì, l'ho conosciuto.
2. A: Hai telefonato a tua madre? B: No, non le ho ancora telefonata.
3. A: Hai comprato il biglietto per andare allo stadio? B: Sì, l'ho già comprato.
4. A: I tuoi amici hanno visitato il Colosseo? B: Sì, l'hanno visitati ieri.
5. A: Chi ha fatto il David? B: L'ha fatto Michelangelo.
6. A: Hai parlato con Michele? B: No, non gli ho ancora parlati.
7. A: Chi ha fatto gli affreschi nella Cappella Sistina? B: Li ha fatti Michelangelo.
8. A: Chi ha fatto gol nella Roma? B: L'ha fatta Totti.

B. La squadra

Leggi il testo con attenzione.

Roma Calcio

L'*Associazione Sportiva Roma (AS Roma)* nasce come società calcistica italiana nel 1927 con la fusione di tre squadre. La Lupa, uno dei soprannomi della Roma insieme a Giallorossi, Magica e Capitolini, è uno dei tre club di calcio italiani (insieme a Lazio e Juventus) presenti nella Borsa di Milano (Borsa valori italiana).

I Giallorossi hanno vinto tre scudetti (nel 1941/1942, nel 1982/1983 e nel 2000/2001), nove Coppe Italia e due Supercoppe italiane (nel 2001/2002 e nel 2007/2008). In ambito europeo i migliori risultati ottenuti dai Capitolini sono la vittoria nella Coppa delle Fiere (1960/1961) e nella Coppa Anglo-Italiana (1972) e una finale di Coppa dei Campioni nel 1984 e una di Coppa UEFA nel 1991. Il più grande calciatore della Roma è stato Francesco Totti che ha giocato nella squadra che ha vinto il terzo scudetto nel campionato 2000/2001 con Fabio Capello come allenatore. Assieme a Totti nella squadra del terzo scudetto hanno giocato l'attaccante argentino Gabriel Omar Batistuta, l'attaccante Vincenzo Montella, l'attaccante argentino Abel Balbo, il difensore argentino Walter Adrian Samuel e il difensore francese Vincent Candela. Famosi campioni della squadra del secondo scudetto, nel campionato 1982/1983, sono stati il brasiliano Falcao, l'attaccante Bruno Conti, campione del mondo del 1982, il centrocampista Carlo Ancelotti, l'attaccante Roberto Pruzzo e il difensore Pietro Vierchowod. L'allenatore era lo svedese Nils Liedholm.

Attività 1

Completa le informazioni.

1. Soprannomi della Roma calcio:
2. Titoli nazionali vinti:
3. Titoli internazionali vinti:
4. Giocatori del secondo scudetto:
5. Giocatori del terzo scudetto:

Campionato d'italiano

livelli A2-B1

Attività 2

Scrivi una scheda sulla carriera sportiva di Fabio Capello come allenatore. Quali squadre italiane e straniere ha allenato? Quali titoli ha vinto? ecc. Usa i tempi passati.

_____

Leggi con attenzione l'intervista.

🎙 Intervista a Francesco Totti dopo il suo ritiro come giocatore

Cosa fa Totti ora? Si annoia?
«Ancora no. Le giornate sono quasi come quelle da calciatore. Mi sveglio, porto i figli a scuola, poi vado a Trigoria (Centro Sportivo della Roma), sto col mister, la squadra, seguo tutti gli allenamenti. Dopo pranzo torno e mi dedico ai ragazzi».

Perché non hai smesso giocando in Asia, in America...?
«Perché avrei rovinato 25 anni di carriera. Ho sempre detto che avrei indossato un'unica maglia. Sono uno di parola».

Per averti il Milan era pronto a pagare 300 milioni. E avevi solo 12 anni.
«In quel caso il "No" è stato della mia famiglia. Soprattutto di mia madre. È vecchia maniera: apprensiva, possessiva. Papà lavorava fino a tardi. Era sempre lei a starmi dietro. Non voleva che mi allontanassi. (....)».

Ora il pallone in strada è praticamente proibito. Tu invece hai imparato tanto calciando contro i muri o giocando a "Paperell". Che gioco era?
«Un gioco inventato da noi. All'entrata della scuola Manzoni c'erano gradini lunghi quasi 50 metri. Uno doveva scenderli mentre altri due cercavano di prenderlo col pallone tirando da una decina di metri. Era un esercizio di mira divertente».

Quando ti lasciavano a casa da solo ti fingevi morto sul letto per paura dei ladri...
«Pensavo che a un ragazzino morto un ladro non gl'avrebbe fatto niente».

B. La squadra - Roma

10 Lazio

Diventato famoso, sei dovuto scappare dal quartiere perché all'entrata di casa ti rubavano gli zerbini[1] su cui s'era posato il "sacro piede". Tre in una settimana.

«C'era sempre gente sotto casa o sul pianerottolo. Era diventato impossibile. Non solo per me, ma per tutto il palazzo».

In Curva Sud hai smesso di andarci a 14 anni.

«Dopo un Roma-Napoli ci sono stati scontri. Sono scappato. Quando sono tornato per recuperare il motorino era completamente rotto. Con i capi della curva? Da tifoso non avevo grandi rapporti con loro. Li ho conosciuti da giocatore (...)».

Con il Real avresti vinto di più, ti sei mai pentito di quel no?

«No, ma decidere è stato durissimo. Sono rimasto anche per Ilary. Stavamo insieme da poco e a me non piacciono i rapporti a distanza. Prima o poi finiscono sempre».

Nota 1 - Zerbino è il piccolo tappeto rettangolare davanti alla porta di casa.

(Riduzione e adattamento da https://www.calciomercato.com/news/totti-fu-spalletti-a-spingere-per-il-mio-ritiro-il-fallaccio-a-b-31626)

Attività 3

Rispondi alle domande.

1. Come passa le sue giornate Totti dopo il suo ritiro da giocatore?

2. Perché non è andato a giocare in Asia e in America?

3. Chi ha impedito a Totti di andare a giocare nel Milan?

4. Perché Totti da piccolo si fingeva morto se i genitori lo lasciavano solo in casa?

5. Perché Totti a 14 anni ha smesso di andare in Curva Sud?

6. Perché ha deciso di non andare a giocare nel Real Madrid?

Attività 4

Leggi nuovamente il testo e trova tutti i verbi all'imperfetto che hanno un valore descrittivo e uno abituale di azione passata, ripetuta più volte.

a. imperfetto descrittivo:

b. imperfetto abituale:

Campionato d'italiano

livelli A2-B1

Attività 5

Trova nel testo un verbo al congiuntivo imperfetto. Da quale verbo dipende il congiuntivo?

Attività 6

E tu come passi le tue giornate? Descrivi oralmente a un compagno una tua giornata abituale.

Esempio: *a che ora ti alzi, fai colazione, etc.*

Aspetti della lingua

Osserva nel testo l'uso del **condizionale passato**:

avrei rovinato – avrei indossato – avrebbe fatto – avresti vinto

Il condizionale passato esprime un'azione futura che si svolge nel passato:

- Pensavo che un ladro non mi **avrebbe fatto** niente.
- Ho sempre detto che avrei indossato un'unica maglia.

Il condizionale passato nel testo ha anche un **valore ipotetico**, un'ipotesi riferita al passato che però non si è mai realizzata, quindi un'ipotesi impossibile, irreale:

- *avrei rovinato*
- *avresti vinto*

Il condizionale passato si forma:

- condizionale presente del verbo avere o essere + participio passato.

Attività 7

Completa le frasi con dei verbi al condizionale passato per esprimere il futuro nel passato.

1. Marcello pensava che il giorno dopo _____.
2. I giocatori della Roma credevano che _____.
3. Mio padre mi ha detto che il giorno dopo _____.
4. Mio fratello mi aveva scritto dall'Olanda che dopo un mese _____.
5. Totti credeva che i ladri _____.
6. L'allenatore credeva che i giocatori _____.
7. Marta aveva progettato che dopo un mese _____.

Attività 8

Cerca su Internet lo stemma della Roma senza leggere il testo e spiega oralmente a un compagno come è fatto.

B. La squadra - Roma

10 Lazio

 Leggi con attenzione il testo.

ROMA

Colore della maglia: gialla e rossa.

Stemma: uno scudo per metà giallo dove appare nella parte superiore la lupa capitolina e per metà rosso dove nella parte inferiore appare la scritta "Roma" in caratteri gialli e l'anno di fondazione, 1927.

Nome dei tifosi e dei giocatori: giallorossi, capitolini (dal Campidoglio, uno dei sette colli di Roma). La squadra è chiamata anche *la Magica* e *la Lupa*.

Curiosità: La maglia della Roma è costituita da una maglia rossa con bordo dal colletto giallo, pantaloncini rossi e calzettoni gialli con una banda orizzontale rossa. Le tonalità di rosso e di giallo nel corso del tempo sono state cambiate spesso dalla società, attualmente nelle maglie c'è un rosso porpora e il giallo è un giallo oro.

Attività 9

Fai una ricerca su Internet sul significato della Lupa capitolina, simbolo della città di Roma. Spiega poi oralmente a un compagno il risultato della tua ricerca.

Attività 10

Leggi nuovamente il testo e sottolinea tutti i verbi nella forma passiva.

Leggi con attenzione il testo.

Inno della Roma

L'inno ufficiale della Roma è "Roma non si discute, si ama", con il testo di Antonello Venditti e Sergio Bardotti e la musica di Antonello Venditti e Giampiero Scalamogna. La canzone precede le partite allo stadio Olimpico dopo la lettura delle formazioni delle squadre, mentre la canzone sempre di Antonello Venditti "Grazie Roma" è diffusa al termine di ogni partita che la Roma ha vinto e ha giocato allo stadio Olimpico.

Roma Roma Roma
core de stà città
unico grande amore
de tanta e tanta gente
che fai sospirà.

Campionato d'italiano
livelli A2-B1

Roma Roma Roma
lassace cantà
da stà voce nasce un coro
so centomila voci che hai fatto nammorà.
Roma Roma bella
t'ho dipinta io
gialla come er sole
rossa come er core mio.
Roma Roma mia
nun te fa cantà
tu sei nata grande
e grande hai da restà.
Roma Roma Roma
core de stà città
unico grande amore
de tanta e tanta gente
ch'hai fatto nammorà.

Attività 11

Con l'aiuto del dizionario e del contesto riscrivi le parti scritte in dialetto romanesco in italiano comune.

dialetto romanesco	italiano comune

Attività 12

Ora ascolta l'inno della Roma e parla con un compagno dei significati della canzone.

Vai al seguente link: (https://www.youtube.com/watch?v=45if6jkpMPI)

⚠ Le attività di ascolto e il link sono disponibili su www.ornimieditions.com/it - Risorse gratuite

Attività 13

Scrivi una scheda sulla carriera sportiva di Abel Balbo. Usa i tempi passati e il presente.

B. La squadra - Lazio

10 Lazio

Leggi con attenzione il testo.

Lazio

La *Società Sportiva Lazio (S.S. Lazio)* è una società polisportiva italiana, famosa soprattutto per la sua sezione calcistica. Nasce a Roma nel 1900 come *Società Podistica Lazio*. La Lazio dal 1998 è stata la prima società calcistica italiana a essere presente nella Borsa di Milano.

La società ha cominciato a praticare il gioco del calcio nel 1901. La Lazio ha vinto due titoli di campione d'Italia (1974 e 2000). Negli anni Ottanta la squadra è retrocessa due volte in serie B (1981 e 1985). Ha vinto 6 Coppe Italia, 4 Supercoppe italiane (nel 1998/1999, nel 2000/2001, nel 2009/2010 e nel 2017/2018) e, in ambito internazionale, la Coppa delle Coppe (1998/1999) e la Supercoppa UEFA (1999). La Lazio del primo scudetto (1974) aveva come allenatore Tommaso Maestrelli e i suoi giocatori più importanti erano il difensore Pino Wilson, capitano della squadra, i centrocampisti Luciano Re Cecconi e Mario Frustalupi e l'attaccante Giorgio Chinaglia che ha giocato nella Nazionale italiana. Nella Lazio del secondo scudetto (2000) hanno giocato il difensore e capitano Alessandro Nesta, l'attaccante Roberto Mancini, attuale allenatore della Nazionale italiana, il difensore serbo Siniša Mihajlović, il centrocampista ceco Pavel Nedved, il centrocampista argentino Juan Sebastián Verón. Tutti giocatori fondamentali nelle rispettive nazionali di calcio. Allenatore del secondo scudetto era lo svedese Sven-Göran Eriksson.

Attività 14

Completa le informazioni.

1. La Lazio è stata la prima società calcistica italiana a _____.
2. La Lazio ha vinto in Italia _____.
3. La Lazio ha vinto in campo internazionale _____.
4. L'allenatore della Lazio del primo scudetto era _____.
5. Nella Lazio del secondo scudetto hanno giocato _____.

Attività 15

Trova nel testo le parole corrispondenti a questi vocaboli.

1. scudetti: _____.
2. gare: _____.
3. mister: _____.
4. club: _____.
5. campo: _____.
6. declassare: _____.

Campionato d'italiano
livelli A2-B1

Leggi con attenzione l'intervista.

🎙 Intervista all'attaccante della Lazio Ciro Immobile

È vero che tua madre quando eri adolescente ti è venuta a trovare a Torino per riportarti a Torre Annunziata?
«Sì. Era salita per il mio compleanno. Io vivevo in collegio, insieme con gli altri ragazzi delle giovanili della Juventus. Mi ha detto: "Ma che ci stai a fare qui?". Le ho risposto in maniera poco gentile: "Vai via. Non mi mettere strane idee in testa"».

Come era la tua vita da giovane calciatore?
«La mattina a scuola. Pranzo di gruppo. E il pomeriggio allenamento. Fine. Quando vivevo a Torre Annunziata e giocavo nel Sorrento il pranzo consisteva in un panino mangiato sul treno».

Ogni tanto hai la sensazione di aver perso qualcosa della tua adolescenza?
«Quando sei lì non la pensi in questi termini, perché in fondo giochi a calcio e lavori per realizzare il sogno di ogni ragazzino. Oggi col senno di poi penso: la mia vita è sempre stata impegno e programmazione. Quando sono uscito da scuola non ho mai pensato: ora vado a spasso con gli amici. Sapevo che mi dovevo allenare».

Una volta hai detto: «Se non avessi giocato a calcio chissà che fine avrei fatto».
«Molti amici di Torre Annunziata sono finiti in galera».

E quanti di quelli con cui condividevi il collegio juventino sono finiti in serie A?
«Quasi nessuno. Solo un giocatore delle giovanili su quindicimila diventa professionista e solo uno su trentamila riesce a giocare in serie A».

Chi era il tuo mito giovanile?
«Alex Del Piero. Quando ho esordito sia in serie A sia in Champions League ho sostituito proprio il capitano bianco-nero».

Qual è la squadra più forte che hai visto giocare?
«In tv il Milan di Arrigo Sacchi. In campo il Barcellona di Pep Guardiola: giocavo col Siviglia e Messi ci ha fatto due gol su punizione. Messi è proprio di un altro pianeta: ogni volta che ha la palla tra i piedi inventa qualcosa di imprevedibile».

Meglio Messi o Cristiano Ronaldo?
«Messi. Ronaldo è più un fenomeno fisico».

Hai un difensore "bestia nera"?
«Leo Bonucci. Sempre ordinato, sempre al posto giusto».

Chi è il giocatore in attività a cui pensi di assomigliare di più?
«Edinson Cavani».

Uruguaiano del Paris Saint-Germain. Ha fama di essere uno che corre come un pazzo fino al 90esimo.
«L'ho nominato anche per quello».

B. La squadra - Lazio

Sei devoto alla Madonna della Neve di Torre Annunziata.
«Con la squadra siamo andati in visita dal Papa. Ma prima o poi vorrei portarci tutta la famiglia».

Sei anche tu, come molti calciatori, un patito della PlayStation?
«Non sono forte quanto altri giocatori».

Hai una serie tv preferita?
«Mi è piaciuta molto Gomorra. Tre settimane fa sono stato a cena con Salvatore Esposito, l'attore che interpreta il giovane boss Genny Savastano».

Nove anni, nove squadre. Quale città consideri casa?
«Torre Annunziata». (...).

(Riduzione e adattamento da https://www.corriere.it/sette/17_agosto_17/dove-sarei-finito-senza-calcio-molti-amici-sono-galera-887b8b02-8109-11e7-a91b-263e95546556.shtml)

Attività 16

Rispondi alle domande.

1. Cosa voleva fare la madre di Immobile quando è andata a trovarlo?
2. Quando era adolescente Ciro Immobile che cosa voleva fare?
3. Dove sono finiti molti amici di Torre Annunziata?
4. Quanti giocatori delle giovanili di calcio diventano professionisti?
5. Quali giocatori italiani e stranieri Immobile ammira?
6. Quale difensore italiano è per Immobile il più difficile da superare?
7. Quale caratteristica ha come giocatore Cavani?
8. È religioso Immobile?

Attività 17

Leggi nuovamente il testo e sottolinea i verbi al passato prossimo, all'imperfetto e al trapassato prossimo. Poi spiega il significato dell'uso di questi tre tempi.

a. passato prossimo:
b. imperfetto:
c. trapassato prossimo:

Campionato d'italiano

livelli A2-B1

Attività 18

Spiega a un compagno sulla base del contesto il significato di queste espressioni del testo.

1. col senno di poi
2. vado a spasso
3. chissà
4. essere di un altro pianeta
5. bestia nera
6. corre come un pazzo
7. essere un patito
8. essere forte

Attività 19

Dai dei consigli a un amico per fare una vita sana. Usa l'imperativo affermativo di seconda persona singolare e l'imperativo negativo di seconda persona singolare.

Esempio: *mangia* pochi zuccheri, *non fumare*.

Aspetti della lingua

Osserva nel testo l'uso dell'**imperativo affermativo** e **negativo**: *vai via – non mi mettere*.

Il modo dell'imperativo nel testo esprime un ordine, un comando e una proibizione.

Il modo verbale dell'imperativo esprime diverse importanti funzioni comunicative:

a. comando e proibizione verso qualcuno: *Vai via! Non mi mettere strane idee in testa!*
b. preghiera verso qualcuno: *Ti prego, ascolta il professore!*
c. invitare qualcuno: *Vieni a cena a casa mia stasera, ti aspetto.*
d. dare un consiglio a qualcuno: *Vai a dormire presto, se vuoi prepararti per la partita.*
e. dare il permesso di fare qualcosa a qualcuno: *Entra pure! Parla pure!*
f. fare una richiesta a qualcuno: *Apri la porta, per favore.*
g. dare istruzioni (istruzioni stradali, istruzioni scolastiche che l'insegnante dà agli studenti, istruzioni nelle ricette di cucina):

- *Gira a sinistra e continua diritto.*
- *Andate a pagina venti del manuale e fate gli esercizi.*
- *Versate un bicchiere di vino rosso e poi mescolate.*

L'imperativo ha solo il **tempo presente**.

- Nelle forme dell'imperativo non esiste la prima persona singolare.

B. La squadra - Lazio

10
Lazio

- Nell'imperativo negativo non si usa la seconda persona singolare, ma si usa l'**infinito**: *non mi mettere strane idee in testa!*
- La prima e la seconda dell'imperativo è identica alla seconda persona plurale dell'indicativo presente: *- parlate!, - parliamo!*
- La terza persona plurale dell'**imperativo formale** è poco usata.

FORME REGOLARI DELL'IMPERATIVO DEI VERBI DELLE TRE CONIUGAZIONI

ASCOLT- **ARE**	METT- **ERE**	APR- **IRE**
ascolt-**a**	mett-**i**	apr-**i**
ascolt-**i** (Lei formale)	mett-**a** (Lei formale)	apr-**a** (Lei formale)
ascolt-**iamo**	mett-**iamo**	apr-**iamo**
ascolt-**ate**	mett-**ete**	apr-**ite**

Alcuni verbi presentano delle forme **irregolari** dell'imperativo:

- andare = **va'** o **vai** o **va**, **andiamo**, **andate**
- dire = **di'**, **diciamo**, **dite**
- fare = **fa'** o **fai** o **fa**, **facciamo**, **fate**
- dare = **da'** o **dai** o **da**, **diamo**, **date**
- stare = **sta'** o **stai** o **sta**, **stiamo**, **state**

I verbi *andare*, *fare*, *dare* e *stare* presentano tre possibili forme alternative per l'imperativo di seconda persona singolare.

Le forme verbali **senti**, **senta**, **guarda**, **guardi**, **scusa**, **scusi** hanno perso l'originaria funzione verbale dell'imperativo e sono usate come espressioni per richiamare l'attenzione dell'interlocutore e per iniziare un discorso.

Attività 20

Coniuga i verbi nelle forme dell'imperativo giuste.

1. Francesco, (stare) _____ zitto!
2. La prego professore, mi (dare) _____ un'altra possibilità.
3. (Mangiare) _____ sano, se vuoi giocare a calcio.
4. Possiamo entrare, professore? (Entrare) _____ pure!
5. Ragazzi, (chiudere) _____ la porta, per favore.
6. Signore, qual è la strada per la stazione? (Continuare) _____ sempre diritto e poi (girare) _____ a sinistra.
7. Ragazzi, (scrivere) _____ un testo di 20 righe sul gioco del calcio.
8. (Friggere) _____ le patate per cinque minuti circa e poi (aggiungere) _____ mezzo bicchiere di vino bianco.

Campionato d'italiano
livelli A2-B1

Aspetti della lingua

Osserva nel testo precedente l'uso del **congiuntivo trapassato** e del **condizionale passato** nel **periodo ipotetico**:

- se non **avessi giocato** a calcio, chissà che fine **avrei fatto**.

Il **periodo ipotetico** è formato da **due parti**:

- la prima parte è preceduta dalla congiunzione "se" ed esprime **una condizione**;
- la seconda parte esprime una **conseguenza della condizione: se + verbo** (condizione) **+ verbo** (conseguenza della condizione).

Il periodo ipotetico può combinare diversi tempi verbali dell'indicativo, del congiuntivo e del condizionale.

Nel testo **se + congiuntivo trapassato + condizionale passato – se non avessi giocato** al calcio + chissà che fine **avrei fatto** - esprime una condizione che non si è realizzata nel passato e una conseguenza che non si è mai verificata nel passato: **periodo ipotetico dell'irrealtà**.

Il periodo ipotetico **con i tempi dell'indicativo** invece esprime delle condizioni che si possono realizzare nel presente, nel futuro e nel passato e delle conseguenze altrettanto realizzabili: **periodo ipotetico della realtà**.

Se + presente + presente / se + futuro + futuro/ + presente + futuro o viceversa/ se + passato prossimo + passato prossimo:

- Se mi telefoni, mi fai piacere.
- Se giocherai a calcio, ti divertirai.
- Se vieni allo stadio, ti divertirai.
- Se hai comprato il biglietto per la partita, hai fatto bene.

Se + congiuntivo imperfetto + condizionale presente invece esprime una condizione irrealizzabile oppure che si può realizzare e una conseguenza irrealizzabile oppure possibile (periodo ipotetico della possibilità):

- Se io **giocassi** nel Napoli, **sarei** molto felice.
- Se **ti allenassi** di più, **potresti** giocare meglio.

Attività 21

Completa liberamente la prima o la seconda parte dei periodi ipotetici.

1. Se tu mi avessi ascoltato di più, _____ .
2. Se Tommaso vorrà andare allo stadio, _____ .
3. Se i giocatori della Lazio _____ , avrebbero vinto.
4. Se mi _____ , mi fai piacere.
5. Se tu conducessi una vita sana, _____ .
6. Se tutti facessero il loro dovere, _____ .
7. Se _____ a Roma, sarei molto contento.
8. Se Immobile _____ un gol domenica, i tifosi della Lazio esulterebbero.

B. La squadra - Lazio

10 Lazio

 Leggi con attenzione il testo.

LAZIO

Colore della maglia: bianca e celeste.

Stemma: un'aquila d'oro sopra lo scudo bianco-celeste (una striscia bianca centrale verticale e due strisce azzurre laterali verticali), la scritta con il nome del club "S.S. Lazio" si trova nella parte superiore dello scudo.

Nome dei tifosi e dei giocatori: biancocelesti.

Curiosità: hanno scelto i colori, bianco e celeste, in onore della Grecia, patria delle Olimpiadi, perché la società romana è stata fondata in un periodo di rinascita dell'antico spirito olimpico. Lo stemma della Lazio, presente nel centro delle maglie, è un'aquila, simbolo delle legioni romane e della potenza dell'impero romano. Prima di ogni partita allo stadio Olimpico di Roma un'aquila addestrata vola per qualche minuto all'interno dello stadio sotto il controllo dei propri falconieri, cioè di persone addestrate all'uso di falchi. La società ha chiamato questa aquila Olympia ed è diventata la mascotte della squadra.

Attività 22

Rispondi alle domande.

1. Perché sono stati scelti i colori bianco e celeste per la Lazio?
2. Che cosa è disegnata nel centro della maglia della Lazio?
3. Che cosa rappresentava nel passato il simbolo dell'aquila?
4. Cosa succede prima delle partite della Lazio?
5. Qual è la mascotte della Lazio?

Attività 23

Ascolta più volte l'inno della Lazio senza guardare il testo e completa le seguenti frasi della canzone.

Vai al seguente link: (https://www.youtube.com/watch?v=5-O_0jqqzFg)

⚠ Le attività di ascolto e il link sono disponibili su www.ornimieditions.com/it - Risorse gratuite

1. ho voglia di cantare
2. Lazio sul prato
3. La domenica sempre ci
4. Sono brividi forti e

Campionato d'italiano

livelli A2-B1

5. Vola un'aquila _____ .
6. Lazio tu non sarai _____ .
7. Più in alto sempre _____ .

 Leggi con attenzione il testo.

Inno della Lazio

L'inno ufficiale della Lazio è "Vola Lazio vola", cantato da Toni Malco ed è stato scritto insieme a Claudio Natili e Silvio Subelli.

Nel cielo biancazzurro brilla una stella
che in tutto il firmamento è sempre la più bella
ed ogni volta che rintocca er campanone
ho voglia di cantare questa canzone
Lazio sul prato verde vola
Lazio tu non sarai mai sola
vola un'aquila nel cielo
più in alto sempre volerà
Insieme a te aquilotto noi voliamo via
la domenica sempre ci fai compagnia
con le bandiere al vento e un tuffo in fondo al cuore
sono brividi forti e voglia di gridare
perché il coro che famo tutti quanti insieme
dice Lazio sei grande te volemo bene
Lazio sul prato verde vola
Lazio tu non sarai mai sola
vola un'aquila nel cielo
più in alto sempre volerà
Ma questo grande amore non finisce davvero
biancazzurro nel cuore e nei colori del cielo
Vola sul prato verde vola
Lazio tu non sarai mai sola
vola un'aquila nel cielo
più in alto sempre volerà
Vola sul prato verde vola
Lazio non sarai mai sola
vola un'aquila nel cielo
più in alto sempre volerà
vola sul prato verde vola
Lazio non sarai mai sola
Vola un'aquila nel cielo
più in alto sempre volerà

C. La cucina

10 Lazio

Attività 24

Trova le parole del dialetto romanesco e scrivi queste parole in italiano comune.

dialetto romanesco	italiano comune

Attività 25

Discuti con un compagno dei significati dell'inno della Lazio.

C. La cucina

Leggi con attenzione il testo.

La cucina di Roma

Un antipasto tipico sono *i carciofi alla romana*: carciofi senza spine, morbidi, cotti in tegame con un ripieno di aglio, prezzemolo e mentuccia romana. Una variante è fare friggere i carciofi in olio bollente, dopo aver messo i carciofi in acqua e limone. Un primo piatto caratteristico di Roma sono *gli spaghetti alla carbonara*: tre gli ingredienti fondamentali, le uova, il guanciale e il pepe.

Per prima cosa bisogna tagliare il guanciale a bastoncini, poi bisogna mescolare i tuorli delle uova con il pecorino e il parmigiano e amalgamare bene. Bisogna salare e aggiungere il pepe. È necessario cuocere il guanciale per sette/otto minuti. Dopo aver cotto gli spaghetti bisogna aggiungere il guanciale e successivamente il composto dei tuorli sulla pasta e poi mescolare. Un altro primo piatto popolare è *la pasta all'amatriciana*: gli ingredienti sono il guanciale, il pomodoro fresco, il pecorino romano, un peperoncino, il sale e l'olio. Bisogna prima tagliare a strisce il guanciale e poi friggerlo in un po' d'olio insieme al peperoncino, versare il pomodoro fresco e lasciare cuocere per circa 10 minuti. Bisogna aggiungere la salsa di pomodoro con il guanciale sulla pasta cotta e mettere il pecorino. Altri due piatti tipici sono i rigatoni con *la pajata*, pasta con l'intestino del vitello da latte, e *la coda alla vaccinara* che è la coda di bue cotta per cinque/sei ore con il sedano e il cioccolato amaro. Un tipico piatto pasquale è *l'abbacchio allo scottadito*: carne d'agnello cotta alla griglia con un po' d'olio e rosmarino. Un dolce tipico è *la crostata di visciole*. Le visciole sono le ciliegie.

Attività 1

Rispondi alle domande.

1. Come si cucinano i carciofi alla romana?
2. Quali sono gli ingredienti degli spaghetti alla carbonara?
3. Gli ingredienti della pasta all'amatriciana?
4. Che cos'è l'abbacchio?
5. Che cos'è la coda alla vaccinara?

Campionato d'italiano

livelli A2-B1

Attività 2

Leggi le due ricette e cambia gli infiniti con l'imperativo di seconda persona plurale.

a. **Spaghetti alla carbonara:** Per prima cosa bisogna tagliare il guanciale a bastoncini, poi bisogna mescolare i tuorli delle uova con il pecorino e il parmigiano e amalgamare bene. *Salare* (_____) e *aggiungere* (_____) il pepe. *Cuocere* (_____) il guanciale per sette/otto minuti. Dopo avere cotto gli spaghetti *aggiungere* (_____) il guanciale e successivamente il composto dei tuorli sulla pasta e *mescolare* (_____).

b. **Pasta alla amatriciana:** Bisogna prima tagliare a strisce il guanciale e poi friggerlo in un po' d'olio insieme al peperoncino, *versare* (_____) il pomodoro fresco e *lasciare* (_____) cuocere per circa 10 minuti. *Aggiungere* (_____) la salsa di pomodoro con il guanciale sui bucatini cotti e *mettere* (_____) il pecorino.

D. Storie, aneddoti e curiosità del calcio

Leggi il testo.

Il giocatore argentino Messi è molto popolare ed è considerato uno dei migliori giocatori nel mondo. Ha giocato per molti anni nel Barcellona e dall'estate 2021 è al PSG in Francia. Poche persone conoscono i suoi legami con l'Italia. Prima di tutto è nato nell'ospedale italiano *"Garibaldi"*, a Rosario, dove nel 1893 viveva un suo antenato, Angelo, con la moglie Maria che provenivano dalle Marche. Suo cugino di terzo grado oggi vive nelle Marche a Recanati. Nel maggio 2019 il comune marchigiano ha dato la possibilità a Leo Messi di esprimere il suo voto per le elezioni amministrative ed europee. La moglie di Messi, Antonella, è di origini calabresi. Infine, la musica: Leo Messi è un grande fan di Eros Ramazzotti.

Attività 1

Leo Messi è un ammiratore di Eros Ramazzotti. A te quale musicista italiano piace? Parla della musica italiana e internazionale e spiega quale genere musicale preferisci (musica pop, jazz, rock, etc.).

Campionato d'italiano

livelli A2-B1

11
Campania

Lo **stadio San Paolo** (per celebrare la tradizione secondo la quale San Paolo, in viaggio verso Roma, è arrivato in quest'area di Napoli) ospita le gare interne del **Napoli** dal 1959. Di proprietà comunale, sorge nel quartiere Fuorigrotta. È stato ristrutturato in occasione delle Universiadi 2019. Dal 4 dicembre 2020 è intitolato all'ex capitano azzurro **Diego Armando Maradona**. Attualmente ha una capienza di **54.726** posti.

NAPOLI

Palmarès
Scudetti: 2
Titoli nazionali: 1 Campionato di Serie B
Trofei/Coppe: 6 Coppe Italia
2 Supercoppe italiane
1 Coppa UEFA
1 Coppa delle Alpi
1 Coppa di Lega Italo-Inglese

Cronistoria essenziale
1926 Nasce l'Associazione Calcio Napoli
1962 Vince la Coppa Italia
1966 Conquista la Coppa delle Alpi
1977 Vince la Coppa di Lega Italo-Inglese
1987 Vince il primo scudetto
1989 Vince la Coppa UEFA
1990 Conquista il secondo scudetto
1990 Vince la Supercoppa Italiana

Campionato d'italiano

livelli A2-B1

A. Città

Leggi con attenzione il testo.

Napoli

Napoli è il capoluogo della regione Campania, è la terza città italiana con 1.064.000 di abitanti. Si trova tra il vulcano Vesuvio a est e i Campi Flegrei a ovest, sul golfo di Napoli. L'area tra Piazza Garibaldi e via Toledo corrisponde all'antica Neapolis romana. Le sue strade principali riprendono proprio le antiche vie romane.
Ci sono tantissimi monumenti di grande valore artistico. I più antichi sono dell'epoca romana, con i resti del **Foro** e dei **Templi** di Cecere, Giove e Apollo. Di epoca **paleocristiana** sono le **catacombe** di San Gennaro (II secolo), i **mosaici** del **Battistero** di San Giovanni in Fonte (V secolo) e la **Basilica** di San Giorgio Maggiore (IV secolo). Durante la dominazione angioina nel **medioevo** sono state costruite, in **stile gotico**, le chiese di San Lorenzo Maggiore (XIII secolo), San Domenico Maggiore (XIII secolo), la Basilica di Santa Chiara, dove si trova un importante **affresco** di Giotto (1310/1328) e Santa Maria Donnaregina (1499). Di epoca **rinascimentale** sono l'**Arco** Trionfale per Alfonso d'Aragona, Porta Capuana (1484), la **Tomba** del cardinale Brancaccio di Donatello e Michelozzo (1426/1428), il **Palazzo** Carafa (1466). L'arte **barocca** del XVII e XVIII secolo trova espressione a Napoli nei bellissimi **presepi**. Nel XVIII secolo la produzione di **porcellana** di Capodimonte ha cominciato a diventare famosa. Napoli non solo è ricca per le sue opere d'arte, ma anche per le sue istituzioni culturali: il Teatro San Carlo, l'Università del 1224, l'Osservatorio Astronomico, l'Osservatorio Vesuviano e molti **musei**. Il Vesuvio offre un bellissimo panorama ed è uno dei due vulcani attivi dell'Europa continentale. È possibile prendere la funicolare per andare a visitare Castel Sant'Elmo del XIV secolo, una grande **fortezza** a forma di stella che si trova sul punto più alto della città.
Nel centro storico di Napoli si trova la Piazza del Gesù Nuovo, dove si possono visitare chiese molto belle; non lontano c'è il **Duomo** dove, in una **cappella** sono conservate le ampolle con il sangue di San Gennaro, patrono della città. Dobbiamo visitare anche il Palazzo Reale del 1602, dove soggiornavano i Borboni (la dinastia che ha governato Napoli e la Sicilia dal XVIII al XIX secolo) e successivamente i Savoia (dinastia dei Re d'Italia), con le sue **sale** piene di **arazzi**, affreschi, oggetti artistici e porcellane. Altro monumento famoso di Napoli è il Castel Nuovo (Maschio Angioino) davanti al porto, con il suo bellissimo arco di trionfo. Infine dobbiamo visitare anche Castel dell'Ovo, il **castello** più antico della città di Napoli, ben visibile nel celebre panorama del golfo.

* Per le parole in neretto consulta e/o scarica in pdf il glossario storico-architettonico su www.ornimieditions.com/it - Risorse gratuite

Attività 1

Completa le informazioni.

1. Monumenti risalenti all'epoca romana: ....
2. Monumenti di epoca paleocristiana: ....
3. Monumenti del periodo medioevale: ....
4. Monumenti di epoca rinascimentale: ....
5. Istituzioni culturali di Napoli: ....
6. Castelli di Napoli: ....

A. Città

11 Campania

Attività 2

Gli Angioini e i Borboni hanno dominato e governato Napoli in periodi diversi. Fai una ricerca su Internet e scrivi una breve storia di queste due dinastie importanti della storia (massimo 150 parole). Usa tutti i tempi passati quando è possibile.

B. La squadra

Leggi con attenzione il testo.

Napoli calcio

La *Società Sportiva Calcio Napoli* nasce nel 1926 con il nome di Associazione Calcio Napoli, poi nel 1964 prende il nome di *S.S.C Napoli*. In seguito al fallimento della società nel 2004, il presidente Aurelio De Laurentiis fonda la *Napoli Soccer* e iscrive la squadra alla Serie C1. Quando la squadra è promossa in serie B nel 2007 riprende il nome di *Società Sportiva Calcio Napoli (SSC Napoli)*.

Il Napoli ha vinto due scudetti (1986/1987, 1989/1990), cinque Coppe Italia, due Supercoppe italiane (1990 e 2014), una Coppa UEFA (1988/1989), una Coppa delle Alpi (1966) e una Coppa di Lega Italo-Inglese (1976).

Il Napoli è la squadra del Meridione con più titoli a livello nazionale e internazionale e quella più presente nei campionati di serie A. Il Napoli dei due scudetti (1986/1987 e 1989/1990) è famoso per un suo grande campione: Diego Armando Maradona, uno dei più grandi giocatori nella storia del calcio mondiale. La squadra di Maradona, prima sotto la guida dell'allenatore Ottavio Bianchi, ha vinto il suo primo scudetto, la Coppa UEFA e la sua terza Coppa Italia e successivamente con l'allenatore Alberto Bigon ha vinto il secondo scudetto e la Supercoppa italiana. Della squadra di Maradona dal 1987 al 1990 hanno fatto parte giocatori molto forti: l'attaccante Bruno Giordano, il centrocampista Salvatore Bagni, il portiere Claudio Garella, il difensore Alessandro Renica, l'attaccante brasiliano Careca, il centrocampista brasiliano Alemão. Nel 1991 con la partenza di Maradona è finito il primo grande ciclo

Campionato d'italiano
livelli A2-B1

della storia sportiva del Napoli. Dopo il fallimento della società nel 2004 il Napoli è risalito dalla serie C1 alla serie A e sotto la presidenza di Aurelio De Laurentiis, produttore cinematografico, gioca nelle competizioni internazionali e occupa una posizione importante nel campionato di serie A: dal campionato 2010/2011 la squadra partenopea arriva nelle prime posizioni (terza nel 2010/2011, seconda nel 2012/2013, terza nel 2013/2014, seconda nel 2015/2016, terza nel 2016/2017 e seconda nel 2017/2018 e nel 2018/2019). Gli allenatori del Napoli che hanno contribuito alla crescita della squadra sotto la presidenza De Laurentis sono stati Walter Mazzarri (dal 2009 al 2013) Maurizio Sarri (dal 2015 al 2018) e Carlo Ancelotti (nel campionato 2018/2019). Dal 2021 l'allenatore è Luciano Spalletti.

Attività 1

Completa le informazioni.

1. La Società Sportiva Calcio Napoli fallisce nel _____.
2. Il Napoli ha vinto in campo nazionale _____.
3. Cosa ha vinto in campo internazionale: _____.
4. Allenatori del primo e secondo scudetto: _____.
5. Maradona lascia il Napoli nel _____.
6. Il presidente del Napoli dopo il fallimento è _____.
7. Hanno giocato nel Napoli con Maradona: _____.

Attività 2

Scrivi una breve scheda (massimo 150 parole) sulla carriera sportiva di Maradona: in quali squadre ha giocato, quanti gol ha fatto ecc. Usa i tempi passati.

_____
_____
_____
_____
_____

B. La squadra

Campania 11

Leggi con attenzione l'intervista.

🎙️ Intervista a Diego Armando Maradona

Che bello, eh! Ovunque nel mondo ci sono applausi.
«Io però ho fatto l'ottanta per cento della mia carriera in Italia».

L'Italia ti adora, però (...) dovunque nel mondo, ovunque tu vada tutti ti sono grati (...)
«Io sono soltanto un giocatore di calcio (...), ma per quello che ho fatto nel calcio non sarò mai un uomo comune (...). Non ho mai voluto essere l'esempio di nessuno. L'esempio deve essere il padre e la madre, noi possiamo essere eventualmente l'esempio sportivo».

Tu ci pensi mai a quanta esperienza e quante cose hai fatto nella vita? Tu hai vissuto una vita fuori del comune, sotto tutti i punti di vista.
«Io il 30 ottobre faccio 53 anni, ma come dico a mia figlia io oggi avrò 85/86 anni per tutto quello che ho vissuto, di cattivo e di buono. Di cattivo per quanto sono stato male per la droga per tanti anni. Ho il rammarico, il rimpianto di non avere visto crescere le mie due figlie». (...)

Adesso però stai bene.
«Dieci anni senza prendere niente».

Numero dieci si nasce?
«Io prima pensavo di sì, adesso il 10 lo porta qualsiasi giocatore del mondo».

Tu volevi fare il libero[1] prima, perché da dietro si vede meglio il campo.
«Sì, altrimenti devi fare il portiere, ma il portiere non lo farò mai. Il libero da dietro capisce subito chi viene da destra e da sinistra, deve parlare con quelli che stanno davanti». (...)

Ti ricordi il tuo primo pallone?
«Me lo ricordo sì, me lo ha regalato mio cugino con il suo primo stipendio. Un pallone bianco».

Tu da bambino avevi lo stesso sogno dei coetanei del tuo quartiere, di giocare e vincere il campionato del mondo. (...)
«Sì, ma prima avevamo il sogno di andare via da quel posto dove non avevamo niente, non c'era l'acqua, non avevamo la luce. La prima cosa che pensavo era di prendere per mia madre una casa bella e l'ho potuto fare».

Argentina-Inghilterra 2-1 Campionato del mondo 1986 – il gol più bello del secolo - tu quando hai fatto gol all'Inghilterra nei campionati mondiali del 1986 avevi già capito quello che sarebbe successo?
«Sì, l'avevo già capito». (...)

*****Nota 1** - Il libero era un difensore che non doveva controllare un avversario specifico, ma dirigere la difesa, doveva essere il regista della difesa. Ora non si parla più di liberi, ma di difensori centrali.

(Riduzione e adattamento da "Che tempo che fa" del 20/11/2013:https://www.youtube.com/watch?v=LYmlb0IL2O8)

Campionato d'italiano
livelli A2-B1

Attività 3

✎ **Rispondi alle domande.**

1. Maradona dove ha svolto la maggior parte della sua carriera calcistica?

2. Per la vita che ha fatto si sente ancora giovane o vecchio?

3. Per Maradona il giocatore che porta il numero dieci è ancora un giocatore speciale?

4. Quale ruolo calcistico voleva fare prima?

5. Quale tipo di quartiere era quello in cui viveva Maradona da bambino?

Attività 4

✎ **Cerca e sottolinea nell'intervista la forma verbale al congiuntivo presente e la forma verbale al condizionale passato. Da che cosa dipende l'uso del congiuntivo nel testo e che cosa esprime il condizionale passato?**

1. Verbi al Congiuntivo presente:
2. Verbi al Condizionale passato:

3. L'uso del Congiuntivo dipende
4. Il Condizionale esprime

Attività 5

✎ **Sulla base del testo spiega il significato di queste parole.**

1. altrimenti:
2. ovunque:
3. rimpianto:
4. adora:
5. essere grati:
6. stipendio:

B. La squadra

11
Campania

Aspetti della lingua

Osserva nel testo l'uso dei **pronomi combinati**:

me lo ricordo – **me lo** ha regalato.

In italiano è possibile usare insieme due pronomi atoni.
Il pronome che ha la funzione di oggetto indiretto **precede sempre** il pronome che ha la funzione di oggetto diretto:

pronome indiretto + pronome diretto.

Davanti a **lo**, **la**, **li**, **le** e **ne** la "i" del pronome atono indiretto si trasforma in "e":
- mi + lo = **me lo**
- ci + ne = **ce ne**, ecc.

Cambia anche il pronome dei verbi pronominali:
si + lo / la / li / le / ne = **se lo – se la – se li – se le – se ne.**

Inoltre, **le** e **gli** diventano **glie** invariabile, che si scrive unito al pronome successivo:

- *Se ho un biglietto per la partita per i tuoi amici, **glielo** do.*

Glie è pronome singolare e plurale.

PRONOMI COMBINATI

me lo	te lo	glielo	se lo	ce lo	ve lo
me la	te la	gliela	se la	ce la	ve la
me li	te li	glieli	se li	ce li	ve li
me le	te le	gliele	se le	ce le	ve le
me ne	te ne	gliene	se ne	ce ne	ve ne

Attenzione agli **accordi** tra il pronome diretto e il participio passato dei verbi al passato prossimo:

- *Ti ricordi il tuo primo pallone? - Sì, me **lo** ha regala**to** mio cugino...*
- *Hai dato la tua bicicletta a Giulio? - Sì, glie**la** ho da**ta** (gliel'ho data).*

Attività 6

Rispondi alle domande con l'uso dei pronomi combinati.

Esempio: *A: Hai dato il biglietto a Marco? B: Sì, gliel'ho dato.*

1. A: Hai regalato a tuo figlio la maglia del Napoli? B: Sì, _____.
2. A: Marcello ha dato le chiavi di casa a sua sorella? B: No, non _____.
3. A: I tuoi amici hanno detto la verità ai loro genitori? B: No, non _____.
4. A: Hai inviato la lettera a tuo nonno? B: Sì, _____.
5. A: Avete restituito i soldi a Marta? B: Sì, _____.
6. A: L'allenatore ha comunicato alla stampa la formazione? B: No, non _____ ancora.
7. A: La società ha dato i numeri della maglia ai giocatori? B: Sì, _____.

Campionato d'italiano

livelli A2-B1

Attività 7

 Cerca su Internet l'immagine dello stemma del Napoli e senza leggere il testo, spiega oralmente a un compagno come è fatto. Dopo controlla sul testo la tua descrizione.

Leggi con attenzione il testo.

NAPOLI

Colore della maglia: azzurro.

Stemma: è di forma circolare con un fondo azzurro e una cornice circolare esterna blu con un bordo interno bianco. Al centro una "N" in caratteri bianchi.

Nome dei tifosi e dei giocatori: azzurri, partenopei (la città di Napoli anticamente era chiamata Partenope).

Curiosità: Lo stemma del Napoli è cambiato più volte nel corso del tempo. Il motivo di questi cambiamenti è dovuto principalmente alle variazioni di nome che la società ha fatto nel corso della sua storia. Dopo la fondazione dell'Associazione Calcio Napoli (1926), nasce il primo stemma ufficiale: uno scudo ovale celeste circondato di giallo-oro con al centro un cavallo rampante, bianco, che era simbolo della città e del Regno di Napoli, su un pallone da calcio circondato dalle iniziali del nome della società partenopea di allora.

Attività 8

 Ti piace di più il primo stemma del Napoli o quello attuale? Spiega le ragioni della tua scelta.

B. La squadra

11 Campania

Leggi con attenzione il testo.

Vai al seguente link: (https://www.youtube.com/watch?v=WvY7SeJ5CB4)

Le attività di ascolto e il link sono disponibili su www.ornimieditions.com/it - Risorse gratuite

Inno del Napoli

"Il testo è stato scritto e cantato nel 1987 da Nino D'Angelo, anno in cui il Napoli Calcio vince il suo primo scudetto. Le parole della canzone riguardano la curva e la tifoseria del Napoli, esaltano la passione e l'amore per la squadra e la città."

Oh... ale' oh oh...ale'
Ale' oh oh... ale'
Ale' oh oh
Napoli Napoli Napoli
Forza Napoli Napoli Napoli oh...oh
Napoli Napoli Napoli
La mia Napoli Napoli
'a bandiera tutta azzurra
Ca rassumiglia 'o cielo
E 'o mare 'e sta citta'
Forza Napoli
Rint'all'uocchi'e sti guagliune
Ca se scordano 'e problemi
E si mettono a **canta'**
Napoli Napoli Napoli
Quei ragazzi della Curva B oh...oh
Napoli Napoli Napoli
Nu striscione **rice** siamo qui
Oh... ale' oh...oh ale'
Ale' oh oh ale'
Ale' oh oh
Napoli Napoli Napoli...
Forza Napoli Napoli Napoli oh o...
Napoli Napoli Napoli
La mia Napoli Napoli
È 'na casa chisto stadio
Parimmo na famiglia
Sultanto dinta 'cca
Viecchie e giuvane
Cercano **rint'a nu pallone**
Nu poco 'e pace nu juorno nuovo
Ca se chiamma liberta'
Napoli Napoli... Napoli
Quei ragazzi della Curva B...oh oh
Napoli Napoli Napoli
Tu si tutte chello ca vogl' je
Oh... ale' oh...oh ale'
Ale' oh oh ale'
Ale' oh Oh...
Napoli Napoli Napoli
Forza Napoli Napoli Napoli oh...oh
Napoli... Napoli... Napoli
La mia Napoli Napoli Napoli oh... oh

Campionato d'italiano

livelli A2-B1

Attività 9

Il testo è stato scritto in gran parte in dialetto napoletano. Riscrivi in italiano comune con l'aiuto di un dizionario e del contesto tutte le parole in neretto.

Attività 10

Ascolta più volte l'inno del Napoli e prova a cantare con un compagno la canzone con il testo di fronte.

C. La cucina

Leggi con attenzione il testo.

Cucina napoletana

La pizza è il simbolo della cucina napoletana ed è stata riconosciuta dalla Comunità Europea come specialità tradizionale garantita. La pizza ha vari gusti e ingredienti, ma la pizza tradizionale è la *Margherita*, con pomodoro, mozzarella e basilico. Secondo la leggenda, Raffaele Esposito, cuoco della pizzeria Brandi, ha inventato questo tipo di pizza in omaggio alla Regina Margherita di Savoia che si trovava in visita in città nel 1889. Un altro prodotto tipico di Napoli è *la mozzarella di* **bufala** che è fatta col latte delle bufale campane. Per i napoletani quando è fresca non deve essere mai messa in frigorifero, ma deve essere tenuta fuori.

La salsiccia e friarielli è un piatto tipico della cucina napoletana. *I friarielli* sono verdure di sapore amaro cotte in padella con olio e aglio. A Pasqua a Napoli si mangia spesso *il castiello* e *il tortano*, delle torte salate a base di formaggio, salame e uova.

Il sartù di riso può essere preparato in diversi modi. Si può fare con la mozzarella e i funghi, oppure si può preparare con il ragù napoletano, i piselli, la pancetta, i funghi, la **provola,** le polpettine di carne, le salsicce e le uova sode.

La frittata di pasta (frittata di maccheroni) è uno dei piatti napoletani che si mangiano in gita o in spiaggia, perché si mangia con le mani come un panino. Si prepara con la pasta avanzata del giorno prima e le uova, mescolate e cotte come una normale frittata.

La pizza fritta è un'altra specialità napoletana. L'impasto è fatto con pasta per la pizza ripiena di ricotta, salame e mozzarella e poi è fritto.

Gli spaghetti alle vongole è un altro piatto tipico, ormai diffuso in tutto il mondo. Per la ricetta originale gli spaghetti sono in bianco, ma possiamo aggiungere anche qualche pomodorino.

Un dolce tipico napoletano è *la sfogliatella* nelle due varianti: *la riccia* e *la frolla*. *La sfogliatella riccia* è di forma triangolare ed è formata da strati di **pasta sfoglia**, mentre *la sfogliatella frolla* è di forma rotonda ed è fatta con **pasta frolla**. Il ripieno della sfogliatella è identico per entrambe le varianti ed è composto da 250 gr. di ricotta, 150 gr. di **semolino**, 150 gr. di **canditi** misti, 150 gr. di **zucchero a velo**, un uovo, una goccia di essenza di **vaniglia** ed un pizzico di cannella in polvere.

Il babà è un altro dolce tipico di Napoli che è preparato con pasta lievitata con **lievito** di birra, il rum, le uova, lo zucchero e la scorza d'arancia.

* Per le parole in neretto consulta e/o scarica in pdf il glossario gastronomico su www.ornimieditions.com/it - Risorse gratuite

C. La cucina

11 Campania

Attività 1

Completa le informazioni.

1. Ingredienti della pizza Margherita: _____.
2. Leggenda della nascita della pizza Margherita: _____.
3. Che cosa sono i friarielli: _____.
4. Che cosa si mangia a Napoli a Pasqua: _____.
5. Preparazione del sartù di riso – 1° modo: _____.
6. Preparazione del sartù di riso – 2° modo: _____.
7. Dove si mangia la frittata di pasta: _____.
8. Composizione dell'impasto della pizza fritta: _____.
9. Due varianti della sfogliatella: _____.
10. Composizione del ripieno della sfogliatella: _____.
11. Composizione del babà: _____.

Attività 2

Leggi nuovamente il testo e sottolinea tutte le forme verbali passive.

Attività 3

Trova nel testo le espressioni che indicano una piccola quantità di ingredienti.

_____
_____
_____
_____

Campionato d'italiano

livelli A2-B1

D. Storie, aneddoti e curiosità del calcio

Nel campionato 1926/1927 il Napoli è stato molto sfortunato e ha fatto un solo punto in tutte le partite.

In quel periodo il simbolo della squadra era un cavallino rampante, ma dopo questo sfortunato campionato è diventato un asino, il "ciuccio" nella tradizione napoletana.

È stato il giornale satirico *"O vache e pressa"* a introdurre questo nuovo simbolo che resiste ancora oggi.

All'asino, inoltre, è legato anche un motto, introdotto dai tifosi napoletani nel 1930, al termine di un Napoli-Juventus, finito con il risultato di 2 a 2, con la squadra partenopea che, dopo un doppio svantaggio, aveva raggiunto il pareggio in rimonta.

Alla conclusione della partita, infatti, entra sul terreno di gioco, un asino con un nastro azzurro e con un cartello con la scritta: "Ciuccio, fai tu!"

Attività 1

Sei superstizioso? Presenta alla classe tutte le superstizioni presenti nella tua cultura.

Esempio: *paura di passare sotto una scala.*

Campionato d'italiano

livelli A2-B1

12
Sardegna

La **Sardegna Arena** si trova nella città italiana di Cagliari. Ospita tutte le gare interne della squadra sarda. È stato costruito nel 2017 per sostituire il vecchio e storico stadio Sant'Elia. La capienza massima è di **16.416** posti a sedere.

CAGLIARI

Palmarès
Scudetti: 1
Titoli nazionali: 1 Campionato di Serie B
1 Campionato di Serie C
Trofei/Coppe: 1 Coppa Italia Serie C

Cronistoria essenziale
1920 Nasce il Cagliari Calcio
1952 Vince il campionato di Serie C
1969 Arriva secondo in Serie A
1970 Conquista il suo unico scudetto
1971 Gioca gli Ottavi di finale di Coppa dei Campioni
1989 Vince la Coppa Italia di Serie C
2016 Vince il campionato di Serie B

Campionato d'italiano
livelli A2-B1

A. Città

Leggi con attenzione il testo.

Cagliari

Cagliari è il capoluogo della bellissima isola di Sardegna. Si trova nella costa meridionale dell'isola, nella parte centrale del Golfo degli Angeli. Si è sviluppata su sette colli come Roma, che corrispondono a sette quartieri cittadini: *Castello, Tuvumannu o Tuvixeddu, Monte Claro, Monte Urpinu, Colle di Bonaria, Colle di San Michele, Calamosca o Sella del Diavolo.*

Nel suo territorio ci sono tracce delle influenze e delle dominazioni di altri popoli come i Fenici, i Cartaginesi e i Romani, e conserva i resti delle opere di fortificazione che sono state realizzate dai Pisani fra il Duecento e Trecento, la **Torre** dell'Elefante e la Torre dell'Aquila.

Il quartiere fortificato del Castello, uno dei sette colli, presenta monumenti di pregevole bellezza artistica: il **Bastione** di Saint Remy, la **Cattedrale** di Santa Maria e il **Palazzo** Regio.

La città ha numerosi parchi, torri, chiese e musei. Un **museo** particolarmente famoso è il Museo Archeologico Nazionale, il più importante al mondo per i reperti della civiltà nuragica (i Nuraghi erano un antico popolo di pastori e contadini che ha abitato la Sardegna per otto secoli). Il museo si trova all'interno della Cittadella dei Musei dove ci sono oggetti preistorici e di epoca bizantina.

A Cagliari si trova uno dei più importanti **cimiteri** monumentali d'Europa, il cimitero di Bonaria, con **sculture** di vari artisti sardi del periodo tra l'Ottocento e il Novecento.

Famose sono anche la **Necropoli** fenicio-punica di Tuvixeddu e la **Basilica** di San Saturnino, la più antica della Sardegna.

La spiaggia del Poetto, una striscia di mare lunga otto chilometri, è molto frequentata dai turisti; piacevole è inoltre la spiaggia di Calamosca.

La città è conosciuta da biologi e naturalisti di tutto il mondo perché nello stagno di Molentargius e nella Laguna di Santa Gilla ci sono grandi colonie di fenicotteri.

A Cagliari ci sono due importanti teatri: il Teatro Lirico di Cagliari e il Teatro Massimo. Infine nella città è organizzato lo European Jazz Expo, un festival jazz al quale partecipano i maggiori musicisti del mondo.

* Per le parole in neretto consulta e/o scarica in pdf il glossario storico-architettonico su www.ornimieditions.com/it - Risorse gratuite

Attività 1

Rispondi alle domande.

1. Dove si trova Cagliari?
2. Quanti sono i colli su cui si è sviluppata la città?
3. Quali popoli hanno dominato Cagliari?
4. Quali sono i monumenti del quartiere di Castello?
5. Dove si trovano i resti della civiltà dei Nuraghi?
6. Qual è la Basilica più antica della Sardegna?
7. Quali sono le spiagge più famose di Cagliari?
8. Dove si trovano le grandi colonie di fenicotteri?

A. Città

12 Sardegna

Attività 2

Quali sono i capoluoghi di provincia della Sardegna? Fai una ricerca su Internet e presenta oralmente alla classe le città sulla cartina geografica dell'isola.

Attività 3

Progetta un viaggio in Sardegna. Scrivi un programma di viaggio: le città, le spiagge che vuoi visitare. Usa il futuro (massimo 150 parole).

Partirò da _____ e viaggerò in _____

B. La squadra

Leggi con attenzione il testo.

Cagliari Calcio

Il *Cagliari Calcio* nasce nel 1920 ed è la più importante squadra della Sardegna, l'unica ad aver giocato nel campionato di serie A. Nel campionato 1964/1965 il Cagliari gioca per la prima volta in serie A. Ha vinto, prima squadra del Sud d'Italia, il campionato italiano di Serie A nel 1969/1970. L'anno precedente, nel 1968/1969, ha raggiunto la seconda posizione. Ha vinto il campionato italiano di Serie B nel 2015/2016 e il campionato italiano di Serie C nel 1951/1952. In campo europeo ha raggiunto gli ottavi di finale di Coppa Campioni nel 1970/1971 ed è stato semifinalista della Coppa UEFA 1993/1994.

Il giocatore simbolo del club, Gigi Riva, è il miglior marcatore della nazionale italiana con 35 reti in 42 partite, ed è stato per tre volte capocannoniere della Serie A. La formazione sarda è inoltre, insieme a Genoa, Bologna, Napoli e Verona, tra le sole squadre italiane ad aver vinto i campionati nazionali di prima (serie A), seconda (serie B) e terza serie (serie C). Il Cagliari nel campionato 1969/1970, sotto la guida dell'allenatore Manlio Scopigno, ha vinto il suo primo e unico scudetto. Di quella squadra facevano parte oltre a Gigi Riva, il portiere Enrico Albertosi, portiere anche della nazionale italiana, il capitano Pierluigi Cera, centrocampista che l'allenatore trasforma in difensore centrale, l'attaccante Angelo Domenghini, giocatore della nazionale italiana ed ex giocatore della "Grande Inter", il centrocampista brasiliano Nenè, il centrocampista Greatti, l'attaccante Mario Brugnera e l'attaccante Sergio Gori.

Campionato d'italiano
livelli A2-B1

Attività 1

Completa le informazioni.

1. Il Cagliari Calcio nasce nel _____ .
2. Il Cagliari gioca per la prima volta in serie A nel _____ .
3. Ha vinto il suo unico scudetto nel _____ .
4. Il giocatore simbolo della storia della squadra è stato _____ .
5. Giocatori del Cagliari campione d'Italia _____ .

Attività 2

Scrivi una scheda sulla carriera calcistica nel Cagliari e nella Nazionale italiana di Gigi Riva.

_____
_____
_____
_____
_____

Attività 3

Leggi queste brevi parti di messaggi di ex-giocatori del Cagliari campione d'Italia su Gigi Riva. Poi completa i messaggi con le frasi della lista a pag. 183.

1. **Albertosi:** Riva è stato per lui un compagno _____ Il valore calcistico di Riva è uguale a quello di _____

2. **Tomasini:** Riva rappresenta _____ Ti voglio _____

3. **Niccolai:** Riva per lui era _____ Caratteristiche di Riva: la tecnica, _____ . Vincere lo scudetto a Cagliari è stato _____

4. **Greatti:** Siamo arrivati _____ . Eravamo due _____ Ho anche pregato affinché _____ . È come se _____

5. **Domenghini:** Verrai a trovarmi al Nord _____ Voglio anche dirti che il tuo _____ .

6. **Gori:** Sei stato essenziale nella vittoria di uno scudetto irripetibile. Un rapporto di stima e _____ Tra noi c'è ancora la _____

182

B. La squadra

12 Sardegna

a. rivedere al più presto.
b. Maradona e Pelè.
c. assieme al Cagliari.
d. impareggiabile.
e. la squadra e lo scudetto vinto nel 1970.
f. riconoscenza, parola che ormai sembra scomparsa
g. ragazzini con poca esperienza, ma tanta voglia di dare il massimo
h. della Sardegna dove sto io d'estate, alla spiaggia della Celvia
i. amicizia talmente profonda che rimarrà per sempre
j. un dio
k. il carattere, la forza e il fiuto sotto porta
l. tu venissi fuori al più presto dai problemi
m. record di gol in Nazionale resisterà
n. come vincerne cinque a Torino o Milano
o. parlassi di un fratello

 Leggi nuovamente i messaggi completi dei vecchi compagni di squadra di Gigi Riva.

> **Sei compagni di squadra di Gigi Riva del Cagliari campione d'Italia gli scrivono dopo un periodo di malattia.**
>
> **ALBERTOSI, IL PORTIERE** — «Caro Gigi, (...) a marzo dovrei tornare a Cagliari e sono certo che ci ritroveremo a cena, come sempre, con tutti gli altri. (...) Credo che il rapporto che si è creato tra noi del Cagliari dello scudetto sia qualcosa di incredibile. Quel che abbiamo fatto credo non si ripeterà mai più. (...) . Sei stato un compagno impareggiabile (...) Per me vali Maradona e Pelè, sei stato assolutamente alla loro altezza».
>
> **TOMASINI, IL LIBERO** — «Gigi, sono davvero contento di sapere che stai meglio. (...) Gigi, rappresenti la squadra e lo scudetto vinto nel 1970. Sei la nostra storia e questo nessuno potrà cancellarlo. Sono da sempre convinto che senza di te avremmo vinto poco. (...) L'affetto che ti riserviamo noi, le attenzioni dei tifosi e le belle cose che hai avuto ovunque, non si cancelleranno mai».
>
> **NICCOLAI, LO STOPPER** — «Caro bomber, ho sempre detto che eri un dio, il nostro dio. La tecnica, il carattere, la forza che mettevi su ogni pallone era davvero un qualcosa di straordinario. Poi, avevi quel fiuto sotto porta: oggi saresti il migliore del mondo (...) Vincere lo scudetto a Cagliari è stato come vincerne cinque a Torino o Milano. (...) So che combatterai come sempre per venire fuori dai tuoi problemi. Ci vedremo presto».
>
> **GREATTI, LA MEZZALA** — «Ciao Gigi. (...) Siamo arrivati assieme al Cagliari, eravamo due ragazzini con poca esperienza ma tanta voglia di dare il massimo. (...) Non mi vergogno a dire che ho anche pregato affinché tu venissi fuori al più presto dai problemi. Per me è come se parlassi di un fratello. (...) hai sempre sottolineato, che senza quel fantastico gruppo, molto forte e coeso, poco avresti potuto. (...) se una squadra subisce 11 gol in un intero campionato, qualcosa vorrà dire. (...)».
>
> **DOMENGHINI, L'ALA** — «Caro Gigi, sono a Bergamo e ormai sono due-tre anni che non ti vedo». (...)

Campionato d'italiano

livelli A2-B1

Magari la prossima estate verrai a trovarmi al Nord della Sardegna dove sto io d'estate, alla spiaggia della Celvia. (...) Sarebbe bellissimo ritrovarci tutti insieme e fare una grigliata. (...) Voglio anche dirti che il tuo record di gol in Nazionale resisterà. Non credo proprio che nessun attaccante italiano riuscirà a batterlo. (...)».

GORI, IL CENTRAVANTI — «Ciao Gigi. (...) Sei stato essenziale nella vittoria di uno scudetto irripetibile. Non credo sarà facile battere il tuo record di gol in azzurro, ma i record sono fatti per essere battuti. Quel che mi importa è il nostro rapporto. Un rapporto di stima e amicizia talmente profondo che rimarrà per sempre. Tra noi (...) c'è ancora la riconoscenza, parola che ormai sembra scomparsa. (...)».

(Adattamento e riduzione da https://www.gazzetta.it/Calcio/Serie-A/Cagliari/24-01-2019/
riva-gigi-ti-scrivo-cagliari-70-da-bentornato-rombo-tuono-320623766874.shtml)

Attività 4

Trova tutti i verbi al futuro, al congiuntivo e al condizionale. Spiega da cosa dipendono i congiuntivi e il significato dei condizionali nei messaggi.

a. verbi al futuro: _____.

b. verbi al congiuntivo: _____.

c. verbi al condizionale: _____.

Aspetti della lingua

Osserva l'uso del **congiuntivo** nel testo dopo le congiunzioni **affinché** e **come se**:
- Ho anche pregato **affinché tu venissi** fuori al più presto dai problemi.
- Per me è **come se parlassi** di un fratello.

La congiunzione **affinché** esprime una finalità dell'azione del verbo principale "ho pregato" e richiede obbligatoriamente l'uso del congiuntivo: **affinché + congiuntivo**.

Altre congiunzioni finali che richiedono l'uso del congiuntivo sono:

- **perché, acciocché** (molto raro formale).

Per esprimere una frase finale in italiano è possibile usare la preposizione **per + infinito** quando il soggetto della frase principale è lo stesso del verbo della frase dipendente:

- Ho pregato per poter vincere il concorso.

Come se + imperfetto o trapassato congiuntivo:

- I giocatori erano contenti come se **avessero vinto**.

B. La squadra

12 Sardegna

Osserva nel testo anche l'uso del verbo **credere** nella frase principale seguito dal **congiuntivo presente** e dal **futuro indicativo**:

- *Credo che il rapporto che si è creato tra noi del Cagliari dello scudetto sia qualcosa di incredibile.*
- *Non credo sarà facile.*
- *Credo non si ripeterà mai più.*
- *Non credo proprio che nessun attaccante italiano riuscirà a batterlo.*

Il verbo **credere** come altri verbi di opinione (**pensare**, **ritenere**, ecc.) **possono** reggere il **congiuntivo** o **l'indicativo**, quindi la scelta è solo una scelta stilistica.

Per esprimere **un'azione posteriore**, **futura** rispetto all'azione del verbo principale al presente in italiano possiamo usare dopo il verbo **credere** il futuro indicativo o il presente congiuntivo:

credo + futuro indicativo o presente congiuntivo:
  Credo che Luigi parta domani/Credo che Luigi partirà domani.

Attività 5

Abbina le frasi correttamente.

1. Non credevo che
2. Gigi Riva ha fatto tanti gol affinchè
3. Pensi che io
4. Carlo grida come se
5. I giocatori credevano che
6. Mio padre mi ha comprato il biglietto affinchè io

a. i tifosi fossero arrabbiati con loro.
b. non capisca nulla.
c. andassi allo stadio.
d. il Cagliari vincesse lo scudetto.
e. la sua squadra vincesse il campionato.
f. stesse male.

Aspetti della lingua

Osserva l'uso del **ne** nel testo:

- *Vincere lo scudetto a Cagliari è stato come vincerne cinque a Torino o Milano.*

L'uso del **ne** in questa frase ha significato **partitivo**, esprime una certa quantità (5). **Ne = di scudetti.**

Ne può svolgere diverse funzioni:

1. **avverbio di luogo**: - *È entrato in casa e ne è uscito subito dopo* (ne = da casa).
2. **partitivo**: - *Quanti cucchiaini di zucchero vuoi? Ne voglio due.*

Quando **ne partitivo** è usato con un verbo al passato prossimo l'accordo con il participio passato può essere fatto con il **ne** o con **l'espressione di quantità**:

- *Hai comprato le ciliegie? Sì, ne ho comprate un chilo / Sì, ne ho comprato un chilo.*

Ne è usato anche in *espressioni idiomatiche*: **aversene a male**, **valerne la pena**, **non poterne più**.

Campionato d'italiano
livelli A2-B1

Attività 6

Inserisci il "ne" nella posizione giusta all'interno delle frasi.

1. Quanti anni hai? Ho venti.
2. È salito sul treno, ma è sceso subito.
3. Sei arrabbiato? Non devi averte a male!
4. Sono stanco di te! Non posso più!
5. Quante tazzine di caffè hai bevuto oggi? Ho bevute quattro.
6. Quanti fratelli hai? Ho tre.
7. Vai via? Sì, me vado.
8. Non andare allo stadio, sarà una brutta partita. Non vale la pena.

Aspetti della lingua

Osserva nei messaggi dei giocatori del Cagliari l'uso dell'aggettivo *caro*:

- *Caro Gigi.*

Nelle lettere informali, nei messaggi di posta elettronica informali indirizzati a un amico o un'amica, generalmente per rivolgerci a una persona usiamo l'aggettivo **caro/cara + nome** oppure come nel messaggio di due giocatori del Cagliari si usa il saluto informale **ciao + nome**:

- *Ciao Gigi.*

Come conclusione dei messaggi informali o delle lettere informali si possono usare diverse forme di saluto:

- *Ciao, a presto.*
- *Ci vedremo presto.*
- *Un caro saluto.*

Nelle lettere formali indirizzate ad una persona nella formula di apertura si possono usare gli aggettivi **gentile**, **egregio + titolo + cognome**:

- *Gentile signora Rossi*
- *Egregio avvocato Bianchi*

Nella formula finale di saluto è molto usata la seguente espressione:

Cordiali saluti + nome e cognome.

Nelle lettere formali indirizzate a una azienda, a una banca, a un ufficio pubblico è molto usato nella formula di apertura l'aggettivo **spettabile**:

- *Spettabile Banca Unicredit*
- *Spettabile Ditta Rossi*

Nella formula finale di saluto è molto usata, soprattutto nelle lettere commerciali, l'espressione **distinti saluti + nome e cognome**.

B. La squadra

12 Sardegna

Attività 7

Scrivi due lettere.

a. Una lettera informale a un amico o a un'amica nella quale parli della tua esperienza di vita in Italia, le tue impressioni sull'Italia, sul modo di vivere e le abitudini italiane.

b. Una lettera formale indirizzata a un Ufficio postale italiano nella quale chiedi alcune informazioni su un pacco che vuoi spedire nel tuo paese: quale è la modalità più rapida di spedizione, il costo della spedizione, in quanti giorni arriverà il pacco a destinazione.

Attività 8

Cerca su Internet le maglie e lo stemma del Cagliari. Poi senza leggere il testo descrivi come è fatta la maglia e lo stemma della squadra. Dopo leggi il testo e verifica la tua descrizione.

Leggi con attenzione il testo.

CAGLIARI

Colore della maglia: rossa e blu.

Stemma: uno scudo triangolare dove sono rappresentati i quattro mori (simbolo della Sardegna) in colore blu, divisi da una croce rossa, che guardano a destra e hanno la benda in fronte. Una grande scritta con il nome della città, Cagliari, è in caratteri bianchi nella parte superiore dello scudo, la cornice dello scudo è per metà rossa e per metà blu.

Nome dei tifosi e dei giocatori: rossoblù.

Curiosità: Le prime maglie e pantaloncini della squadra erano di colore bianco. Successivamente le maglie della squadra diventano rossoblù, ma sono alternate alle maglie bianche. Dal 1930 in poi la maglia del Cagliari diventa rossa nella parte destra e blu nella parte sinistra, con i colori invertiti nelle maniche: maniche rosse dopo la parte centrale blu e maniche blu dopo la parte centrale rossa. I pantaloncini sono generalmente blu con sezioni rosse e bianche. I calzettoni sono blu e rossi.

Attività 9

Quali sono le parole del testo che descrivono le componenti della divisa di una squadra di calcio?

Campionato d'italiano

livelli A2-B1

Attività 10

Ascolta più volte l'inno del Cagliari senza guardare il testo e completa le frasi dell'inno.

Vai al seguente link: (http://www.footballa45giri.it/sikilitis-inno-cagliari-nostro-cuore/)

(!) Le attività di ascolto e il link sono disponibili su www.ornimieditions.com/it - Risorse gratuite

a. Il rosso del _____.
b. l'abbraccio più vero _____.
c. che vola oltre _____.
d. c'è una sola _____.
e. nel grido di _____.
f. possiamo iniziare _____.
g. noi dobbiamo _____.
h. fino _____.

 Leggi con attenzione il testo.

Inno del Cagliari

Cagliari nel nostro cuore
Voglio sognare con te
più forte, ti prego!
Un'altra vittoria
il regalo più bello per noi.
Il rosso del cuore
e il blu del cielo e del mare.
Nei nostri colori
l'abbraccio più vero che c'è.
La fede di un'Isola intera
che vola oltre ogni confine.
Cagliari, nel nostro cuore
c'è una sola passione
Ancora un goal/Ancora un goal/Ancora un goal/Ancora un goal
La gioia che esplode
nel grido di tutto lo stadio
Ci porta più in alto
di quanto si possa col solo pensiero
Riempiamo le piazze e le strade,

C. La cucina

12 Sardegna

possiamo iniziare la festa!
Perché il sogno diventi reale
noi dobbiamo segnare
Ancora un goal/Ancora un goal/Ancora un goal/Ancora un goal
Un attimo senza respiro
fino all'ultimo tiro...
Ancora un goal/Ancora un goal/Ancora un goal/Ancora un goal
Cagliari nel nostro cuore!

Attività 11

Discuti con un compagno dei significati dell'inno del Cagliari.

C. La cucina

Leggi con attenzione il testo.

Cucina di Cagliari

La cucina cagliaritana è ricca di influenze genovesi e catalane, e si basa sulle materie prime naturali, principalmente quelle del mare.
Piatti tipici della cucina cagliaritana di mare sono *la fregula cun cocciula*, la fregola (un tipo di cuscus) con le vongole, e *le cocciula e cozzas a schiscionera*, vongole e cozze cucinate in tegame con aglio, olio d'oliva e prezzemolo e ricoperte con **pangrattato**. Altri piatti di mare sono: *sa cassola*, una zuppa di pesce misto, *l'aragosta alla campidanese* che è bollita ed è condita con olio d'oliva e succo di limone, *sa burrida*, un pesce gatto **lessato** in salsa di pomodoro e aceto e infine c'è *su scabbecciu*, pesce fritto che è condito con salsa agrodolce.

La cucina cagliaritana offre diversi primi piatti non di mare, come *su mazzamurru*, a base di pane raffermo e sugo di pomodoro, e i famosi *malloreddus*, **gnocchi** di **semola aromatizzati** con verdure o **zafferano**, quasi sempre sono conditi con sugo di pomodoro, pecorino sardo grattugiato e salsiccia a pezzetti. Altri primi piatti tipici sono *le impanadas*, calzoni **farciti** con carne e verdure, *gli angiulottus* (o *culingiones*), ravioli ripieni di ricotta e verdure, e *il succu*, una minestra di semola condita con zafferano.
I secondi piatti a base di carne sono per lo più legati alla tradizione contadina, come l'agnello arrosto o in **umido** che è condito con una salsa a base di pomodori secchi tritati, aglio e olio di oliva, il maialino arrosto (*su porceddu*) e il capretto.
I dolci più famosi sono *le pardulas*, dolcetti a base di formaggio, e *i candelaus*, dolcetti confezionati con sfoglie di pasta di **mandorle** aromatizzate all'arancia, *le seadas*, ravioli dolci fritti ricoperti di miele, e *le pabassinas*, dolcetti a base di **uva passa**. Vini famosi di Cagliari e del suo territorio sono il Nuragus, il Nasco, il Malvasia, il Girò, il Monica e il Moscato.

* Per le parole in neretto consulta e/o scarica in pdf il glossario gastronomico su www.ornimieditions.com/it - Risorse gratuite

Campionato d'italiano

livelli A2-B1

Attività 1

✎ **Completa le informazioni.**

1. Influenze sulla cucina cagliaritana: _____ .
2. Piatti di mare della cucina cagliaritana: _____ .
3. Primi piatti non di mare: _____ .
4. Secondi piatti a base di carne: _____ .
5. Dolci più famosi: _____ .
6. Vini famosi di Cagliari: _____ .

Attività 2

✎ **Leggi nuovamente il testo e sottolinea tutti i nomi di formaggi, spezie ed erbe.**

D. Storie, aneddoti e curiosità del calcio

Il Cagliari dello scudetto aveva un allenatore molto particolare, Scopigno, chiamato *il filosofo*, molto diverso da tutti gli altri allenatori.
Pierluigi Cera, un giocatore del Cagliari dello scudetto, ha raccontato:«Una notte l'allenatore ci ha trovati a fare festa con pane e salame - Ci ha guardati, poi ha chiesto: «*Non c'è il vino?*».
Ad Asiago, durante il ritiro precampionato, al tavolo giocano a carte e fumano il portiere Albertosi, e l'attaccante Gori. Entra Scopigno e ironizza: «*Bravi e gli amici non si invitano?*».
Poi tira fuori una sigaretta e aggiunge: «*Vi dà fastidio se fumo?*»

Attività 1

**Presenta alla classe un allenatore di calcio che ti piace.
Descrivi il suo modo di far giocare la squadra, le sue caratteristiche individuali.**

Campionato d'italiano
livelli A2-B1

Chiavi

Attenzione!
Di seguito sono riportate le soluzione delle attività a risposta chiusa.

Unità introduttiva

Attività 1
1. calciatore, 2. Nazionale, 3. coppa, 4. scudetto, 5. allenatore, 6. tifosi

Attività 3
1. d'inizio, 2. una rete, 3. d'angolo, 4. laterale, 5. falli, 6. punizione, 7. rigore

Unità 1
Sezione A - città
Attività 2
1. Nord, 2. Montagne

Attività 3
1. Piazza San Carlo, 2. Dal 1861, 3. il Martini, il cioccolato gianduia, il caffè espresso

Attività 4
Luoghi geografici: capoluogo, Torino, regione Piemonte, Alpi, Sardegna
Spazi in città: caffetterie, piazza, viali, museo

Attività 5
Numeri: XIX secolo, 1861, 1865, 2016, XX, prima
Verbi: è, vediamo, si trovano, si trova, c'è, diventa, è, rappresenta, nasce, hanno, ci sono

Attività 6
1. è, 2. trovano, 3. diventa, 4. ha, 5. nasce, 6. rappresenta, 7. vediamo

Sezione B – La squadra
Attività 1
1. derby è una partita fra squadre della stessa città, 2. Toro è l'animale presente nello stemma della squadra, 3. Sette scudetti: 1927/28 – 1942/43 – 1945/46 – 1946/47 – 1947/48 – 1948/49 - 1975/76, 4. Il grande Torino scompare in un incidente aereo nel 1949, 5. Retrocedere significa passare da un campionato di categoria superiore ad un campionato di categoria inferiore

Attività 2
derby, squadra/e, calciatori, partita, tifosi, società, campionato, scudetto, stadio, calcio, campione/i, retrocede, gioca, centrocampista, attaccante, finale europea, Coppa UEFA, serie A, Europa League, partita amichevole

Attività 3
1. perdere, 2. morire, 3. facile, 4. promozione, 5. debole, 6. cominciare

Attività 4
finire – io finisco – tu finisci- lui/lei/Lei finisce –noi finiamo- voi finite – loro finiscono. Io muoio, tu muori, lui/lei/Lei muore- noi moriamo- voi morite- loro muoiono. Io faccio, tu fai, lui/lei/Lei fa- noi facciamo –voi fate- loro fanno

Attività 5
1. Che cosa, 2. Chi, 3. Perché, 4. Quanti, 5. Come, 6. Dove, 7. Quando

Attività 7
Bandiera italiana: verde, bianco e rosso

Attività 8
1. b, 2. b, 3. c, 4. b, 5. a, 6. a

Attività 9
1. f, 2. d, 4. e, 5. c, 6. b

Attività 11
1. a, 2. c, 3. b, 4. a, 5. a, 6. c.

Attività 12
1. b, 2. a, 3. c, 4. c, 5. b, 6. c, 7. c.

Attività 13
I colori della maglia della Juventus diventano bianconeri per uno sbaglio della fabbrica tessile inglese che doveva produrre le maglie.

Attività 14
1. Posso, 2. vuoi, 3. volete, 4. puoi, 5. volete, 6. posso – devo

Attività 15
1. bene, 2. In Italia si pensa più a difendere che ad attaccare, l'organizzazione è diversa: si è più concentrati e si lavora più duramente. In Spagna invece c'è più relax, 3. molto professionale, serio, divertente e diretto, 4. in tutto, 5. gentile e rispettoso, 6. mangia sano, non mangia dolci e non beve alcol

Attività 19
abbiamo, vuoi, corre, può, sei, abbraccia, si alza, siamo, basta, sai, è, fischia

Sezione C – La cucina
Attività 2
1. Cioccolato, le nocciole, il marsala, il tartufo e la carne, 2. il vitello tonnato, i tomini, gli agnolotti, i tajarin, la bagna cauda, il bônèt, e il gianduiotto, 3. Agnolotti e i tajarin (taglierini), 4. Olio, aglio e acciughe, 5. Amaretti, cacao, latte, uova, rum

Attività 3
1. dei, 2. uomini, 3. templi, 4. mani, 5. armi, 6. braccia, 7. ciglia, 8. dita, 9. labbra

Unità 2
Sezione A – città
Attività 1
1. Si trova nella regione Liguria davanti al mar Ligure, nel Golfo di Genova, tra la costa e le montagne dell'Appennino ligure genovese, 2. I caruggi sono le strade molto strette del centro storico, 3. I rolli sono i palazzi nobiliari, 4. Palazzo San Giorgio, Palazzo della Nuova Borsa, il Palazzo Ducale, 5. È un edificio alto e presenta elementi architettonici gotici e romanici, 6. La forma è di una grande nave, 7. Presso le antiche bancarelle nel lungomare

Attività 2
Nomi in –a: costa/coste, montagna/montagne, strada/strade, bellezza/bellezze, zona/zone, collina/colline, via/vie, Borsa/Borse, piazza/piazze, mostra/mostre, architettura/architetture, chiesa/chiese, forma/forme, area/aree, passeggiata/passeggiate, strada/strade, bancarella/bancarelle; **Nomi in -o:** capoluogo/capoluoghi, golfo/golfi, centro/centri, palazzo/palazzi, museo/musei, porto/porti, polo/poli, patrimonio/patrimoni, affresco/affreschi, gusto/gusti, edificio/edifici, elemento/elementi, acquario/acquari, progetto/progetti, archit-

Campionato d'italiano
livelli A2-B1

to/architetti, evento/eventi, sviluppo/sviluppi, anti-pasto/antipasti, cibo/cibi, **Nomi in -e**: regione/regioni, mare/mari, produzione/produzioni, parte/parti, sede/sedi, stile/stili, cattedrale/cattedrali, nave/navi, lungomare/lungomari, pesce/pesci

Sezione B – La squadra
Attività 1
1. perché la lanterna è il grosso faro di Genova ed è il simbolo della città, 2. nel 1893, 3. perché un gruppo di inglesi fonda la squadra del Genoa, 4. fra il 1898 e il 1924, 5. il grifone è un animale mitologico, un misto fra cavallo, leone e aquila ed è il simbolo della squadra

Attività 2
sede/sedi, inglese/inglesi, giocatore/giocatori, Federazione/Federazioni, quartiere/quartieri, grifone/grifoni, animale/animali, leone/leoni, attaccante/attaccanti, semifinale/semifinali

Attività 3
Numeri cardinali: 2, 1543, 1893, 1898, 8, 1898, 1924, 9, 1937, 1911, 2, 1988, 1992, 1991, 1992, 1995, 1996, 2006, 2007, 1, 2005, 2006, 2008, 2009. **Numeri ordinali:** XIX (secolo) primo-secondo-terzo-seconda-quarta-quinta

Attività 4
1. del, 2. nel, 3. nella, 4. alla, 5. a, 6. sulla, 7. dal, 8. della, 9. della

Attività 5
rosso, blu, giallo, bianco; Barcellona: blu e granata – Real Madrid: bianca – Manchester United: rossa e bianca

Attività 6
in, a, a, al, in, su, della, di, dei, dei, del, nel 1895, con la, nel 1900, a, dello, in quel momento, nel, nel 1901, in occasione della morte, della, dell'

Attività 7
b. 10, 100.000, 100;
c. 1. 15 volte, 2. grifone, 3. maglietta blu e pantaloni rossi, 4. fare un carosello significa movimento di auto e moto per festeggiare la vittoria di una squadra di calcio, 5. le trasferte sono i viaggi dei tifosi nelle città delle squadre con le quali gioca la propria squadra. Anche per una squadra ci sono le trasferte quando gioca fuori dalla propria città

Attività 9
1. significa unione di due squadre, 2. nel campionato 1990/1991, 3. la Coppa delle Coppe, la Coppa dei Campioni/Champions League, la Coppa UEFA, 4. quattro volte. 5. Vialli e Mancini

Attività 10
nel 1946, in, alla, di, del, delle, al, di, fino al campionato 1965/1966, per la, in, l'anno successivo, di, in, fino al campionato 1976/1977, di, in, per cinque anni, con il, della, in, dal campionato 1982/1983, nel 1984, nel campionato 1985/1986, alla, delle, nel 1988, nell'anno successivo, di, in, nel 1989, alla, con il, per la, delle, nel 1990, in, delle, nel campionato 1990/1991, di, per la, nel 1991, nel campionato 1991/1992, alla, dei, alla, nel 1994, alla, in, nel 2003, in, ad, nel 2008/2009, alla fine del campionato 2009/2010, in, dopo il campionato 2010/2011, in, nel 2012

Attività 11
1. per, 2. nella, 3. alle, 4. nella, 5. in, 6. di, 7. nella, 8. dal, 9. della, 10. dal, 11. con

Attività 12
1. una trama di un film, 2. decidono loro, 3. proposta di diventare dirigente della Nazionale italiana, 4. importante

Attività 14
Divisa

Attività 17
Sono due amici prima bambini poi adulti che seguono la stessa squadra della propria città. Giocano insieme e cantano in gradinata

Sezione C – La cucina
Attività 1
1. si basa principalmente sui legumi, il pesce e le erbe selvatiche,
2. a colazione, a pranzo e a cena, 3. nei panifici,
4. è una specie di polenta fritta, si fa con la farina di ceci,
5. piselli, uovo, funghi, pinoli, formaggio ed erbe aromatiche,
6. la panera, la torta Pasqualina, il pandolce, i canestrelli,
7. la farinata è una torta salata a base di legumi, è un impasto di farina di ceci, acqua, olio e sale, 8. è un condimento a base di basilico, pinoli, aglio, olio e parmigiano

Attività 2
1. la, 2. l', 3. una, 4. delle/le, 5. il, 6. i, 7. il, 8. un, 9. il

Unità 3
Sezione A – città
Attività 1
1. il Palazzo reale, il Museo del Novecento, la Galleria Vittorio Emanuele II, 2. la Scala, Il Piccolo Teatro e il Teatro degli Arcimboldi, 3. l'Accademia di Belle Arti, il Palazzo Brera, la Pinacoteca di Brera, ristoranti, antiquari, bar e negozi caratteristici, 4. la Basilica di Sant'Ambrogio, Santa Maria delle Grazie e la Basilica di San Lorenzo, 5. nella Chiesa di Santa Maria delle Grazie

Attività 2
un altro simbolo – **un** passaggio – **uno** dei più importanti – **uno** dei più importanti – **un** altro monumento – **una** pinacoteca – **una** delle più importanti collezioni – **un** altro storico quartiere – **una** delle chiese; **il** capoluogo, **il** Duomo, **la** facciata, **l'**architettura, **il** monumento, **la** famosa, **il** città, **il** Palazzo, **il** modernissimo, **la** Galleria, **i** suoi pavimenti, **il** tetto, **il** Teatro, **la** casa milanese, **il** Castello sforzesco, **La** Pietà Rondanini, **l'**Arco della Pace, **il** Palazzo dell'Arte, **la** sede della Triennale, **la** capitale italiana, **il** quartiere di Brera, **l'**Accademia di Belle Arti, **la** Pinacoteca di Brera, **il** quartiere dei Navigli, **la** Basilica di Sant'Ambrogio, **la** chiesa di Santa Maria delle Grazie, **il** famoso Cenacolo, **la** Basilica di San Lorenzo

Attività 4
1. una, 2. una statua di rame, 3. il teatro più importante, 4. un quartiere storico della città, 5. la capitale italiana della moda e del design, 6. un panettone di cioccolato, 7. il panettone, 8. un dipinto famoso di Leonardo da Vinci

Attività 5
1. f, 2. c, 3. b, 4. g, 5. a, 6. e, 7. d

Sezione B – La squadra
Attività 1
1. un gruppo di inglesi e italiani, 2. 18, 3. nel 1926, 4. Gianni Rivera, Maldini, Baresi, Ancelotti, Gullit, Van Basten, Rijkaard, Shevchenko, Kakà; 5. 18, 6. Attacca sempre, fa il pressing in tutte le zone del campo 7. Americana

Attività 2
Aggettivi qualificativi: popolare, sportivo, fondatori, successiva, successivo, importanti, buon, nuovo, calcistiche, nuovo, **aggettivi numerali:** due, primo, secondo, terzo, prima, prima, undicesimo, due,

Chiavi

quattro, una, tre, una, sedicesimo, prima, due, diciassettesimo, quinta, diciottesimo; **aggettivi di provenienza geografica e nazionalità:** italiano, internazionale, italiani, internazionale, intercontinentale, italiano, europea, italiani, olandesi, europea, italiane, europea, milanese, europea, ucraino, brasiliano, lussemburghese, cinese, americano

Attività 3
2. d, 3. i, 4. j, 5. k, 6. c, 7. m, 8. n, 9. o, 10. p, 11. g, 12. b, 13. e, 14. l, 15. r, 16. q, 17. a, 18. h

Attività 4
2. j, 3. d, 4. i, 5. e, 6. f, 7. h, 8. b, 9. a, 10. k, 11. c, 12. l

Attività 5
1. giornale popolare, 2. studenti bravi, 3. popolo europeista, 4. giorno fortunato, 5. maglie rosse, 6. divise brutte, 7. nuovo appartamento, 8. vecchi amici/vecchi giornali

Attività 6
1. No, 2. Sì molto, 3. Sì, grandi differenze, 4. Restare nel calcio, 5. Corea del Sud-Italia ai mondiali del 2002, 6. Udinese-Milan, partita di esordio di Maldini, 7. il Barcellona, 8. Non è un tabù

Attività 9
con te (4), per te (4), per noi

Attività 10
1. A: me... B: te, 2. A: ti, 3.A: Le... B: mi, 4. B: gli, 5. A: te, 6. B: voi, 7. B: ci 8. A: vi... B: mi

Attività 11
1. nasce da una separazione di 42 soci dalla società del Milan, 2. La Juventus, 3. primo periodo negli anni sessanta con l'allenatore Helenio Herrera e il presidente Angelo Moratti e il secondo periodo dal 2005 al 2010 prima con l'allenatore Mancini e poi Mourinho, Massimo Moratti è il presidente, 4. La vittoria nella stessa stagione nel campionato nazionale, nella Coppa nazionale e nella Champions League. 5. Helenio Herrera, Mancini e Mourinho

Attività 12
Albertosi - portiere italiano, Mazzola - attaccante italiano, Corso - centrocampista italiano, Picchi - difensore italiano, Jair - attaccante brasiliano, Facchetti - difensore italiano, Suarez - centrocampista spagnolo, Eto'o - attaccante camerunese, Sneijder - centrocampista olandese, Milito - attaccante argentino, Thiago Motta - centrocampista - italobrasiliano, Zanetti - difensore argentino

Attività 13
1. con persone che ama, con cui vuole ed è felice di lavorare e che condividono le stesse sue idee, 2. una squadra ambiziosa che vuole vincere in futuro dei trofei, 3. l'empatia all'interno di una struttura

Attività 14
"condividere" significa avere cose in comune ed "empatia" significa la capacità di comprendere lo stato d'animo di un'altra persona, di mettersi nella situazione di un'altra persona.

Attività 16
lo sai, lo so, fateci, amala (14 volte), vivila (2 volte), vi seguirò, seguila

Attività 17
a. vita, b. Nord, c. minuti per segnare, d. te, e. fateci, f. infinita, g. vita, h. testa, i. senza, j. città, k. un nuovo campione, l. mollare mai, m. amala

Attività 18
1. la, 2. ti, 3. non lo, 4. vi, 5. lo, 6. la, 7. non le, 8. li

Sezione C – La cucina
Attività 1
1. Riso, cipolla, burro, olio, vino bianco, brodo di carne, parmigiano e zafferano, 2. perché la carne di stinco di vitello ha al centro un osso bucato dove si trova il midollo, 3. si deve prima mettere in un uovo sbattuto, poi nel pane grattato. Successivamente si cuoce la carne in una padella con un po' di burro, 4. l'impasto è carne di manzo bollita o arrosto mescolata a salsiccia, salame crudo o mortadella, uova, pane bagnato nel latte, grana padano, aglio e noce moscata, 5. c'è la carne di maiale, le verze, la passata di pomodoro, le cipolle, il sedano, le carote, il pepe nero, le salsicce e le cotenne di maiale, 6. ci sono lievito, burro, uova, farina, uvetta o frutta candita

Attività 2
Preposizioni articolate con il significato di luogo: al centro, sull'ossobuco, in un uovo sbattuto, nel pane grattato, in una padella, bagnato nel latte, nel pane grattugiato, nel burro in una padella, **Preposizioni articolate con il significato di specificazione:** piatti tipici della cucina milanese, la cottura della cotoletta, **Preposizioni articolate con il significato di mezzo o strumento:** con un cucchiaino, con un po' di burro

Attività 3
si mangia, si deve, si chiamano, si fanno, si mettono, si friggono

Unità 4
Sezione A – città
Attività 1
1. Una parte è antica e medievale, l'altra è moderna, 2. attraverso strade in salita, 3. del XVI secolo, 4. la sede dell'Università degli Studi di Bergamo, 5. la Fontana Contarini, 6. il Battistero, il Duomo, la Cappella Colleoni, la Basilica di Santa Maria Maggiore, 7. con la funicolare

Attività 2
Tempo: a meno di un'ora, del XVI secolo, periodo della dominazione veneziana, XII-XV secolo, XIX-XV secolo, ora, oggi, XVIII secolo, XV secolo, XII secolo, **Direzione:** da Milano, dal basso, fino alle vie medievali, dalla Bergamo Bassa alla Bergamo Alta, alla Città Alta, nella piazza Mercato delle Scarpe, alla città antica. **Posizione nello spazio:** in pianura, all'interno delle mura, sulla facciata, sul lato destro, qui, al centro della piazza, a circa 500 metri di altezza

Attività 3
1. La mia casa si trova davanti alla stazione, 2. Mi porti per favore il libro vicino a me?, 3. Sotto il tavolo c'è un pallone, 4. Sopra l'armadio ci sono due libri, 5. Per andare in piazza del Duomo devi girare a sinistra, 6. Abito molto lontano dall'università, 7. Mario abita in un palazzo antico, dietro la cattedrale, 8. I miei genitori abitano in fondo alla strada, 9. Dentro la chiesa c'è un famoso dipinto di Leonardo da Vinci, 10. Per tornare a casa devi andare sempre diritto

Sezione B – La squadra
Attività 1
1. nel 1928, 2. 15 campionati, 3. nel 1963, 4. nel campionato 1980/81, 5. con Gasperini

Attività 2
1. promuovere, 2. competere, 3. retrocedere, 4. allenare, 5. piazzare, 6. giocare

Campionato d'italiano
livelli A2-B1

Attività 3
1. costruzione, 2. calciatore, 3. consumatore, 4. accompagnatore, 5. eliminazione, 6. accusatore, 7. coniugazione, 8. allenatore, 9. amatore, 10. colazione, 11. ambasciatore, 12. ammirazione, 13. abitazione

Attività 4
1. minore, 2. bravissimo, 3. più antica, 4. inferiore, 5. più alta, 6 più colorata, 7. piccola come

Attività 5
1. i nerazzurri bergamaschi, 2. nero e azzurro, 3. dalla figura mitologica di Atalanta, 4. è il viso di profilo della principessa Atalanta su sfondo nerazzurro, 5. una dea, 6. del re Iaso

Attività 6
Specificazione: della squadra, della principessa, del re, della società, di Iaso. **Provenienza:** il nome della società deriva dalla figura

Attività 7
1. questa tua città, 2. nerazzurro in noi, 3. tutti noi, 4. che incanta, 5. magica dea, 6. mai

Attività 8
Pronomi diretti: ci prendi, ci sorprendi, ti canta, ci avrai, **Pronomi indiretti:** con te, in noi

Attività 9
1. quel 2. questo 3. quella 4. quegli 5. questa 6. questo 7. quel

Sezione C – La cucina
Attività 1
I casonsei: mollica di pane, salsiccia e parmigiano. **La polenta e osei:** polenta, uccelletti. **La polenta e uccelli dolce:** pan di Spagna, zucchero, farina di mais, cioccolata. **La polenta taragna:** grano saraceno. **La torta Doninzetti:** farina, uova, zucchero, burro, lievito, ananas, albicocche candite

Attività 2
condire, cuocere, ricoprire, preparare, versare

Attività 3
1. V, 2. F, 3. V, 4. V, 5. V. **Definizione corretta:** Il maraschino è un liquore

Unità 5
Sezione A – città
Attività 1
1. su una collina, 2. Venezia, 3. attraverso l'Arco Bollani, 4. ci sono numerosi affreschi e un soffitto con dipinti, 5. piazza San Giacomo ha una pianta rettangolare e al suo interno c'è la chiesa di San Giacomo, 6. il Duomo è in stile gotico e la chiesa di San Francesco è in stile romanico

Attività 2
ha progettato, hanno iniziato, hanno terminato, hanno ricostruito

Attività 3
Dimostrativi: questo arco, questa chiesa. **Superlativi relativi:** uno dei luoghi più interessanti, una delle piazze più monumentali, la parte più alta, la parte più importante, una delle piazze più antiche, la più antica della città

Attività 5
1. ha progettato, 2. ha cambiato, 3. ha realizzato/ha fatto, 4. ha buttato giù, 5. ha ingrandito, 6. ha fatto/ha realizzato, 7. ho pagato

Sezione B – La squadra
Attività 1
1. 1896, 2. Alfredo Foni, Annibale Frossi, Oliver Bierhoff e Zico, 3. 1954/1955, 4. il brasiliano Zico, 5. titolo di capocannoniere, 6. 2006

Attività 2
comincia/è cominciata; vince/ha vinto; cambia/ha cambiato; diventa/è diventata; nasce/è nata; giocano/hanno giocato; gioca/ha giocato; torna/è tornata; arriva /è arrivata; comincia/è cominciato; finisce /è finita; torna/è tornata; arriva/è arrivata; vince/ha vinto; compra/ha comprato; può /ha potuto; arriva/è arrivata; vince/ha vinto

Attività 5
Esempi: Juventus, Siena, Udinese, Ascoli, Cesena, Spezia, Pro Vercelli, Casale, Viareggio, Biellese, Massese, Crema, Sora, Nola, Battipagliese, Lugano, Aarau, Sturm Graz, Lask Linz, Newcastle, Fulham, Swansea city, Derby County, Notts County, Port Vale, St. Mirren, Valencia, Salamanca, Nacional de Madeira, Boavista, Vitoria Guimaraes, Corinthians, Santos, Atletico Mineiro, Botafogo

Attività 6
1. una partita, 2. una canzone, 3. vinci per noi, 4. ancora, 5. bianconero, 6. bianconero per la vita, 7. in una sera, lo stadio canta una canzone

Attività 7
emozione forte, notte, canzone, Udinese, grande cuore, eccome, insieme

Sezione C – La cucina
Attività 1
1. Mele, ricotta, patate lesse, pere, uvetta, spinaci, pinoli, cannella e cacao, 2. burro fuso, ricotta affumicata grattugiata, zucchero e cannella, 3. è una varietà di formaggio del Friuli, 4. uvetta, noci, pinoli, zucchero e grappa, 5. il Merlot, il Cabernet rossi, il Pinot grigio, lo Chardonnay e il Tocai bianchi

Attività 2
mele, pere, uvetta, noci

Attività 3
c. cannella

Unità 6
Sezione A – città
Attività 1
1. Veneto, 2. un anfiteatro romano, 3. periodo romano, medioevale, rinascimentale e quello degli Scaligeri, 4. periodo romano e periodo degli Scaligeri, 5. le tombe dei Signori di Verona, 6. il Festival Shakespeariano e il Verona Jazz Festival

Attività 2
articoli determinativi: l', il (10 volte), la (7 volte), le (2 volte), i (2 volte)
articoli indeterminativi: uno, un, un

Attività 3
a. Arena di Verona, b. casa di Giulietta con balcone

Sezione B – La squadra
Attività 1
1. Per ricordare l'antica Ellade (Grecia), 2. 1957, 3. in serie A, 4. scudetto nel campionato 1984/1985, 5. Briegel ed Elkjær, 6. con il campionato 1989/1990, 7. Per quattro anni

Chiavi

Attività 2
rimasta (rimanere), vinto (vincere), stata (essere), fatto (fare), giunto (giungere), retrocessa (retrocedere)

Attività 3
Si fa riferimento alla famiglia degli Scaligeri o della Scala che hanno governato Verona tra il XIII e il XIV secolo

Attività 6
1. nostro, 2. mia, 3. loro, 4. tuoi, 5. vostri, 6. suo, 7. tua

Attività 7
1. forza, 2. vittoria, 3. scudetto, 5. grazie, 6. tricolore, 8. festa, 9. gente, 12. gialloblù, 13. felicità, 15. città, 17. canzone, 18. spalti, 20. squadra, 21. coro

Attività 8
ci fa sognare (pronome diretto), ci fa sperar (pronome diretto), ci ha scaldato i cuori (pronome indiretto), chi ci ferma più (pronome diretto)

Attività 9
1. una frazione di Verona, 2. un campionato di B nel 2007/2008, 3. il campionato di serie A, 4. Champions League, 5. Sergio Pellissier, 6. perché ha con sé solo una frazione di Verona, ha pochi mezzi economici e pochi tifosi

Attività 10
è stata rifondata, ha partecipato, ha vinto, sono state, - passato, ha raggiunto, ha giocato, è stato, è finita, ha escluso

Attività 14
1. incontrastabile, 2. tuoi, 3. magica, 4. semplici, 5. gialloblù

Sezione C – La cucina
Attività 1
1. Bollito con la peàrà, gli gnocchi, la pasta e fasoi, la pastissada de caval, la polenta, il riso al tastasal, il risotto all'amarone e il pandoro, 2. patate, farina bianca e uova, 3. farina di granoturco cotta in acqua salata, 4. carne di maiale, 5. vino rosso, midollo di bue, la cipolla e il formaggio, 6. farina, uova, zucchero e burro

Attività 3
4. la farina

Unità 7
Sezione A – città
Attività 1
1. Dotta perché ha la più antica università d'Occidente e la Grassa per la sua famosa cucina, 2. Medievale, 3. Palazzo d'Accursio, la Biblioteca multimediale Salaborsa, gli scavi archeologici romani, 4. la Torre degli Asinelli e la Torre Garisenda, 5. nella chiesa di San Domenico, 6. nella basilica di San Petronio

Attività 2
palazzo, portici, biblioteca, fontana, torre, basilica, chiesa, musei, gallerie, arca, cappelle

Sezione B – La squadra
Attività 1
1. Sette scudetti, 2. sei, 3. 1963/1964, 4. 2-0, 5. Haller (centrocampista), Fogli (centrocampista), Bulgarelli (centrocampista), Perani (attaccante), Nielsen (attaccante), 6. inizi anni Ottanta

Attività 4
1. ed illusioni, 2. passi anche di qua, 3. Bologna, 4. vola Bologna, 5. gambe Bologna, 6. è blu, 7. sentire la marea, 8. mio cuor

Attività 6
andrò, andrò, sarò, verrà, andremo, andremo, prenderò, dovrò

Attività 7
1. stava camminando, 2. stanno parlando, 3. stava giocando, 4. sta firmando, 5. sta esultando, 6. stanno cantando, 7. stavano fischiando

Sezione C – La cucina
Attività 1
1. Forma ovale, colore rosa e profumo forte, 2. simile a un piccolo ombelico, 3. pasta con farina bianca, uovo e ragù, 4. carne di manzo, carne di pancetta, cipolla, carote, salsa di pomodoro, brodo di manzo e vino rosso, 5. a Bologna nel 1200, 6. carne di pollo, mortadella, olive e verdure, 7. si mangiava durante la festa cristiana del Corpus Domini durante la quale si usava appendere decorazioni alle finestre delle abitazioni

Attività 3
1. andavo, 2. portava, 3. avevamo, 4. ho visto, 5. c'era, 6. c'era, 7. ha fatto, 8. si è alzato, 9. hanno cominciato

Attività 4
1. c -guardava, 2. e -stava, 3. f -ascoltavo, 4. g -suonavano, 5. b -dovevano, 6. h -avevo, 7. a -calciava

Unità 8
Sezione A – città
Attività 2
1. denso, 2. civico/cittadino, 3. pregiato/di grande valore, 4. incomparabile/raro, 5. incompleto, 6. preziosi/ ragguardevoli

Attività 5
1. nessuno, 2. tutto, 3. ogni, 4. Ogni, 5. molti, 6. molta, 7. alcun, 8. Nulla, 9. qualche, 10. qualcosa, 11. chiunque, 12. qualsiasi

Sezione B – La squadra
Attività 1
1. 1990, 2. Parmalat, 3. quattro, 4. tre/una, 5. 18, serie B, 6. 2015, 7. 2018

Attività 2
è nato, ha giocato (4), è retrocesso, è retrocessa, è arrivato (2), è arrivata, ha preso, ha potuto, ha riportato, ha raggiunto, ha comprato, ha dato, ha vinto (6), è fallita, è avvenuta, è finito

Attività 5
1. È stato scelto come giocatore del secolo per la storia del Parma, 2. ha pianto, 3. una grandissima importanza, 4. la sua casa, la sua città e gran parte della sua vita, 5. a Parma

Attività 8
1. potrei, 2. saprei, 3. vorrei, 4. potrebbe, 5. vorresti, 6. vorrei, 7. potrei

Attività 9
1. campioni, 2. prodi, 3. leoni, 4. nessuno, 5. sanno, 6. gloria, 7. grido, 8. trombe, 9. sei

Attività 10
vinceranno, potrà, batteremo, potrà

Campionato d'italiano
livelli A2-B1

Sezione C – La cucina
Attività 1
Ingredienti: parmigiano, uova, pangrattato, sugo di stracotto di manzo, burro, pomodori, peperoni, cipolle, carne di cavallo, patate, riso, brodo di carne, carne di piccione, carne di pollo, trippa, noci, pinoli, uvetta, cedro, miele, cannella, chiodi di garofano, noce moscata. **Verbi (azioni per cucinare):** cuocere, aggiungere, mettere in forno, lasciare un buco, ricoprire. **Strumenti di cucina:** forno, teglia, padella

Unità 9

Sezione A – città
Attività 1
a. Raffaello, Botticelli, Giotto, Tiziano, Pontormo, Bronzino, Andrea del Sarto, Caravaggio, Giorgio Vasari, Federico Zuccari, **b.** Michelangelo, Lorenzo Ghiberti, Donatello, Nanni di Banco, Baccio da Montelupo, Verrocchio, Giambologna, Filippo Brunelleschi, **c.** Battistero di San Giovanni, Cattedrale di Santa Maria del Fiore, Basilica di Santa Croce, Chiesa di Orsanmichele, **d.** Galleria degli Uffizi, Galleria dell'Accademia, Galleria d'Arte Moderna, Museo della Moda e del Costume, Museo delle Porcellane e Museo delle Carrozze

Attività 2
1. il Rinascimento, 2. I Medici, 3. nella Galleria dell'Accademia, 4. Lorenzo Ghiberti, 5. Giorgio Vasari e Federico Zuccari, 6. gotico e rinascimentale–gotico, 7. da Palazzo Vecchio alla Galleria degli Uffizi, poi dal Ponte Vecchio a Palazzo Pitti, 8. uno dei migliori esempi nel mondo di giardino all'italiana.

Attività 5
1. che, 2. di cui, 3. con cui, 4. che, 5. per cui, 6. a cui, 7. che, 8. di cui

Attività 6
a. Pronomi relativi: che (4), tra le quali, **b. Aggettivi e pronomi indefiniti:** nessuna, tanti (2), molti, tutto, altro, altra, altri, alcuni

Sezione B – La squadra
Attività 1
1. Due scudetti, 2. Fulvio Bernardini, 3. sei Coppe Italia, 4. 1960/1961, 5. Sarti e Superchi, 6. Giancarlo Antognoni

Attività 3
1. a Firenze, 2. aspetto umano come uomo, non come calciatore, 3. a Roma con la Roma, 4. prima era scontroso, più amabile, sorridente e rilassato, 5. Higuain, Icardi, Dybala, Simeone

Attività 4
1. avevo fatto, 2. avevo mangiato; 3. aveva segnato, 4. mi ero… addormentato, 5. era… iniziata, 6. avevano fatto

Attività 5
1. fossi, 2. scherzi, faccia, 3. venga; 4. rimanesse, andasse, 5. finisse, 6. si facessero, 7. ci fosse, 8. sia

Attività 6
4. a, 5. b, 6. c, 7. d, 1. e, 3. f, 2. g

Attività 9
1. sventolare, 2. bandiera, 3. scoraggiamento, abbattimento, 4. bandiera, insegna, 5. coraggiosa, 6. orgoglio

Sezione C – La cucina
Attività 1
1. Molto semplice, di origine contadina, 2. non salato, raffermo, 3. cavolo nero, cipolle, fagioli, carote, 4. la panzanella, 5. poco, deve essere al sangue, 6. uno dei quattro stomaci dei bovini, 7. uova, zucchero, farina, scorza d'arancio

Attività 2
si deve lasciare, si strizza, si aggiungono, possiamo aggiungere, si mette, si può, si vuole, si mangia, si tratta

Attività 3
1. È necessario fare bollire a lungo il lampredotto., 2. In quel ristorante si mangia molto bene, 3. Devi mangiare a Firenze la schiacciata perché è molto buona, 4. Non si può andare a Firenze senza visitare gli Uffizi., 5. La bistecca alla fiorentina deve essere molto poco cotta, 6. Prima di andare allo stadio si deve mangiare un panino al lampredotto, 7. Bisogna che tu vada subito a casa.

Unità 10

Sezione A – città
Attività 1
a. Roma antica romana: il Colosseo, i Fori Imperiali, il Pantheon e le Terme di Caracalla, **b. Roma rinascimentale:** Palazzo Venezia, i Palazzi dei Penitenzieri, della Cancelleria, Palazzo Massimo, Palazzo Farnese, Chiesa di San Pietro in Montorio, Chiesa e Chiostro di Santa Maria della Pace, il Mosè della Tomba di Giulio II in San Pietro in Vincoli, la Pietà nella Basilica di San Pietro, la Cappella Sistina e il Giudizio Universale nei Musei Vaticani, **c. Roma barocca:** la Fontana del Moro, che raffigura l'Etiope che lotta con un delfino, la Fontana de' Calderari, la Fontana dei quattro Fiumi, la Chiesa barocca di Santa Agnese in Agone, la Fontana di Trevi

Attività 2
Assistevano (valore abituale), erano (valore descrittivo), c'erano (valore descrittivo), si teneva (valore abituale), si trattavano (valore abituale), era (valore descrittivo)

Attività 4
È stato dipinto, il pennello è stato preso e la ragazza è stata guardata a lungo. La finestra è stata fissata dalla ragazza mentre il pittore dipingeva e la testa non è mai stata mossa. Due colori, il rosso e il blu, sono stati usati dal pittore. Infine il dipinto è stato mostrato alla ragazza: il ritratto è stato molto apprezzato dalla ragazza

Attività 5
1. è stato costruito, 2. è stata cominciata, 3. è stato inaugurato, 4. venivano visti, 5. erano/venivano organizzate, 6. erano/venivano uccisi

Attività 6
2. telefonata/telefonato; 4. visitati/visitato; 6. parlati/parlato; 8. fatta/fatto

Sezione B – La squadra
Attività 1
1. lupa, giallorossi, Magica, Capitolini, 2. tre scudetti, nove Coppe Italia, due supercoppe italiane. 3. una Coppa delle Fiere e una Coppa Anglo-Italiana, 4. Falcao, Bruno Conti, Carlo Ancelotti, Roberto Pruzzo e Pietro Vierchowod, 5. Francesco Totti, Batistuta, Vincenzo Montella, Abel Balbo, Walter Adrian Samuel, Vincent Candela

Chiavi

Attività 3
1. Sono come quelle da calciatore. Si sveglia, porta i figli a scuola poi va al centro sportivo Trigoria, segue gli allenamenti e sta con l'allenatore e i giocatori. Dopo pranzo torna a Trigoria, 2. voleva indossare solo la maglia della Roma e non voleva rovinare 25 anni di carriera, 3. la sua famiglia, soprattutto sua madre, 4. aveva paura dei ladri, 5. dopo la partita Roma-Napoli c'erano stati degli scontri e avevano distrutto il suo motorino, 6. non si voleva separare dalla sua ragazza, Ilary

Attività 4
a. imperfetto descrittivo: era pronto, avevi solo 12 anni, che gioco era, c'erano gradini lunghi, era un esercizio di mira, era completamente rotto. **b. imperfetto abituale:** lavorava, era sempre, non voleva, doveva scenderli, cercavano, lasciavano, fingevi, pensavo, ti rubavano, c'era sempre, non avevo, stavamo insieme

Attività 5
Congiuntivo imperfetto: mi allontanassi - dipende dal verbo volere (non voleva che…)

Attività 7
1. i giornali avrebbero scritto molti articoli sul derby cittadino, 2. avrebbero vinto il campionato, 3. sarebbe andato allo stadio, 4. sarebbe ritornato in Italia, 5. sarebbero entrati in casa, 6. avrebbero vinto la partita, 7. sarebbe partita in viaggio per gli Stati Uniti

Attività 10
è chiamata, è costituita, sono state cambiate

Attività 11
Core de stà città/cuore di questa città - de/di tanta e tanta gente - che fai sospirà/che fai sospirare - lassace cantà/lasciaci cantare - da stà voce/da questa voce - so centomila voci che hai fatto nammorà/ sono centomila voci che hai fatto innamorare - gialla come er sole/gialla come il sole - come er core mio/come il cuore mio - nun te fa cantà/ non ti fanno cantare - e grande hai da restà/e grande devi restare

Attività 14
1. Essere presente nella Borsa di Milano, 2. due titoli di campione d'Italia, 6 Coppe Italia, 4 Supercoppe italiane, 3. la Coppa delle Coppe e la Supercoppa UEFA, 4. Tommaso Maestrelli, 5. Alessandro Nesta, Roberto Mancini, Sinisa Mihajlovic, Pavel Nedved, Juan Sebastian Veron

Attività 15
1. titoli, 2. competizioni, 3. allenatore, 4. società, 5. ambito, 6. retrocedere

Attività 16
1. Voleva riportarlo a casa a Torre Annunziata, 2. voleva giocare a calcio, allenarsi, 3. in prigione, 4. pochissimi, quasi nessuno, 5. Del Piero, Messi, Cavani, Bonucci, 6. Bonucci, 7. corre moltissimo, 8. sì

Attività 17
a. Passato prossimo: è venuta, ha detto, ho risposto, è stata, sono uscito, ho pensato, hai detto, sono finiti (2), ho esordito, ho sostituito, hai visto, ha fatto, ho nominato, siamo andati, è piaciuta, sono stato, **b. Imperfetto:** eri (2), vivevo (2), era, giocavo, consisteva, sapevo, dovevo, condividevi, era, giocavo, **c. Trapassato prossimo:** era salita. **Spiegazione:** il Passato prossimo esprime sempre azioni passate finite, l'imperfetto nel testo esprime in tutti i casi, azioni abituali, ripetute nel passato, «eri adolescente» ha valore descrittivo, «chi era» esprime invece un'azione, situazione del passato presentata nella sua durata, non finita, «sapevo che mi dovevo allenare» «sapevo» è riferito al passato indeterminato senza un inizio e una fine dell'azione passata, "dovevo" invece esprime un'azione futura nel passato, equivale a "mi sarei dovuto allenare". Il trapassato prossimo "era salita" esprime un'azione anteriore nel passato rispetto ad un'altra azione passata

Attività 18
1. A posteriori, a cose fatte, 2. andare in giro a divertirsi,
3. chi sa/chi lo sa?, 4. essere una persona fuori dal comune, essere straordinario, 5. persona che è motivo di preoccupazione per un'altra persona, nel testo significa che Bonucci per Immobile è un difensore molto difficile da superare, 6. corre molto, 7. essere molto appassionato di qualcosa, 8. essere bravo a fare qualcosa

Attività 20
1. sta'/stai/sta 2. dia, 3. mangia, 4 entrate, 5. chiudete, 6. continui, giri, 7. scrivete, 8. friggete, aggiungete

Attività 22
1. per rendere onore alla Grecia, patria delle Olimpiadi, 2. un'aquila stilizzata in colore blu. 3. era il simbolo delle legioni romane e della potenza dell'impero romano, 4. un'aquila addestrata vola per qualche minuto all'interno dello stadio, 5. l'aquila addestrata Olympia

Attività 23
1. questa canzone, 2. verde vola, 3. fai compagnia, 4. voglia di gridare, 5. nel cielo, 6. mai sola, 7. volerà

Attività 24
er campanone/il campanone - il coro che famo tutti quanti insieme/il coro che facciamo tutti quanti insieme - te volemo bene/ti vogliamo bene

Sezione C – La cucina
Attività 1
1. Si cuociono in tegame con un ripieno di aglio, prezzemolo e mentuccia romana, 2. le uova, il guanciale, il pepe, pecorino e parmigiano, 3. guanciale, olio, peperoncino, pomodoro fresco, pecorino, 4. costolette d'agnello cotte alla griglia con olio e rosmarino, 5. coda di bue cotta per cinque/sei ore con il sedano e il cioccolato amaro

Attività 2
a. salate, aggiungete, cuocete, aggiungete, mescolate, **b.** versate, lasciate, aggiungete, mettete

Unità 11
Sezione A – città
Attività 1
1. i resti del Foro e dei Templi di Cecere, Giove, Apollo, 2. le catacombe di San Gennaro, i mosaici del Battistero di San Giovanni in Fonte e la Basilica di San Giorgio Maggiore, 3. le Chiese di San Lorenzo Maggiore, San Domenico Maggiore, la Basilica di Santa Chiara e Santa Maria Donnaregina, 4. l'Arco Trionfale per Alfonso d'Aragona, Porta Capuana, la Tomba del cardinale Brancaccio di Donatello e Michelozzo, il Palazzo Carafa, 5. il Teatro San Carlo, l'Università del 1224, l'Osservatorio Astronomico, l'Osservatorio Vesuviano e molti musei, 6. Castel Sant'Elmo, Castel Nuovo (Maschio Angioino), Castel dell'Ovo

Sezione B – La squadra
Attività 1
1. 2004, 2. due scudetti, cinque Coppe Italia e due Supercoppe italiane, 3. una Coppa delle Alpi, una Coppa UEFA e una Coppa di Lega Italo-Inglese, 4. Ottavio Bianchi e Alberto Bigon, 5. 1991, 6. Aurelio De

Campionato d'italiano
livelli A2-B1

Laurentiis, 7. l'attaccante Bruno Giordano, il centrocampista Salvatore Bagni, il portiere Claudio Garella, il difensore Alessandro Renica, l'attaccante brasiliano Careca, il centrocampista brasiliano Alemão

Attività 3
1. in Italia, 2. vecchio di 85/86 anni, 3. no, è un giocatore qualunque, 4. il libero (difensore davanti alla difesa), 5. un quartiere molto povero, senza acqua e luce

Attività 4
1. vada, 2. sarebbe successo, 3. da "ovunque", 4. futuro nel passato

Attività 5
1. in caso contrario, 2. in qualsiasi luogo, 3. ricordo doloroso di persone o cose perdute, di occasioni mancate, 4. ama molto, 5. avere un sentimento di gratitudine, di riconoscenza verso qualcuno, 6. retribuzione mensile per un lavoro

Attività 6
1. gliel'ho regalata, 2. gliele ha date, 3. gliel'hanno detta, 4. gliel'ho inviata, 5. glieli abbiamo restituiti, 6. gliel'ha ancora comunicata, 7. glieli ha dati

Attività 9
a bandiera tutta azzurra/la bandiera tutta azzurra - ca rassumiglia 'o cielo/che assomiglia al cielo - e 'o mare 'e sta città/e al mare di questa città - rint'all'uocchi 'e sti guaglione/dentro agli occhi di questi ragazzi - ca se scordano 'e problemi/che si dimenticano i problemi - e si mettono a canta'/e si mettono a cantare - nu striscione rice siamo qui/uno striscione dice siamo qui - è 'na casa chisto stadio/è una casa questo stadio - parimmo na famiglia/sembriamo una famiglia - sultanto dinta 'cca viecchie e giuvane/soltanto qui dentro vecchi e giovani - cercano rint'a nu pallone/cercano dentro a un pallone - nu poco 'e pace nu juorno nuovo/un poco di pace un giorno nuovo - ca se chiamma liberta'/che si chiama libertà - tu si tutte chello ca vogl' je/tu sei tutto quello che voglio io

Sezione C – La cucina
Attività 1
1. Mozzarella, basilico e pomodoro, 2. un cuoco napoletano ha inventato questo tipo di pizza in omaggio alla regina Margherita di Savoia che si trovava in visita a Napoli nel 1889, 3. Sono verdure amarognole cotte in padella con olio e aglio, 4. il casatiello e tortano, 5. con la mozzarella e i funghi, 6. con il ragù napoletano, i piselli, la pancetta, i funghi, la provola, le polpettine di carne, le salsicce e le uova sode, 7. in gita o in spiaggia, 8. pasta per la pizza ripiena di ricotta, salame e mozzarella, 9. la riccia e la frolla, 10. 250 gr. di ricotta, 150 gr. di semolino, 150 gr. di canditi misti, 150 gr. di zucchero a velo, un uovo, una goccia di essenza di vaniglia ed un pizzico di cannella in polvere, 11. pasta lievitata con lievito di birra, il rum, le uova, lo zucchero e la scorza d'arancia

Attività 2
è stata riconosciuta, è fatta, deve essere messa, deve essere tenuta, si mangia, può essere preparato, si può fare, si può preparare, si mangiano, si mangia, si prepara, è fatto, è formata, è fatta, è composto, è preparato

Attività 3
una goccia, un pizzico

Unità 12
Sezione A – città
Attività 1
1. nella costa meridionale della Sardegna, nella parte centrale del Golfo degli Angeli, 2. sette, 3. i Fenici, i Cartaginesi, i Romani e i Pisani, 4. il Bastione di Saint Remy, la Cattedrale di Santa Maria e il Palazzo Regio, 5. nel Museo Archeologico Nazionale, 6. la Basilica di San Saturnino, 7. la spiaggia del Poetto e la spiaggia di Calamosca, 8. nello stagno di Molentargius e nella Laguna di Santa Gilla

Attività 2
Cagliari, Nuoro, Oristano, Sassari, Sud Sardegna

Sezione B – La squadra
Attività 1
1. 1920, 2. campionato 1964/1965, 3. 1969/1970, 4. Gigi Riva, 5. Enrico Albertosi, Pierluigi Cera, Angelo Domenghini, Nenè, Greatti, Mario Brugnera, Sergio Gori

Attività 3
1. d-b, 2. e-a, 3. j-k-n, 4. c-g-l-o, 5. h-m, 6. i-f

Attività 4
a. futuro: ci ritroveremo, si ripeterà, potrà, si cancelleranno, combatterai, ci vedremo, vorrà, verrai, resisterà, riuscirà, sarà, rimarrà, **b. congiuntivo:** sia, tu venissi, io parlassi, **c. condizionale:** dovrei, avremmo vinto, saresti, avresti potuto, sarebbe. **Spiegazione:** il congiuntivo presente "sia" dipende dal verbo "credo" della frase principale, il congiuntivo imperfetto "tu venissi" dipende dalla congiunzione finale affinché, il congiuntivo imperfetto "io parlassi" dipende dalla congiunzione "come se". Il condizionale presente "dovrei" esprime una possibilità, il condizionale passato "avremmo capitalizzato" esprime futuro nel passato, il condizionale presente "saresti" esprime un'ipotesi possibile, il condizionale passato "avresti potuto" esprime futuro nel passato, il condizionale presente "sarebbe" esprime un desiderio

Attività 5
1. d, 2. e, 3. b, 4. f, 5. a, 6. c

Attività 6
1. ne ho venti, 2. ne è subito sceso, 3. avertene a male, 4. Non ne posso più, 5. ne ho bevute, 6. ne ho tre, 7. me ne vado, 8. Non ne vale la pena

Attività 9
maglia, pantaloncini, calzettoni, maniche

Attività 10
a. cuore, b. che c'è, c. ogni confine, d. passione, e. tutto lo stadio, f. la festa, g. segnare, h. all'ultimo tiro

Sezione C – La cucina
Attività 1
1. genovesi e catalane, 2. la *fregula cun cocciula* (fregola con le vongole), le *cocciula e cozzas a schiscionera* (vongole e cozze), *sa cassola* (una zuppa di pesce misto), l'aragosta alla campidanese, *sa burrida* (un pesce gatto lessato), *su scabbecciu* (pesce fritto), 3. *su mazzamurru* (pane raffermo e sugo di pomodoro), *malloreddus* (gnocchetti di semola aromatizzati con verdure o zafferano), le *impanadas* (calzoni farciti con carne e verdure), gli *angiulottus* o *culingiones* (ravioli ripieni di ricotta e verdure oppure carne), e il *succu* (una minestra di semola condita con zafferano), 4. l'agnello arrosto o in umido, maialino arrosto (*su porceddu*) e il capretto, 5. le *pardulas* (dolcetti a base di formaggio), i *candelaus* (dolcetti confezionati con sfoglie di pasta di mandorle aromatizzate all'arancia), le *seadas* (ravioli dolci fritti ricoperti di miele), e le *pabassinas* (dolcetti a base di uva passa), 6. il Nuragus, il Nasco, il Malvasia, il Girò, il Monica e il Moscato

Attività 2
formaggi: pecorino sardo, ricotta, **spezie ed erbe:** aglio, prezzemolo, zafferano

Fonti

Unità 1
https://en.wikipedia.org/wiki/Piedmont#/media/File:Piedmont_in_Italy.svg

https://it.wikipedia.org/wiki/Carrarese_Calcio_1908#/media/File:Carrarese-fano_2010-2011_014.jpg

Unità 2
https://it.wikipedia.org/wiki/Liguria#/media/File:Map_of_region_of_Liguria,_Italy,_with_provinces-it.svg

https://images2.gazzettaobjects.it/methode_image/2015/08/24/Calcio/Foto%20Calcio%20-%20Trattate/CAL10F1_4360639F1_24933-kZH-U1201069131091gQF-620x349@Gazzetta-Web_articolo.jpg?v=201508241718
https://www.pianetaempoli.it/wp-content/uploads/2015/08/Tifosi-Sampdoria-6.jpg

A Città
https://pixabay.com/it/photos/italia-nord-italia-1891555/

B La squadra
https://it.wikipedia.org/wiki/File:Genoa_Cricket_and_Football_Club_1923-1924.jpg

https://it.wikipedia.org/wiki/Serie_A_1990-1991#/media/File:Sampdoria_'90-91_campione_d'Italia.jpg

Attività 11
https://upload.wikimedia.org/wikipedia/it/thumb/9/98/UC_Sampdoria_1991-92_-_Gianluca_Vialli%2C_Roberto_Mancini.jpg/1200px-UC_Sampdoria_1991-92_-_Gianluca_Vialli%2C_Roberto_Mancini.jpg

Attività 13
https://upload.wikimedia.org/wikipedia/it/thumb/2/2e/UC_Sampdoria_%27Primavera%27_-_Torneo_di_Viareggio_1977.jpg/440px-UC_Sampdoria_%27Primavera%27_-_Torneo_di_Viareggio_1977.jpg

C La cucina
Attività 2
https://www.buttalapasta.it/wp-content/uploads/sites/3/2008/05/pesto-alla-genovese.jpg

Unità 3
https://it.wikipedia.org/wiki/Lombardia#/media/File:Map_of_region_of_Lombardy,_Italy,_with_provinces-it.svg

A Città - *Attività 5*
https://pixabay.com/it/photos/milano-castello-sforzesco-italia-4261027/

https://pixabay.com/it/photos/duomo-di-milano-chiesa-architettura-2436458/

https://pixabay.com/it/photos/architettura-costruzione-città-3531655/

A Città - *Attività 5*
https://it.wikipedia.org/wiki/Gianni_Rivera#/media/File:Gianni_Rivera_negli_anni_'70.jpg

https://it.wikipedia.org/wiki/Milan_Associazione_Calcio_1988-1989#/media/File:Milan1988_1989.jpg

https://it.wikipedia.org/wiki/Associazione_Calcio_Milan#/media/File:Milan_1973-1974.jpg

https://it.wikipedia.org/wiki/Football_Club_Internazionale_1964-1965#/media/File:Rosa_Inter_1964-1965.jpg

Attività 12
https://it.wikipedia.org/wiki/Football_Club_Internazionale_Milano_2009-2010#/media/File:Inter_Mailand_(2009-08-16).jpg

Attività 15
https://it.wikipedia.org/wiki/Football_Club_Internazionale_Milano#/media/File:Pallone_d'oro_1997_-_Ronaldo_(FC_Inter).jpg

C La cucina - *Attività 3*
https://pixabay.com/it/photos/piatto-di-riso-riso-risotto-1740301/

https://pixabay.com/it/photos/cotoletta-di-pollo-cotoletta-1351331/

https://pixabay.com/it/photos/panettone-pane-cibo-pasticceria-5816234/

D Storie, aneddoti e curiosità del calcio
https://en.wikipedia.org/wiki/Fossa_dei_Leoni#/media/File:Fossa90.PNG

https://en.wikipedia.org/wiki/Juventus_F.C._ultras#/media/File:Supporters_of_Juventus_FC_-_Stadio_Comunale,_Turin_(circa_1973).jpg

Unità 4
https://it.wikipedia.org/wiki/Lombardia#/media/File:Map_of_region_of_Lombardy,_Italy,_with_provinces-it.svg

A Città - *Attività 3*
https://pixabay.com/it/photos/bergamo-italia-piazza-di-città-254640/
https://pixabay.com/it/photos/bergamo-italy-italia-città-alta-3683311/

C La cucina - *Attività 3*
https://it.wikipedia.org/wiki/Casoncelli#/media/File:Casoncelli_in_una_grande_padella.jpg

Unità 5
https://it.wikipedia.org/wiki/Friuli-Venezia_Giulia#/media/File:Map_of_region_of_Friuli-Venezia_Giulia,_Italy,_with_provinces-it.svg

A Città - *Attività 4*
https://it.wikipedia.org/wiki/Castello_di_Udine#/media/File:UdineCastelloparteanteriore.jpg

B La squadra - *Attività 3*
https://it.wikipedia.org/wiki/Udinese_Calcio#/media/File:Zico_-_Udinese_Calcio_1983-84.jpg

Attività 4
https://it.wikipedia.org/wiki/Udinese_Calcio#/media/File:Oliver_Bierhoff_-_Udinese_Calcio_1995-96.jpg

Unità 6
https://it.wikipedia.org/wiki/Veneto#/media/File:Veneto_in_Italy.svg

https://it.wikipedia.org/wiki/Associazione_Calcio_ChievoVerona#/media/File:Chievo_fans_in_Florence,_26_August_2001.jpg

A Città
https://pixabay.com/it/photos/verona-ponte-citt%C3%A0-paesaggio-urbano-4711751/

Attività 3
https://pixabay.com/it/photos/arena-verona-piazza-bra-italia-485720/

https://pixabay.com/it/photos/verona-italia-casa-di-giulietta-1486497/

B La squadra
https://it.wikipedia.org/wiki/Hellas_Verona_Football_Club#/media/File:Hellas_Verona_-_Scudetto_1984-85.jpg

Attività 2
https://it.wikipedia.org/wiki/Preben_Elkj%C3%A6r_Larsen#/media/File:Preben_Elkj%C3%A6r_Larsen,_Hellas_Verona_1984-85.jpg

https://it.wikipedia.org/wiki/Serie_A_1984-1985#/media/File:Associazione_Calcio_Hellas_Verona_1984-1985.jpg
D – Storie, aneddoti e curiosità del calcio
https://it.wikipedia.org/wiki/Zona_Cesarini#/media/File:Renato_Cesarini-Chacarita-1936.jpg

Unità 7
https://it.wikipedia.org/wiki/Emilia-Romagna#/media/File:Emilia-Romagna_in_Italy.svg

https://it.wikipedia.org/wiki/Emilia-Romagna#/media/File:Map_of_Emilia_and_Romagna_with_provinces_and_bounderies_3.jpg

B La squadra
https://it.wikipedia.org/wiki/Bologna_Football_Club_1909#/media/File:Bologna_Football_Club_1909_1998-99.jpg

Attività 2
https://en.wikipedia.org/wiki/1963%E2%80%9364_Serie_A#/media/File:1963%E2%80%9364_Bologna_FC_-_Championship_tie-breaker.jpg

https://it.wikipedia.org/wiki/Roberto_Baggio#/media/File:Bologna_vs_Inter_(Bologna,_1997)_-_Ronaldo_e_Roby_Baggio.jpg
https://it.wikipedia.org/wiki/Bologna_Football_Club_1909#/media/File:Bologna_1924-25.jpg

Campionato d'italiano
livelli A2-B1

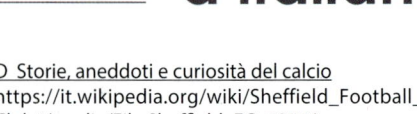

D Storie, aneddoti e curiosità del calcio
https://it.wikipedia.org/wiki/Sheffield_Football_Club#/media/File:Sheffield_FC_1857.jpg

Unità 8
https://it.wikipedia.org/wiki/Emilia-Romagna#/media/File:Map_of_Emilia_and_Romagna_with_provinces_and_bounderies_3.jg

https://it.wikipedia.org/wiki/Emilia-Romagna#/media/File:Emilia-Romagna_in_Italy.svg

A Città - *Attività 5*
https://it.wikipedia.org/wiki/Battistero_di_Parma#/media/File:Battistero.jpg

B La squadra - *Attività 3*
https://it.wikipedia.org/wiki/Parma_Calcio_1913#/media/File:Festeggiamenti_Parma_Coppa_UEFA_1994-1995.jpg

https://it.wikipedia.org/wiki/Fabio_Cannavaro#/media/File:Serie_A_1996-97_-_Juventus_vs_Parma_-_Fabio_Cannavaro_e_Zin%C3%A9dine_Zidane.jpg

https://it.wikipedia.org/wiki/Parma_Calcio_1913#/media/File:Parma_FBC_1925-'26.jpg

Attività 6
https://it.wikipedia.org/wiki/Hern%C3%A1n_Crespo#/media/File:Coppa_UEFA_1998-99_-_Parma_vs_Bordeaux_-_Hern%C3%A1n_Crespo.jpg

Attività 9
https://it.wikipedia.org/wiki/Parma_Calcio_1913#/media/File:Parma_Associazione_Calcio_1996-97.jpg

D Storie, aneddoti e curiosità del calcio
https://it.wikipedia.org/wiki/Calciatori_per_numero_di_gol_realizzati_in_incontri_ufficiali#/media/File:Josef_Bican_1940.jpg

https://it.wikipedia.org/wiki/Rom%C3%A1rio#/media/File:El_grafico_3902_romario.jpg

Unità 9
https://it.wikipedia.org/wiki/Toscana#/media/File:Tuscany_in_Italy.svg

https://www.shutterstock.com/it/image-photo/florence-italy-september-142019-choreography-fiorentina-1505294504

https://it.wikipedia.org/wiki/Toscana#/media/File:Map_of_region_of_Tuscany,_Italy,_with_provinces-it.svg

B La squadra - *Attività 2*
https://it.wikipedia.org/wiki/ACF_Fiorentina#/media/File:Fiorentina_Campione_d'Italia_1955-56.jpg

https://it.wikipedia.org/wiki/ACF_Fiorentina#/media/File:AC_Fiorentina_1968-69.jpg

https://it.wikipedia.org/wiki/Gabriel_Batistuta#/media/File:Gabriel_Batistuta_-_AC_Fiorentina_1996-97.jpg

Attività 3
https://it.wikipedia.org/wiki/ACF_Fiorentina#/media/File:AC_Fiorentina_-_Supercoppa_italiana_1996.jpg

Unità 10
https://it.wikipedia.org/wiki/Lazio#/media/File:Map_of_region_of_Lazio,_Italy,_with_provinces-it.svg

https://it.wikipedia.org/wiki/Lazio#/media/File:Lazio_in_Italy.svg

B La squadra - *Attività 2*
https://it.wikipedia.org/wiki/Serie_A_1982-1983#/media/File:AS_Roma_-_Scudetto_1982-83.jpg

https://it.wikipedia.org/wiki/Serie_A_2000-2001#/media/File:AS_Roma_2000-01.jpg

Attività 15
https://it.wikipedia.org/wiki/Societ%C3%A0_Sportiva_Lazio#/media/File:Lazio_1974_Campioni_d'Italia.jpg

https://it.wikipedia.org/wiki/Societ%C3%A0_Sportiva_Lazio#/media/File:SS_Lazio_-_Scudetto_1999-2000.jpg

Unità 11
https://it.wikipedia.org/wiki/Campania#/media/File:Map_of_region_of_Campania,_Italy,_with_provinces-it.svg

B La squadra - *Attività 2*
https://it.wikipedia.org/wiki/Societ%C3%A0_Sportiva_Calcio_Napoli#/media/File:Societ%C3%A0_Sportiva_Calcio_Napoli_1986-87.jpg

https://it.wikipedia.org/wiki/Societ%C3%A0_Sportiva_Calcio_Napoli_1989-1990#/media/File:SSC_Napoli_1989-1990.jpg

Attività 5
https://it.wikipedia.org/wiki/Societ%C3%A0_Sportiva_Calcio_Napoli#/media/File:Napoli_-_Coppa_UEFA_1988-1989_-_Maradona.jpg

Unità 12
https://it.wikipedia.org/wiki/Sardegna#/media/File:Map_of_region_of_Sardinia,_Italy,_with_provinces-it_(as_of_2016).svg

https://it.wikipedia.org/wiki/Cagliari_Calcio#/media/File:Scansione0075.jpg

B La squadra
https://it.wikipedia.org/wiki/Cagliari_Calcio#/media/File:Cagliari_Calcio_-_Fondazione_1920.jpg

Attività 3
https://it.wikipedia.org/wiki/Cagliari_Calcio#/media/File:US_Cagliari_Serie_A_1969-70.jpg

Attività 4
https://it.wikipedia.org/wiki/Gigi_Riva#/media/File:Gigiriva1976.jpg

C La cucina - *Attività 2*
https://it.wikipedia.org/wiki/Seada#/media/File:Seadas.JPG

D Storie, aneddoti e curiosità del calcio
https://it.wikipedia.org/wiki/Manlio_Scopigno#/media/File:Cagliari_-_Gigi_Riva_e_Manlio_Scopigno.jpg